浙甌日報

最夭尚未精要守揚陸

科華衛 生藥皂

LEVER'S SOAP

空襲警報下之溫州

WENCHOW UNDER AN AIR ATTACK

空襲警報發出後市民被疏散市場平時一空如也的情景

A scene of an actual day

公共防空壕的進出處

A well-built public safety dug-out for air raid sheltering

鸣沙

012

"战时繁荣"

1937—1945年温州的经济贸易及其统制

冯筱才 著

社会科学文献出版社
SOCIAL SCIENCES ACADEMIC PRESS(CHINA)

目　录

绪　论

1937 年 7 月 7 日，中国抗日战争全面爆发。战争开始后，中国政府不但需要对政治军事进行全面动员，经济资源动员亦成为维持抗战的关键。从浙江来看，随着战事的发展，国民政府西迁，该省成为沦陷区与非沦陷区经济交流的重要缓冲地带，同时也是国民政府的财税重地。八一三事变后，日本军队对中国东南沿海实施封锁，禁止中国轮船往来，但一度允许第三国轮船行驶于少数港口，温州即在其中。1938 年 10 月广州失陷后，国民政府能控制的出海口主要剩下温州、宁波两地，到 1940 年 7 月，宁波镇海口被日军封锁，航运基本停止，但温州在一定程度上尚能维持间接通航，保持转运中心之地位，直到 1944 年 9 月第三次被日军占领。对于重庆国民政府而言，温州在商货进出口贸易方面的重要性甚为突出，无论工业品、机械及原料的进口，还是内地农产品及手工业品的输出，温州的地位都不可取代，其在战时资源征取系统及经济战略中的位置亦至为关键。

从经济层面来看，战争通常会对常规市场秩序造成剧烈破坏，导致生产停滞，物价飙升，商品短缺，许多民众的生活陷入困境。然而，当我们回到具体的历史情境，却又发现，战争有时也会给一些人带来新的经济机遇，一些行业或个人可能因为战时投资或经商获得暴利，坊间舆论中所谓"发国难财"，即指此种现象。战争阻隔了某些交通线路，但人流、物流却有可能聚向新的路线；有的市镇可能会突然成为物资集散中心或工商业重地，连带出现消费旺盛、物价高昂等现象，一些区域便形成所谓"畸形繁荣"。温州即是这种战时区域"繁荣"的典型案例。

战争犹如一颗巨大的炸弹，当它落到人群密集的地方，不但会带来严重的生命财产损失，亦会对人们的生计、交流造成巨大影响，商业格局与社会结构亦可能被重塑。学术界对战争史的关注焦点，最近这些年开始由军事政治推进到社会经济与民众日常生活等领域。就中国近代战争史来看，学者对社会民生议题亦日益重视，立足于基层实况的研究越来越多见。如此前关于中日战争史的研究，多聚焦于中央政府层面的军事政治，或者战时政府抗战制度的演变，关于战争对经济社会影响的研究，相对较为缺乏。如果我们把战争史视为一幅拼图，或许还有许多历史现象仍需要加强研究。从地方层面来看，战争对经济贸易产生了何种影响，社会民众又受到何种冲击，社会结构是否因此发生了一些变化，可能需要更多关注。

全面抗战期间，温州在战争特殊环境下成为东南沿海维持时间最长的口岸。当地在战时经历了一场前所未有的"商业繁荣"，进出口贸易额与关税收入都达到创纪录的高峰，本地服务业及贸易中介业也异常发达，客帮云集，日常消费旺盛。同时，1938 年以后温州又是浙江省贸易统制政策实施的前沿阵地，中央政府与浙江省政府在当地相继组建统制经济机关，这都给温州的战时经济带来直接影响。战争发生后，许多商品进出口贸易利润大增，有管制自然就有违反管制的行为。战时浙东沿海走私盛行，参与者既包括民间商人，亦有政府军公人员甚至缉私者本身。即使 1941 年轮船运输中断之后，走私仍以帆船贸易与"单帮"的形式持续进行，并在太平洋战争后与重庆政府的货物抢运工作合流。当局后来亦以征税的方式从贸易过程中获得更多的财政收入。另外，与商业繁荣伴随而来的是地方替代工业的兴起。温州工业在战时虽然曾面临工厂疏散及军事轰炸等外在行动的打击，但投资商仍以灵活多变的形式不断创办新的工厂，生产的商品不仅供应本地，亦运销内地，不少行业的生产规模远超战前。最后，我们亦可以发现，随着工商业繁荣的出现、政府统制政策的实施，以及走私活动的盛行，温州当地社会风气及社会关系都出现微妙的变化。官方在经济管制方面力度不断加大，亦使民间出现了新的社会矛盾。战时新兴势力的出现也意味着社会权力结构方面开始出现异动，这些变化都有可能从战时延续至战后，甚至对 1949 年后的地方历史造成某种潜在影响。

本书将这一连串的历史变化，与温州"战时繁荣"紧密联系在一起进行考察。我们需要了解的是，这种战时工商业的爆发性成长，究竟是如何形成的，与军事封锁、贸易线路变更、区域地理位置、交战双方战略考量等有何关系？战时经济统制政策，与这种区域"繁荣"状况是如何互动的？战时环境给原有市场体系以及贸易带来了什么巨大变化？内地货物进出口贸易在交通封锁下是如何突围的？政府管制下走私泛滥是如何出现的？面对物资短缺及物价腾升，政府对走私的态度前后又有什么变化？政府财政税收政策的调整与走私之间有何关系？商人是如何抓住供求失衡的商业机遇的？战时工业与战前相比较又有何新的特点？同时，经济贸易的繁盛以及前所未有的政府管制政策，是否对社会结构造成某种震荡，甚至对民众心理造成深远的影响？本书将以温州为案例，对这些问题进行考察。为了更好地说明本研究的意义，以下围绕几个重要的议题，对学术界既有的相关研究稍做回顾。

"战时繁荣"

中日战争全面爆发后，民众经历之苦难无法尽言。然而，战时内地一些城市及集镇突然出现的"繁荣"，也给人们留下深刻印象。茅盾曾以讽刺性的笔调在其作品中对此有生动的描写：重庆数量惊人的饭店与拍卖行、兰州因为走私而形成的市面兴盛、贵阳市街商铺新兴"艺术化"门面与擦皮鞋公司的精致服务，以及四川公路旁小镇"营业性"商业之旺盛，都让读者如亲临其境，感受到战时特殊环境下经济与民生之实况。[①] 类似的描述也可以从当时许多记者的报道中看到。[②]

随着战争带来的交通线路变化，人口之迁移与聚集，工业与行政、教育等机构之内迁，许多城市或集镇经历了前所未有之消费增长。武汉、重庆由于先后成为战时临时首都，市面出现"空前繁荣"，旅馆、餐馆都利市三倍。[③] 这种战时繁荣也出现在上海、香港、宁波、南通、温州这些沿海城市。上海租界在"八一三"之后涌进数十万避难的民众，房价与物价都迅速攀升，资本涌入也使上海"孤岛"的工厂及商业有迅速增长。[④] 太平洋战争爆发之前，香港替代上海成为中国物产出口的贸易中心，也被人冠以中国新的经济"首都"、"世界中心市场"、"远东商业最重要的转海口中心"等称号，大量移入的中外人口在 1937 年

---

① 参见《"雾重庆"拾零》《兰州杂碎》《贵阳巡礼》《某镇》等各篇小说。均收于沈雁冰《见闻杂记》，文光书店，1943。

② 白砂：《贵阳是繁荣了》，《黄埔》（重庆）第 1 卷第 15 期，1938 年，第 15—16 页；《桂林市日趋繁荣，人口大增房价飞涨，生活极昂畸形发展》，《大公报》（香港）1938 年 9 月 6 日，第 5 版。

③ 《汉口市面空前繁荣》，《力报》1937 年 12 月 21 日，第 2 版。

④ 原华界工厂与商店迁入"孤岛"营业的实际情形，可以从《上海之工商业》一书得见概貌。杨德惠、董文中编《上海之工商业》，中外出版社，1941。

底据说就达到 30 万。[①] 1938 年初，宁波因为外地人口麇集，旅馆房间被抢一空；[②] 到 3 月，沪甬断航，转停定海，亦导致其商业异常兴旺。[③] 南通天生港，在战争爆发后成为上海与长江中上游各地来往交通的仅存路线之一，故突然"万商云集，异常繁华"，各地轮船会集，俨然成为新商业中心。[④] 本书所关注的温州亦是如此，从 1938 年开始，一直被人们誉为"东南唯一口岸"，不但商业繁盛，工业也有长足的发展。温州的"战时繁荣"几乎持续了整个全面抗战时期，并给地方经济、社会乃至政治带来了巨大的影响。

不过，这种战时繁荣，在时人乃至于后人的笔下，通常都被冠以"畸形"二字。有人称之为"病态繁荣""沙堆上的繁荣"，[⑤] 其意类似。当时人们讲到战争环境下的"畸形繁荣"，通常是指战时城市人口暴增、资本过度集中导致消费泡沫，从而抬升物价，引发通货膨胀。[⑥] 亦有人以谴责的口吻指出商人在战时囤积居奇，垄断市场；或指出官员利用权力经商牟利，大发"国难财"。[⑦] "畸形"，常指消费过度集中在吃喝玩乐上面，尤其是赌博、卖淫等营业。投资"升值产品"（如房屋、贵重金属、紧俏

---

① Walter Bosshark：《繁荣的香港》，高文达译，《新青年》第 1 卷第 1 期，1938 年，第 25—26 页；族客：《战后的香港历史上空前繁荣》，《晶报》1938 年 3 月 6 日，第 2 版；"Prosperous Hongkong," *The North-China Daily News (1864-1951)*, April 27，1938。

② 《客籍人士麇集，宁波畸形繁荣》，《华美晨报》1938 年 1 月 3 日，第 4 版。

③ 《沪甬断航赖斯假道，定海商业呈空前畸形繁荣》，《上海宁波公报》1938 年 8 月 3 日，第 3 版。

④ 《冷落的天生港战时突然繁荣》，《社会日报》1938 年 2 月 3 日，第 4 版；《轮舶会集，南通市面繁荣》，《大美晚报晨刊》1938 年 2 月 8 日，第 5 版。

⑤ 《内地人潮向沪倒灌，孤岛病态繁荣》，《大美晚报晨刊》1938 年 4 月 23 日，第 4 版；《堆上的繁荣》，《社会日报》1938 年 10 月 27 日，第 2 版。

⑥ 时言：《上海畸形繁荣之考察》，《民心》1938 年第 9 期，第 20—21 页。

⑦ 李祖庆：《谈发国难财》，《抗敌导报》第 28 期，1938 年 8 月 13 日，第 9 页；《发国难财的几种人》，《生报》1939 年 2 月 13 日，第 2 版。

商品等）进行炒作，而非生产，也被认为是"畸形经济"的一种表现。在当时的报道中，"过分消费""奢侈"等相关词语一再被人提及，[①]"节约"也成为政府劝导民众时反复强调的美德。当然，这种指责往往是与阶级身份相连的，如"奸商"、腐败的官员、"豪绅地主"等便成为众矢之的。

第二次世界大战时期，中国之外，其他国家也经历过类似的战时繁荣。如加拿大纺织业也曾经历一段重要的繁荣时期，工人没日没夜地加班工作，关闭的工厂重新开张。[②]日本与德国在战时因为军需工业的扩张、城市人口集中，以及民众心态的变化，亦出现所谓"畸形繁荣"的景象。[③]美国的战时繁荣，也曾引起学者的争论，究竟这种经济景气是否真的存在，又应该如何评价，研究者们意见不一。[④]

中国史学界目前对全面抗战时期一些地方出现的"商业繁荣"研究较少。研究者提及"繁荣"这个名词，常带有很浓的道德指责意味，描述也大同小异。如被人们讨论得较多的"八一三"之后上海租界的"畸形繁荣"：租界人口剧增，供需失衡，导致百物腾升，生活成本迅速上涨，而市面买卖交易异常活跃。研究战时上海租界历史者或多或少都会提及此段历史。[⑤]亦有历史学者对此进行过初步探讨。但是究竟这一所

---

① 《节省过分消费》，《昆明周报》第 30 期，1943 年 3 月 20 日，第 1 版；香节：《过度消费与物价之关系》，《购销旬刊》第 1 卷第 12 期，1944 年 5 月 1 日，第 1 页；《"奢侈即敌人"：再论战时消费节约》，《申报社评选》第 2 期，1943 年 5 月，第 113—115 页。

② Alan Bruce McCullough, *The Primary Textile Industry in Canada: History and Heritage*, Canadian Parks Service, National Historic Parks and Sites, Park Service, Environment Canada, 1992, p.145.

③ 《东京畸形的繁荣》，《申报》1938 年 12 月 3 日，第 14 版；《战时柏林已呈畸形繁荣之象》，《大公报》（重庆）1940 年 3 月 5 日，第 3 版。

④ R. Higgs, "Wartime Prosperity? A Reassessment of the US Economy in the 1940s," *The Journal of Economic History*, Vol. 52, Iss. 1, Mar. 1992, pp.41–46.

⑤ 陆其国：《畸形的繁荣：租界时期的上海》，东方出版中心，2009；张赛群：《上海"孤岛"贸易研究》，知识产权出版社，2006。

谓"畸形繁荣""畸"在何处，为何"繁荣"，缘何发生，有何具体表现，参与者究竟是何人，对政府政策有何影响，"繁荣期"又为何结束，对经济或社会造成何种影响，战时商业"繁荣"又造成什么历史后果，这些问题论者很少关注。

萧邦齐（Robert Keith Schoppa）在其对浙江战时历史的研究中，已经注意到战争会制造出区域性或短暂的"经济繁荣"，许多人可能在战时贸易中获得财富，通过自己的劳动与智慧获得比战前更多的收入，他尤其关注普通人生计出现的变化。[①] 巫仁恕曾对战时苏州的"城市生活"有很有趣的描述，他的研究与本书所关注的"战时繁荣"甚有关系。[②] 在汪伪政权控制之下的苏州，与大部分时间在重庆政府控制下的温州，可以形成某种比较。不过巫主要讨论的，是城市内部"消费面"的问题，借"四馆"（即茶馆、菜馆、旅馆、烟馆）来呈现战时城市社会"畸形繁荣"的面貌。[③]

抛开道德指控，也许我们需要认真研究"战时繁荣"的历史本相。本研究希望能结合政治史与社会经济史，以温州为例，认真考察战时经济演变的具体面相，并对其发展进行深入分析。目前与浙江或温州战时历史相关的著作中，或多或少亦有人提到"战时繁荣"这个议题。[④] 周

---

① R. Keith Schoppa, *In a Sea of Bitterness: Refugees during the Sino-Japanese War*, Cambridge: Harvard University Press, 2011. 该书中译本见〔美〕萧邦奇《苦海求生：抗战时期的中国难民》，易丙兰译，山西人民出版社，2016。

② 巫仁恕：《劫后"天堂"：抗战沦陷后的苏州城市生活》，台北：台湾大学出版中心，2017。

③ 巫仁恕：《劫后"天堂"：抗战沦陷后的苏州城市生活》，第257—272页。

④ 胡珠生著《温州近代史》在讲到"抗日战争时期的温州"时，亦曾以一节概述温州"工商业的畸形繁荣和近代企业的兴起"（胡珠生：《温州近代史》，辽宁人民出版社，2000，第437—440页）。袁成毅在《浙江通史》中注意到宁波、温州工商业的"畸形繁荣"，亦以数段文字的篇幅对此做了介绍［袁成毅：《浙江通史》第12卷（下），浙江人民出版社，2005，第212—214页］。

厚才编著的《温州港史》，第六章专论"抗日战争初期温州港口的畸形繁荣"以及在解放战争期间港口的衰落，是目前已有著述中对此问题论述较详者。[①] 但港口之外，周著叙述很少，本研究亦希望能在其基础上进一步呈现温州"战时繁荣"更繁杂的面相，尤其是研究"繁荣"出现后带来的连锁历史反应。

战时大后方的工业成长，是一个重要的经济现象，也是相关城市繁荣指标之一。如"孤岛"上海、重庆、宝鸡、贵阳、桂林、柳州等地都出现了工厂迁入或创建的热潮。浙南亦出现了一批迁建工厂，温州等地新创工厂数量众多。有关此类战时工业经济新的发展，学术界已积累了一些研究。[②] 其中严鹏所著《战争与工业：抗日战争时期中国装备制造业的演化》一书，专门从大后方装备制造业的壮大角度来刻画工业界的"战时繁荣"，是比较接近历史具体面相的实证研究。作者认为，战争对内地之工业化有刺激作用，国民政府的产业统制政策对该行业产生较大的影响。[③] 然而，对于军事相持地带的工业发展，关注的人比较少。像温州这样一个三次被日军占领，又能在较长时间保持重要贸易转口城市地位的地方，其在战时工业究竟有哪些变化，基本上没人进行过较为具体的研究。[④] 特别是温州战时工业发展有哪些特点，其产业形态与当时

① 周厚才编著《温州港史》，人民交通出版社，1990，第 122—135 页。

② 如孙果达、徐绪堃《民族工业大迁徙：抗日战争时期民营工厂的内迁》，中国文史出版社，1991；李学通主编《抗日战争》第 5 卷，四川大学出版社，1997；黄立人：《抗战时期大后方经济史研究（1937—1945）》，中国档案出版社，1998；谭刚：《抗战时期大后方交通与西部经济开发》，中国社会科学出版社，2013；严鹏：《战争与工业：抗日战争时期装备制造业的演化》，浙江大学出版社，2018。

③ 严鹏：《战争与工业：抗日战争时期装备制造业的演化》，第 362—377 页。

④ 目前仅有一些地方志书对战时温州工业发展有简略的介绍。如俞雄、俞光《温州工业简史》，上海社会科学院出版社，1995；钟普明主编《温州市工业志》，南开大学出版社，1997；温州市地方志办公室编印《温州市志·工业卷》，1994；温州市化学工业志编纂委员会编《温州市化学工业志》，南开大学出版社，1997。

的战争环境又有何关系，工业发展与战时商业活动之间有何种联系，都值得认真研究。讲到此点，讨论亦无法离开国民政府的战时经济统制政策。

统制经济

第二次世界大战时期，国家经济统制主义蔚为潮流，无论是同盟国还是轴心国，在这一点上是相同的，中国自不例外。统制经济是战时中国政府汲取资源与推动产业发展的重要手段之一，亦是近年来民国经济史研究的一个关注点。"统制经济"相关名词大约在 1930 年见载于中国报刊。[①] 至迟到 1932 年前后，已经有学者开始撰专文讨论此一问题。[②] 从舆论来看，1933 年或可谓中国"统制元年"，相关讨论文章铺天盖地，提倡者既包括中央高官、经济学者，亦包括许多产业社团。到是年 9 月，全国经济委员会改组，成为统制经济最高机关，各种统制政策亦开始出台。统制经济遂成为中国政府的经济国策，其做法实际上一直延续至 1949 年。

对于 20 世纪 30 年代以降的中国统制经济，学界研究多集中于其思想源流、政策施行过程以及效果等方面，切入角度多以统制

---

① 《苏俄实现商业统制》，《时事月报》第 2 卷第 2 期，1930 年 2 月，第 38 页；《日本关西棉织业统制策已告功成》，《纺织时报》第 721 期，1930 年 8 月 11 日，第 164 页；《日本重要产业统制法预定本月十日起施行》，《大公报》1931 年 8 月 4 日，第 4 版；《日伪经济统制问题》，《钱业月报》第 12 卷第 11 期，1932 年 11 月 15 日，第 185 页。

② 周宪文：《统制经济之研究》，《学艺》第 11 卷第 9 期，1932 年 11 月 15 日，第 13—20 页。类似的文章又如王雨桐《实施统制经济问题》，《新社会》第 3 卷第 12 期，1932 年 12 月 16 日，第 14—15 页。

管理机构、企业或产业等为主，典型者如对资源委员会、复兴商业公司、棉纺织业及矿业等方面的研究。[1] 亦有学者尝试从新的角度推进对统制经济政策的理解。其中，魏文享认为国民政府通过对商人团体的整顿与监控，将商人团体纳入统制体制，为其推行统制政策提供了一条有效的制度化途径。[2] 日本学者久保亨是为数不多的关注到统制经济在战后变化发展的学者。久保亨认为中国的战时统制经济在二战结束后曾暂时中断，直至后来朝鲜战争爆发、国际形势发生巨变，中华人民共和国政府彻底实行支撑战时体制的计划经济道路，统制经济由此再度复活。他对统制经济的连续性观察值得重视。[3]

上述讨论尽管内容颇丰，但考察的对象与时间维度较为受限。从统制经济实施的载体而言，相关研究多聚焦于重工业、机器工业与大型企业，对轻工业、商业以及与民生直接相关的一些物产统制的研究，仍较缺乏。目前的研究也多属自上而下的研究，更多的是希望通过考察统制经济来分析国民党政府的政权建设、央地关系、国家资本扩张等问题。统制经济政策在地方的实践过程中，如何重塑各种产业形态，尤其是传统商业惯习，地方人士又有何反应？统制之外的商业是如何运行的，走私等活动与统制又有何关系？地方社会战时的演化与经济统制关系又如

---

① 如郑友揆等《旧中国的资源委员会（1932—1949）：史实与评价》，上海社会科学院出版社，1991；虞宝棠：《国民政府战时统制经济政策论析》，《史林》1995年第2期；郑会欣：《统制经济与国营贸易——太平洋战争爆发后复兴商业公司的经营》，《近代史研究》2006年第2期；肖自力：《国民政府钨砂统制的尝试与确立》，《历史研究》2008年第1期；金志焕：《抗战时期国民政府的棉业统制政策》，《社会科学研究》2014年第3期；蔡群：《战时统制经济与政商冲突——以20世纪30年代湖南省锑业为中心》，《史林》2019年第6期。

② 魏文享：《商人团体与抗战时期国统区的经济统制》，《中国经济史研究》2006年第1期。

③ 〔日〕久保亨：《从战时到战后——东亚总体战体制的形成与演变》，《抗日战争研究》2019年第4期。

何？这些问题都需要学者再进行仔细研究。

统制经济中，贸易统制诚为最重要之组成部分。关于战时中国政府的贸易统制政策，郑会欣在著作中做了较为扎实的史实梳理。全书由多篇论文构成，重点介绍战时政府贸易统制政策的演变及其特点，并以富华、复兴和中国茶叶公司等为个案，分析这些国营公司战时的运作等。他认为为了应对战争，国民政府不得不采取统制经济的政策，不过，在执行过程中出现的与民争利和腐败问题使统制经济成效大打折扣。[①] 其他关于战时中国经济贸易的研究，目力所及多半是全国性的通论性描述，缺乏细致的区域性案例考察。国民政府的经济贸易政策，究竟是如何落地的，地方政府是如何执行这些战时经济法令的？这些政策对原有的市场商业体系产生了什么样的影响，从业者如何应变？市场波动以及经济贸易层面的变化，又如何传导至社会层面，甚至是否对社会结构产生一定的影响？本研究希望能在这些方面略有推进。

走私、抢运与经济战

统制经济的提出，显然带有强烈的经济战意蕴。经济战除了以统制的办法集中物资与民力，强化财政金融管理，当然也包括各种直接的物资封锁或争夺，以及货币战争等多方面的博弈。早在 1932 年，就有论者在《申报》上发表评论，以抵制日货运动的实施，来强调对日坚持经济战的必要性与重要性。[②] 七七事变后，国民政府确实颁布了禁止敌货

---

① 郑会欣：《国民政府战时统制经济与贸易研究（1937—1945）》，上海社会科学院出版社，2009。

② 诚：《对日经济战新阵线之整备》，《申报》1932 年 11 月 9 日，第 3 版。

进口之法令，并要求各地严密缉查。而日方则有意向非沦陷区倾销一些商品，以换取法币，在上海兑换外汇以打击法币信用基础，因此走私活动在日军支持下盛行。然而随着战局演进，非沦陷区货物来源日少，尤其民生用品及其他战略物资均感短缺，物价亦随之高涨，重庆国民政府高层乃改弦易辙，用各种手段积极鼓励商人向大后方输运重要商品。特别是太平洋战争后，货物抢运更成为经济战的又一形式。

目前有关经济战的研究，多是从国家战争层面出发的。1963 年，战时中国的财政顾问杨格（Arthur N. Young）出版的著作，便对中日之间的货币战有所关注。①1995 年，林美莉以"抗战时期的货币战争"为题完成其博士学位论文，她对全面抗战时期中日两国的货币战策略与行动及其作用进行了详细的阐述。②同年，戴建兵出版《金钱与战争：抗战时期的货币》，以专章讨论全面抗战时期的中日货币战。③燕红忠最近出版的专著对民初以降中日两国之间的货币战做了较长时段的历史梳理，其中以两章的篇幅处理"全面抗战时期的货币战"。④齐春风多年专注于中日经济战，对双方的走私活动、重庆政府的货运抢运等都有讨论。⑤他认为走私泛滥是由客观环境、地方势力、政府疏漏等三方面因素造成，强调走私对中国抗战是把"双刃剑"。⑥

可能与档案开放程度有关，台湾学者对战时走私问题关注更多。如

① Arthur N. Young, *China and the Helping Hand*, *1937-1945*, Cambridge: Harvard University Press，1963. 该书已于 2019 年出版中文版，见〔美〕杨格《抗战外援：1937—1945 年的外国援助与中日货币战》，李雯雯译，四川人民出版社，2019。

② 林美莉的博士学位论文，毕业次年由台湾师范大学历史研究所正式刊印出版。见林美莉《抗战时期的货币战争》，台北：台湾师范大学历史研究所，1996。

③ 戴建兵：《金钱与战争：抗战时期的货币》，广西师范大学出版社，1995，第 206—244 页。

④ 燕红忠：《中日货币战争史（1906—1945）》，社会科学文献出版社，2021。

⑤ 齐春风：《没有硝烟的战争：抗战时期的中日经济战》，湖南师范大学出版社，2015。

⑥ 齐春风：《中日经济战中的走私活动（1937—1945）》，人民出版社，2002。

简笙簧早在 1979 年就对抗战中期（即 1939—1941 年）的走私问题进行过初步探讨。[1] 他后来亦专门研究过宁波战时走私活动的复杂过程。他特别注意到中日政府一方面禁止倾销仇货，打击走私，另一方面又都在进行有计划的走私，以获得物资或外汇支持战争。[2] 林美莉也专门讨论过全面抗战时期国民政府对走私贸易的应对措施。[3] 林将研究视线转到基层，对走私市镇与走私活动的关系进行了较细致的考察。[4] 她亦敏锐地注意到走私与政府货物抢运之间的紧密联系，对国民政府在太平洋战争前后货物抢运政策出台的经过及其执行过程进行了研究。[5]

萧邦齐在其前提近著中亦留意到战时宁波、温州的走私现象，对走私客的活动及生存状况有很多描写。但在时间线上的变化究竟如何，东南沿海前后的走私活动有什么本质的不同，萧在书中没有提及。

蔡骏治（Philip Thai）对近代中国走私变迁的探讨着眼于国家权力扩张这一问题，他通过对中国近代各类走私活动以及缉私的考察，研究非法沿海贸易与国家权力扩大之间的密切联系。他认为中国的缉私实践表明，与走私做斗争不是一个简单的执法问题，而是推动权力集中和扩大经济控制的动力。这种走私流行给中国各省提供了定义合法和非法行为的借口，由此产生的对消费和活动的限制改变了个人以及商人和社区

---

① 简笙簧：《抗战中期的走私问题》，《中国历史学会史学集刊》第 11 期，1979 年 5 月，第 87—92 页。

② 简笙簧：《中日战争中期宁波的走私活动》，《国史馆学术集刊》第 18 期，2008 年，第 103—127 页。

③ 林美莉：《抗战时期国民政府对走私贸易的应对措施》，《史原》第 18 期，1991 年 6 月，第 227—254 页。

④ 林美莉：《抗战时期的走私活动与走私市镇》，《纪念七七抗战六十周年学术研讨会论文集》，台北："国史馆"，1998。

⑤ 林美莉：《抗战后期国民政府对沦陷区的物资抢购》，黄克武编《第三届国际汉学会议论文集：军事组织与战争》，台北：中研院近代史研究所，2002，第 275—310 页。

的日常生活。[①] 然而，战时走私与非战时的走私活动相比较，其性质大不相同，仅以"非法"或"合法"来界定走私活动可能过于简单。在与敌对国家的战争中，走私作为一种对抗手段，或者军事封锁时的一种特殊物资交易形式，可能更值得研究者关注。

除以上论著，其他讨论走私问题的论著尚多。如有学者专门研讨战时国民政府之缉私政策，[②] 亦有学者专门针对某特定地区的走私与缉私活动进行考察。[③] 甚至开始有研究者注意到沦陷区与非沦陷区交界地带繁盛的走私活动及其带来的影响。[④] 这种结合"地方"的研究趋向或更能帮助读者了解战时走私问题之复杂性。研究者中，也已经有人将走私问题与战时犯罪、毒品贸易等结合起来讨论。[⑤] 这就将经济议题与战时社会史的研究整合起来。不过，这些研究多对"走私"持比较单面性的看法，认为其是不受政府管理的"非法贸易"。但战时交战双方在不同时期对"走私"的运用策略随势而变，所谓"走私"之定义，亦由当局根据实际需求来决定，因此，简单地将"走私"问题视作一种违反政府管制的交易活动，便无法解释走私现象之复杂多变。同时，如果不将战时走私与中日两方的物资需求及获取方法结合在一起，只看到非政府主导且不纳政府税捐、违反政府管制的贸易，是无法弄清

① Philip Thai, *China's War on Smuggling: Law, Economic Life, and the Making of the Modern State, 1842–1965*, New York: Columbia University Press, 2018.

② 孙宝根：《抗战时期国民政府缉私研究（1931—1945）》，中国档案出版社，2006。

③ 傅亮：《太平洋战争爆发后洛阳关的征税与缉私（1942—1945）》，《抗日战争研究》2018 年第 3 期；谢留枝：《全国抗战时期河南的日货走私及查禁困境——以洛阳为中心的考察》，《当代经济》2020 年第 6 期；常云平、张格：《论专卖时期抗战大后方的食糖走私——以川渝地区为例的考察》，《历史教学》（下半月刊）2016 年第 6 期；李琴：《走私·缉私·中外贸易——以 1930—1949 年的华南地区为中心》，博士学位论文，暨南大学，2005。

④ 刘岩岩：《全面抗战时期安徽界首"小上海"现象探析》，《安徽史学》2020 年第 6 期。

⑤ 蒋杰：《战争与毒品：战时上海的毒品贸易与消费》，《抗日战争研究》2018 年第 4 期。

楚战时走私问题的。本研究便希望能够从温州的案例出发对此问题稍做探讨。

战时社会

历史学界对战时社会历史的考察由来已久。如中国学者对于抗日战争期间的社会变迁很早就开始关注。陈达早在战争时期就对各地工人进行了大量调查，并发表许多论文。[①] 宏观性的讨论，如魏宏运、邵雍等学者都有著作涉及此一论题。[②] 李学通、金以林、吕迅合著之《中国抗日战争史》第 6 卷，亦曾以"战时经济与社会"为主题。[③]

日本史学界对战时历史研究，在最近二三十年亦转向"总体战导致的社会变迁"，[④] 针对战争资源汲取而导致社会各层面演化的成果增加。如笹川裕史、奥村哲就曾以征粮与征兵为重点，观察战时重庆政府的相关政策在四川乡村社会引起的动荡，以及民众的一些应对办法，其对"人"的关注使读者可以了解更多实际历史过程。[⑤] 2019 年初，《近代史

---

① 这些论文后来结集出版，参见陈达《我国抗日战争时期市镇工人生活》，中国劳动出版社，1993。

② 魏宏运：《抗日战争与中国社会》，辽宁人民出版社，1997；邵雍：《抗日战争与中国社会》，合肥工业大学出版社，2010。两书都是论文集性质，魏著有两三篇文章涉及农民与农村社会。与研究兴趣有关，邵在其书中对会道门与宗教团体特别重视。

③ 李学通、金以林、吕迅：《中国抗日战争史》第 6 卷，社会科学文献出版社，2019。

④ 〔日〕笹川裕史、奥村哲：《抗战时期中国的后方社会——战时总动员与农村》，林敏、刘世龙、徐跃译，社会科学文献出版社，2013，中文版序。所谓总体战（Total War，或译"总力战"）又称全面战争，是指一个国家动员所有能够运用的资源，摧毁另一个国家参与战争能力的军事冲突形态。总体战的实践古已有之，但在 19 世纪中后期才成为一门独立的学问。参见〔德〕鲁登道夫《总体战》，魏止戈译，华中科技大学出版社，2016。

⑤ 〔日〕笹川裕史、奥村哲：《抗战时期中国的后方社会：战时总动员与农村》。

研究》英文版以"二战时期中国的日常生活"为主题刊发了九篇学术论文，就战时日常生活展开了相关讨论，为读者提供了更为多元立体的抗战史的画面。[①]

对于大多数普通民众来讲，战争时期当然要比承平时期遭受更多的苦难。战争中民众的痛苦经历因此自然受到一些学者的关注，如最近十余年来，难民研究成为中国战时历史研究的一个重要主题。萧邦齐对浙江的战时难民迁徙有专门研究，他向读者讲述了各种亲历者的故事。他在研究中能够将战时的经济变化与社会变迁，以及人的生存境遇等结合起来分析，令人印象深刻。[②]Diana Lary 从更宏观的视角考察了战时中国的难民及其流离历程。[③] 麦金农（Stephen R. MacKinnon）记述了武汉会战中难民的一些行动，他认为难民在某种程度上改变了武汉社会的发展方向。[④]

要考察战争与社会的关系，离开具体的"地方"可能很难阐述清

[①] 这几篇文章为 Wartime Everydayness: Beyond the Battlefield in China's Second World War（Hans van de Ven）、Writing in Wartime China: Chongqing, Shanghai, and Southern Zhejiang（Wen-hsin Yeh）、The Moment When Peking Fell to the Japanese: A "Horizontal" Perspective（Yuan Yidan）、Disciplined Love: The Chinese Communist Party's Wartime Restrictions on Cadre Love and Marriage（Huang Daoxuan）、GIs and "Jeep Girls": Sex and American Soldiers in Wartime China（Zach Fredman）、The Production of Penicillin in Wartime China and Sino-American Definitions of "Normal" Microbiology（Mary Augusta Brazelton）、Airborne Prawns and Decayed Rice: Food Politics in Wartime Chongqing（Seung-Joon Lee）、Tianshui's Three Treasures: Water and Soil Conservation in Wartime Northwest China（Micah S. Muscolino）、The Power of the "Stockpile": American Aid and China's Wartime Everyday（Judd Kinzley），具体参见 *Journal of Modern Chinese History,* 13(1), 2019。

[②] R. Keith Schoppa, *In a Sea of Bitterness: Refugees during the Sino-Japanese War*,Cambridge, MA: Harvard University Press, 2011. 该书中译本见〔美〕萧邦奇《苦海求生：抗战时期的中国难民》。

[③] Diana Lary, *Chinese People at War: Human Suffering and Social Transformation, 1937-1945*, Cambridge: Cambridge University Press，2010.

[④] Stephen R. MacKinnon, *Wuhan, 1938: War, Refugees, and the Making of Modern China*, Oakland：University of Califonia Press，2008.

楚。"地方"的意义，在既往的抗战史研究中未必显著。这不是说此前的研究成果中缺乏"地点"或"地名"，不同地区的抗战史研究已经累积了无数的文字作品。但如果我们细心阅读，就会发现研究者描述的历史面貌都极为相似，不同地区战时带有特质性的历史变化究竟如何，研究者考察得并不多。战时历史的区域性差异，尤其在社会经济层面的不同演化，值得研究学者再认真思考。对战时区域社会史或社会经济史的研究，既有研究有两个重点：一是重庆政府所在的"大后方"——西南地区，二是以上海为核心的"沦陷区"，包括江苏、山东等地。

关于西南地区社会变迁的研究，成果较丰。除了前面已提到的笹川裕史、奥村哲合编之《抗战时期中国的后方社会——战时总动员与农村》（其实主要讨论四川省的历史面貌），潘洵亦曾主编《抗战时期西南后方社会变迁研究》，对人口迁移、社会阶层流动、城乡生活、劳工问题等都有涉及。[①] L. McIsaac 对战时重庆的兄弟会有过有趣的研究，他关注到国际黑帮集团在战时如何继续经营跨国性的鸦片走私贸易。[②]

对"孤岛"上海的研究成果数量众多，视角亦非常多元。安克强（Christian Henriot）从城市史和社会史的视角探讨了抗战时期上海的历史变迁，其研究议题涵盖粮食供给、难民救援、战争破坏等领域。[③]他与叶文心合编的《旭日旗下：日本占领下的上海》（*In the Shadow of*

① 潘洵主编《抗战时期西南后方社会变迁研究》，重庆出版社，2011。

② Lee McIsaac, "'Righteous Fraternities' and Honorable Men: Sworn Brotherhoods in Wartime Chongqing," *The American Historical Review*, Vol.105, No.5 (Dec., 2000), pp.1641–1655.

③ Christian Henriot, "Rice, Power and People: The Politics of Food Supply in Wartime Shanghai (1937–1945)," *Twentieth-Century China*, Vol. 26, No. 1, 2000, pp. 41–84; Christian Henriot, "Shanghai and the Experience of War: The Fate of Refugees," Europea п , *Journal of East Asian Studies*, Vol. 5, No. 2, 2006, pp. 217–248; Christian Henriot, "Regeneration and Mobility: The Spatial Dynamics of Industries inWartime Shanghai," *Journal of Historical Geography*, Vol. 38, No. 2, 2012, pp. 167–80;Christian Henriot, "Beyond Glory: Civilians, Combatants, and Society During the Battle of Shanghai," *War & Society*, Vol. 31, No. 2, 2012, pp. 16–35.

the Rising Sun: Shanghai under Japanese Occupation）包括了一批重要论文，涉及工商业、走私、抵抗与合作、外交、女性文化等各种议题。[1] 叶文心更早亦主编过一册《战时上海》（*Wartime Shanghai*），包括政治、文化与经济等方面的讨论文章。[2] 傅葆石、古厩忠夫和高纲博文等都关注到"孤岛"时期上海特定人群的生存境遇。[3] 魏斐德则将视线放在战时沪西这片"歹土"上，以生动的笔调叙述了太平洋战争前各种军政势力在沪西地区策动的恐怖活动以及城市犯罪故事，对上海"孤岛"时期复杂的政治社会历史有精湛的分析。[4] 在其基础上，蒋杰更将战时上海的失业、通货膨胀、饥饿等社会问题，与城市犯罪结合起来考察。[5]

　　上海之外，这类精细的反映战时社会复杂面相的历史研究成果相对较少。潘敏在其关于江苏伪政权的研究中对基层社会动态稍有介绍。[6] 卜正民（Timothy Brook）在其近著《秩序的沦陷：抗战初期的江南五城》中，对社会层面的历史尤其是人群历史给予了高度关注。他围绕"合作者"问题，以江南五个城市为例，阐述了日军尝试重建中国基层

---

① Christian Henriot, Wen-hsin Yeh, eds., *In the Shadow of the Rising Sun: Shanghai under Japanese Occupation*, Cambridge: Cambridge University Press, 2004.

② Wen-hsin Yeh, ed.,*Wartime Shanghai,* London, New York: Routledge, 1998.

③ Poshiek Fu, *Passivity, Resistance, and Collaboration: Intellectual Choices in Occupied Shanghai, 1937-1945,* Sandford: Standford University Press, 1993; 高綱博文編『戦時上海（1937－1945年）』研文出版、2005；古厩忠夫「日中戦争と上海」『古厩忠夫中国近現代史論集』研文出版、2004。

④ 〔美〕魏斐德:《上海歹土：战时恐怖活动与城市犯罪（1937—1941）》，芮传明译，上海古籍出版社，2003。

⑤ 蒋杰:《战时上海的财产犯罪：失业、通货膨胀与饥饿（1937—1942）》，《安徽史学》2017年第5期。

⑥ 潘敏:《江苏日伪基层政权研究（1937—1945）》，上海人民出版社，2006。

政府的故事，并描述了战时民众在变局中的心态。[①]

目前学术界对重庆政府与日汪势力拉锯地带的研究较为薄弱。以浙江来看，虽然有关战时浙江社会史的学术成果并不少见，[②]一些论文亦或多或少涉及本研究的相关主题，[③]但多属就事论事，未能对历史的整体性与连续性予以重视。对于浙江战时贸易之都温州，更鲜见专门学术论著发表。学者们对攸关重庆国民政府战略生存的滇缅线、驼峰线等都耳熟能详，[④]但对保留唯一出海口的战时东南物资进出口线则较为忽略。温州作为这条线路的起点，其口岸辐射区远至赣、湘、桂、黔、川等省，地位至关重要，但目前已有历史叙述主要限于地方通史性描述。[⑤]由于商业繁荣、走私泛滥，温州地区的社会面貌显然与战前大相径庭。

本书之研究，即聚焦于 1937—1945 年战争时期温州的经济贸易，

① 〔加〕卜正民：《秩序的沦陷：抗战初期的江南五城》，潘敏译，商务印书馆，2015。

② 对战时浙江社会动态历史，除前述萧邦齐专书外，也有一些通论性的著作出版。如楼子芳主编《浙江抗日战争史》，杭州大学出版社，1995；张根福、岳钦韬：《抗战时期浙江省社会变迁研究》，上海人民出版社，2009；张根福：《抗战时期浙江省人口迁移与社会影响》，上海三联书店，2011。

③ 金科：《沦陷时期杭州普通民众的日常生活研究（1937—1945）》，硕士学位论文，浙江师范大学，2020；林心雨：《抗战时期浙江省铁工厂研究》，硕士学位论文，浙江大学，2018；米仁求：《抗日战争前后浙江桐油贸易研究（1927—1946）》，硕士学位论文，华中师范大学，2011。

④ 林桶法：《淞沪会战期间的决策与指挥权之问题》，《政大历史学报》第 45 期，2016 年；李君山：《抗战时期西南运输的发展与困境——以滇缅公路为中心的探讨（1938—1942）》，《国史馆馆刊》第 33 期，2012。张嘉璈在《通胀螺旋：中国货币经济全面崩溃的十年（1939—1949）》一书中，对中国战时通货膨胀的由来及发展过程叙述甚详，书中亦提及通胀对大后方社会经济的影响。不过张氏身居高位，在讨论时对地方层面的反应了解或不大多，在分析通胀成因时，他认为战争中期之后，随着进口商品数量减少，通货膨胀压力剧增，这种减少主要是由滇缅公路的关闭与空中运输局限性造成的。他对东南沿海在战时对内地的物资输入似注意不够，浙东货运线以及其他陆地货运线路书中基本没有提到。张嘉璈：《通胀螺旋：中国货币经济全面崩溃的十年（1939—1949）》，于杰译，中信出版集团，2018，第 374 页。

⑤ 楼子芳主编《浙江抗日战争史》，第 347—391 页；胡珠生：《温州近代史》。

及其相关地方社会变化的历史。"战时繁荣"是全书讨论之核心线索，以此将贸易发展、统制政策、走私活动、工业替代以及社会影响等串联起来进行整体性的分析，希望读者能通过这些发生在温州的小故事，对战时中国之复杂历史有新的理解。

第一章

"唯一出海口"：温州口岸的贸易繁荣

温州，处于浙江省最南部，与福建省接壤，虽然在军事上为兵家必争之地，但至少在辛亥革命以后的 26 年中，当地并没有发生较多的大规模战事，经济、社会都甚为稳定。1924 年的江浙战争、1926—1927 年的北伐战争时，交战双方军队都曾驻防或经过温州，但是除了浙闽交界的平阳、泰顺两县的一些乡镇，其他地方并没有战事扰乱。

八一三事变爆发后不久，日本军队的飞机及军舰就开始出现在温州的上空与海域。战争来临，人民当然惊慌失措，市场动荡，一开始社会上亦弥漫着恐慌情绪。后来由于日军暂未在温州登陆，民众生活渐渐恢复一些常态。上海华界沦陷之后，长江航线停顿，宁波港口时封时开，上海与温州之间的航线便变得异常繁忙，温州港的进出口贸易量剧增。广州沦陷后，温州更被外界称为重庆政府能控制的"东南沿海唯一口岸"，其在物资输入与土产输出方面有着极重要的战略地位。但随着中日战争的形势变化，温州港不时被封锁，航运线路也被迫调整，其经济格局受交通影响甚巨。

战前温州的港口、交通与贸易

温州处于瓯江入海口，是东南沿海航线的重要港口，航运业向称发达。1876 年温州开埠后，中外轮船公司开始在温州部署航线，轮运班次逐渐固定化，不过夹板船与帆船仍在商货运输中扮演重要角色。浙南内河水系纵横交错，将区域内部各地联系起来，新式小火轮与传统民船都是重要载具。20 世纪 20 年代以后，浙江的公路建设亦扩展到浙南，这使区域内部的交通更为便利。到 30 年代，以温州为出发点的交通网络，不仅可以沟通南北洋，也将浙南、浙西与江西、福建乃至其他内地省份联系起来。

温州与外地的海运航线最重要者莫过于温沪线。从 1878 年起，招商局即派轮船定期行驶于该线。1908 年，温州港至海门航线开辟，即温椒线。[1] 而温甬定期直达航线要晚至 1914 年才开辟。[2] 除这三条定期航线，温州南向至福州、厦门、兴化、泉州、汕头、广州及香港的航线，虽曾开辟，但一直未能固定。温州北向航线主要是到天津、烟台，以夹板船运输货物为主。[3]

内河航线方面，温州主要有开往瑞安、乐清及永嘉县内各镇的航线。[4] 民国初年，永瑞轮船公司已经在温州与瑞安间的温瑞塘河上开行小火轮，搭客载货。后来通济轮船公司亦加入温瑞线，并将业务拓展到乐清、平阳。乐清商人则合股组织"永乐轮船公司"，开行乐清琯头至永嘉航线。平阳则有通利商轮公司开辟鳌江航线。据统计，截至 1936

---

[1]　郑绍昌主编《宁波港史》，人民交通出版社，1989，第 296 页。

[2]　郁宗鉴、侯百朋：《温州故实杂录》，作家出版社，1998，第 162—163 页；童隆福主编《浙江航运史（古近代部分）》，人民交通出版社，1993，第 296 页。

[3]　郁宗鉴、侯百朋：《温州故实杂录》，第 162—163 页；童隆福主编《浙江航运史（古近代部分）》，第 296 页。

[4]　吴杰：《温州航运业概况》，政协温州市委员会文史资料研究委员会编印《温州文史资料》第 6 辑，1990，第 132 页。

年温州地区共有内河轮汽船公司 26 家,拥有各类轮汽船 40 艘。[①] 可见当地内河航运业已在近代化。区域内部航运的发展,使浙南各地物产出口更为便利。

民国建立后的最初十年,温州的贸易额增长了大约 4 倍,不过其中大部分是由进口带来的,贸易总值亦相对较低。根据周厚才的统计,1919 年,温州口岸进出口货值虽然达到 4062117 海关两,但只占全国各通商口岸贸易总值的 0.21%,仅为宁波港进出口货值的 1/7 左右。[②] 周认为这种状况主要与温州进出口贸易的结构有关,盖温州出口产品以农副产品和手工业品为主,进口商品以南北日用杂货及工业制品为主。由于转口贸易量较低,浙南区域内部民众消费力也有限,所以贸易总值只是在缓慢增加。据 1927 年的经济调查报告,温州口岸输入商品以匹头、棉纱、煤油、赤白糖为最多,香烟、火柴、棉花、绸缎、鱼类、颜料等日用洋广货次之,主要销往温州、处州二属各县。[③]

南京国民政府成立后,或与当局进口货物税率调整有关,温州洋货进口增长迅速。瑞安 1928 年的调查显示,洋货输入在当时"突然大增",主要输入的种类为布类、洋广货、洋油、肥田粉等,进口多于出口,相差五六十万元之谱。[④]

通过温州输出的土产主要是温、处两属所出。1918 年的报告即指温州"出产饶富",处州各属运销之品均以温州为枢纽,出口各货大致以茶叶、瓯柑、明矾、木材为大宗。[⑤] 1920 年有人介绍温州出口之货,

① 童隆福主编《浙江航运史(古近代部分)》,第 370—375 页。

② 周厚才编著《温州港史》,第 66 页。

③ 《温州之经济状况》,《中外经济周刊》第 209 期,1927 年 4 月 30 日,第 1—26 页。

④ 《瑞安县报告大纲》,中央档案馆等编印《浙江革命历史文件汇集(1928 年)》上册,1987,第 217 页。

⑤ 《各地商况:温州七年上期温号报告》,《中国银行通信录》1918 年第 36 期,第 13—14 页。

主要以瓯柑、猪油、明矾、烟叶等为大宗，次则松香、樟脑、柏油、桐油、板炭、青白石、山货、药材等。[①] 1927 年的经济调查，则称除了油纸伞、草席、纸货这些传统手工业品外，茶叶出口在温州越来越重要，"价值最大"。而出口数值上则以板木为多，每年有"三百数十万元之贸易"，其他明矾年产 10 余万担，值 100 万元左右。[②] 由于山区植桐开始普遍，1936 年温州关出口桐油增至 5 万担以上，总出口值在 200 万元左右。[③]

手工业产品的出口，营业比较发达者包括雨伞、草席、皮箱、皮鞋、织袜、造纸等。如温州雨伞业有数十家店在城中，资本较大者十数家，年营业额 2 万元左右，销路则以出口日本、美国及南洋群岛为多，1925 年海关统计输出雨伞价值 50 余万元。1927 年的调查亦显示温州当时有织席厂 10 余家，所织草席输出值 50 万元左右，大多销往上海及南洋。[④] 不过到 1936 年，草席输出额已经跌落至十五六万元。[⑤] 皮箱业，1930 年前后年出口额在 18 万元左右，销路以闽、沪、甬等地为主。受经济萧条影响，1936 年皮箱出口额萎缩至不到 10 万元。[⑥] 作为温州重要手工业之西式皮鞋业，制作原料如鞋面、鞋底皆从英、美、德等国进口，每年有数千担输入，再由温州鞋匠加工制造，由于皮鞋价格比外地进口者要便宜二三成，因此各县来温州批发者甚多。[⑦] 温州在民国初年

① 《各埠金融及商况：温州（一月二十日通信）》，《银行周报》第 4 卷第 4 期，1920 年，第 16 页。

② 《温州之经济状况》，《中外经济周刊》第 209 期，1927 年 4 月 30 日，第 1—26 页。

③ 《一旬经济》，《浙江经济情报》第 2 卷第 2 期，1937 年，第 30 页。

④ 《温州之经济状况》，《中外经济周刊》第 209 期，1927 年 4 月 30 日，第 1—26 页。

⑤ 《一旬经济》，《浙江经济情报》第 2 卷第 2 期，1937 年，第 30 页。

⑥ 《一旬经济》，《浙江经济情报》第 2 卷第 2 期，1937 年，第 30 页。

⑦ 《温州之经济状况》，《中外经济周刊》第 209 期，1927 年 4 月 30 日，第 1—26 页。

亦兴起机器织袜业，原料多自上海输入，销路主要限于温州、处州、台州三地。[①]温州所产南屏纸，向来行销于长江流域与福建等地，为温州出口大宗，1920—1930年，温州港出口屏纸由7000多担上升至3万多担，增加三倍。如果按战前售价6元一担计算，产值合约18万元。不过也有调查称1936年温州纸类年产值有40万元。[②]

总体上，从海关数据来看，战前温州口岸进出口贸易总值在浙江省三个海关中排名最后。以1931年为例，宁波的浙海关进出口货物总值是4417万两关平银，而温州的瓯海关仅1690万两。杭州关1922—1931年的进出口货物总值平均每年也已达2500万两关平银。[③]因此，战前温州港并不是一个转口贸易发达的港口，而是为本区域商品外销及南北杂货与工业品进口内销服务的港口。

全面抗战初期的封锁与通航

抗日战争全面爆发后，作为中国东部海岸线中心点的温州港，最先感受到战争的冲击。1937年9月，温州洋面陆续有离岛被日军占领。[④]上海战事开始后，沿海被日军封锁，为避免遭到攻击，沪甬、沪温线行

---

① 《温州之经济状况》，《中外经济周刊》第209期，1927年4月30日，第1—26页。

② 俞雄、俞光：《温州工业简史》，第39页；韦斐斌：《浙江的造纸工业》，《中国工业》第13期，1943年，第14页；《温州工业品产销情况调查》，《神州日报》1937年3月28日，第4版。

③ 中华人民共和国杭州海关译编《近代浙江通商口岸经济社会概况：浙海关、瓯海关、杭州关贸易报告集成》，浙江人民出版社，2002，第80、708页；赵肖为译编《近代温州社会经济发展概况：瓯海关贸易报告与十年报告译编》，上海三联书店，2014，第292页。

④ 《温州洋面两岛（黄岛与虎头岛）又被敌军强占》，《新闻报》1937年9月28日，第3版；Japanese Capture Islands Land Marines off Chekiang Coast near Wenchow, *The North-China Daily News (1864-1951)*, 1937年9月27日，第5版。

驶的华轮基本停驶。但英国亚细亚公司、美商美孚公司两艘小油轮照常进出温州港。10 月初，温台防守司令部宣布温州戒严。瓯江口的航道浮标被撤除，当局要求航商对安全自行负责。[①]

不过，从 1937 年 10 月中旬开始，陆续有商轮复航沪温线。最早试航成功的是挂英商怡隆洋行招牌的"神华"轮，10 月 16 日开海门及温州。[②] 德忌利士公司及太古公司随后亦派船行驶温州与上海、广东之间的航线。此后，悬挂各国旗帜的轮船纷纷加入竞争。[③] 根据对上海各报船务广告之粗略统计，八一三事变后两年内，行驶沪温线的轮船多至20 余艘，所悬国旗分属英国、美国、德国、意大利、葡萄牙、挪威等国（详见表 1-1）。

表 1-1　八一三事变后两年内开驶沪温线之主要外籍轮船

轮船名	国籍	所隶公司	经理公司	备注
神华	英国	怡隆洋行	泰昌祥	
成都	英国	太古洋行		
新北京	英国	太古洋行		
新祥泰	英国	大成公司		
海福	德国	礼和洋行	礼和洋行船务部	
宝利	意大利	义华洋行	义华洋行宝利轮船部	
飞康	德国	鲁麟洋行	鲁麟洋行船务部	
谋福	德国	礼和洋行	谋福轮营运处	
哈纳	德国	远东轮船公司		

---

① 《温州厦门两海关均电告宣布戒备》，《时报》1937 年 10 月 4 日，第 6 版。

② 《英商怡隆洋行神华快轮准于本月十六日中午开往海门温州》，《新闻报》1937 年 10 月 14 日，第 1 版。

③ 《各地金融经济报告：宁波及温州（九月份）》，《中行月刊》第 17 卷第 4 期，1938 年，第 81 页。

续表

轮船名	国籍	所隶公司	经理公司	备注
棠鲁	美国	华美航业公司		
棠贝	美国	华美航业公司		
永贞	英国	怡隆洋行	泰昌祥轮船行	
亚生	希腊	亚生轮船公司	亚生轮船营业部	原驶沪台线
大茂	葡萄牙		泰昌祥轮船行	
海龙	葡萄牙	大西洋航业公司		
新生	挪威	通达航业公司	新生轮船局、泰昌祥轮船行	
棠赛	美国	华美航业公司		
德平	意大利	中意轮船公司		
康沙义	意大利	中意轮船公司		
美达	葡萄牙	美利轮船公司		
美发	葡萄牙	美利轮船公司		
怡和	英国	怡和洋行		

资料来源：据 1937 年 10 月至 1939 年 8 月《新闻报》《申报》《导报》《时报》等船期广告统计。

通航之初，以上这些外轮大多并非从上海直驶温州，而是先停靠宁波、海门，到达温州之后也有可能再开往福建兴化等港，客货兼顾，不定期航班居多。[1] 但到后来，由于客货剧增、竞争激烈，所以"直放温州"大字标题广告，在拥挤的报纸船期广告栏特别醒目。所谓外轮，其实大多数仍是中国人所拥有的商轮，或中国人向外商租用的商轮，经理者亦多系中国人开办的船务行，即以"挂洋旗"、雇用外籍船长等方式来绕过日军对中国轮船的禁航令。例如最早在沪温线试航成功的"神

---

[1] 参见郑绍昌主编《宁波港史》，第 346 页。该书所列开行沪甬航线的轮船，其实大多亦并往温州。

华"轮，就是由泰昌祥船务行经理，所有客货装运亦由其包办。[①] 英商太古公司行驶沪温线的"成都"轮，是由源大、元太、鼎丰泰三家船务公司共同经办。[②] 日军方面对这些挂着不同国家旗帜的商轮，有时也会以种种理由检查甚至扣留。如台州新记轮船公司所拥有的"亚生"轮（挂希腊旗）1938 年 1 月直驶温州，2 月 14 日被日军在温州口外扣留，经希腊驻沪领事再三交涉后才由日舰监视开回上海。[③]

与沪温线相比较，沪甬线由于军事关系一直不大稳定，中日双方军队都曾宣布封锁宁波港口。相对而言，温州口岸能够通航的时间更多。[④]1937 年 11 月，上海租界以外区域沦陷。同年 12 月间，浙江东部之杭州、嘉兴和湖州大部分区域沦陷，浙江与上海之间交通主要依靠宁波和温州两地。正如时任浙江省主席黄绍竑所言："上海好像是杭州敌人的后方，又好像是我们的后方。"[⑤] 当时浙江省的战事几乎只在杭州附近地区进行，全省境内，浙赣铁路依旧可以通至萧山，非沦陷区大多数公路可以使用。然而，自 1938 年开始，日军尝试对宁波港进行封锁。到是年下半年，浙江省军政当局奉令将沿海一百公里以内的公路、铁路彻底破坏，以防止敌人借助交通优势实现登陆作战。不过浙赣铁路仍可运行，浙赣湘之间交通仍然无虞。

---

① 《英商怡隆洋行神华快轮准于本月十六日中午开往海门温州》，《新闻报》1937 年 10 月 14 日，第 1 版。

② 《英商太古公司成都轮开往温州》，《新闻报》1937 年 11 月 5 日，第 3 版。

③ 《希轮"亚生"被扣，昨由日舰监视驶沪》，《新闻报》1938 年 2 月 20 日，第 8 版。

④ 如 1937 年 11 月中旬和 1938 年 1 月初，上海与宁波之间交通都曾宣告停顿，温州遂成为替代航线。《沪甬交通完全停顿》，《申报》1937 年 11 月 16 日，第 1 版；《沪甬交通断绝，各轮改驶南通温州》，《大公报》（上海）1937 年 11 月 18 日，第 3 版；《德平轮不能开甬，甬要塞司令电沪甬江禁止船只通行》，《时报》1937 年 11 月 19 日，第 5 版；《镇海口正式封锁，沪甬交通完全断绝》，《新闻报》1938 年 1 月 20 日，第 8 版。

⑤ 黄绍竑：《五十回忆》，云风出版社，1945，第 523 页。

广州沦陷前后的温州：东南"唯一交通口岸"

上海华界被日军占领后，在战局不断扩大的形势下，宁波、温州成为中国方面物资进口及人员撤退的重要孔道。国民政府与外国政府的国际贸易，亦需依靠东南出海口输出或输入。因此，1938年1月，蒋介石专门致电黄绍竑，指令"非万不得已暂不封锁宁波温州二海口"。[①]6月，汉口正处于危急中，当地报纸对温州似寄予厚望，称"在敌舰虎视鹰瞵之下，只残余一个瓯江江口的永嘉——即温州——尚可与海外沟通船舶贸易"。[②]对于上海工商界来讲，甬、温两口亦极为关键。不但上海与内地之商品贸易有赖于此，当军事封锁下上海日常民生用品缺乏时，温州也成为上海商人采办粮食与燃料的重要目的地。[③]

温州口岸在一段时间内尚能保持开放，也与中日双方的战略考虑有关。正如简笙簧在研究中指出的，中方需要在经济上维持对外交通及物资输入、输出的窗口，以支持其长期作战；日方亦需要通过保留口岸，从重庆控制区吸收物资，对中方实施经济战，同时在太平洋战争前避免过度损害美国与欧洲诸列强在华商业利益。[④]据说上海日军特务机关支持有关人士在上海成立华业公司，收集军用物资。该公司就在温州设立分公司，称

---

① 《蒋中正电示黄绍竑非万不得已暂不封锁宁波温州二海口》（1938年1月24日），台北"国史馆"藏，002-010300-00008-044，第1页。

② 《敌舰窥伺何下温州一瞥》，《申报》（汉口）1938年6月2日，第2页第2版。

③ 《燃料缺乏，市商会函请浙省府准运温州柴炭来沪，柴炭业集议向温州大量采办》，《新闻报》1937年12月4日，第4版；"Shipments of Rice Arriving: Native-grown Grain Brought here from Wenchow," *The North-China Daily News (1864-1951)*，1937年12月11日，第11版；《柴炭业公会集议向温州采办柴炭》，《时报》1937年12月4日，第3版。

④ 简笙簧：《中日战争中期宁波的走私活动（1939—1941）》，《国史馆学术集刊》第18期，第103页。

作"和兴公司"，其业务主要就是从上海向温州输出棉纱、棉布、肥皂、卷烟等工业物资，然后从温州运出木材、明矾、砩石等物资。[①] 因此，温州与上海之通航局面，是在多种因素共同作用下才得以实现。

不过，温州港也时不时传出将被封锁的消息。1938 年 2 月 26 日，温州飞机场被炸毁，这是当地第一次被日本飞机袭击。但是沪温线之航运热潮仍然继续。3 月初，第十集团军参谋长徐旨乾奉命组织温台防守司令部，并建立了瓯江封锁办事处。[②] 外界认为当局可能很快就要封锁温州港，对内地商货进口或会造成严重影响。[③] 各地客商纷纷赶在封锁前到上海采办各种货物，上海各批发行号生意大增，从上海开往温州、台州各轮船亦"拥挤异常"。[④] 各外商轮船公司遂加班行驶沪温线。[⑤] 到 3 月中旬，从上海开往宁波、台州等港的轮船宣告停驶，[⑥] 外轮更加集中于沪温线，沪甬轮船亦被迫改行温州再转往宁波。[⑦] 在这种情形下，中国当局宣布瓯江暂缓封锁，[⑧] 以便后方内地省份继续从上海抢运商货。[⑨] 上海便有报关行创建"浙赣湘鄂川五省水陆联运"，先从上海到温州，继而走温州—丽水—永康—金华一线，接浙赣线转南昌、汉口、长沙等地，再转运至四川万

---

① 胡珠生：《温州近代史》，第 439—440 页。

② 《瓯江筹划封锁》，《浙瓯日报》1938 年 3 月 9 日，第 2 版。

③ 《温台封锁决实行，仍准船只进出封锁线》，《文汇报》1938 年 3 月 1 日。

④ 《温台封锁势必实行，客商办货近骤增》，《文汇报》1938 年 3 月 2 日；《温台将封锁，各轮船公司增轮竞航，浙东西南人向沪办货》，《文汇报》1938 年 3 月 3 日。

⑤ 《宁波以上陆路中断后沪温线增轮行驶，计有新北京等六艘》，《时报》1938 年 2 月 3 日，第 6 版；《沪温航线增加六轮》，《晶报》1938 年 2 月 3 日，第 2 版。

⑥ 《台州轮船全停，沪温线准许轮船十艘行驶》，《时报》1938 年 3 月 16 日，第 6 版。

⑦ 《镇海龙山现均安谧，沪甬取道温州为便》，《社会日报》1938 年 3 月 22 日，第 1 版。

⑧ 《最后通航口岸，沪温一线各轮竞航温州，瓯江暂缓封锁》，《社会日报》1938 年 3 月 23 日，第 1 版。

⑨ 这种说法可以从后文将要谈到的军统浙东站通过走私抢运货物案得到验证。参见本书第三章第五节。

县、重庆等地。[①]当局为了加快商货抢运与疏通，还一度允许外轮在浙东其他较小口岸搭客及装卸货物。上海至平阳开通航班，沪温线轮船亦兼弯乐清。[②]

到 1938 年 6 月，上海始发的各轮被允许停靠宁波，沪甬线非正式复航。[③]但温州仍有不可替代的地位。7 月 20 日，蒋介石电令第三战区司令长官顾祝同等，准备将温沪线停航。顾则复电蒋，指出温州为"对内地货物运出仅有之海口"，如果停航，对"国计民生有无关系"，希望蒋能让孔祥熙及黄绍竑先陈述意见，再决定是否施行。[④]顾显然不赞成温州停航。事实上，尽管当局加强了对进出口的管控，沪温线在此后将近一年中仍未中断。

1938 年 9 月，国民政府正式宣布，为维持沪浙间航运，温州一线维持通航。但要求行驶温州航轮应先得当局之许可，未经检查禁止入口靠岸；航轮出口时须在十二小时前呈报当局派员检查。[⑤]由上海赴温州之乘客，亦需要找温州商铺担保，方准登埠，如果无保可觅仍押送回沪。[⑥]同时，土货出口受浙物产调整委员会统制，无采办证之货物，不准进口。[⑦]温州港亦限制航轮出入数量，每日以两艘为限。[⑧]这种严格的航轮进出口管制办法，可能影响到当局的土产出口计划。9 月 14 日，财政部呈文蒋介石，指出"运销油桐、茶叶、蚕茧事，关对外贸易外汇政策至巨"，

---

① 《两报关行创办五省水陆联运》，《导报》1938 年 6 月 21 日，第 3 版。

② 《浙东各口岸，准许外轮恢复搭客》，《新闻报》1938 年 6 月 22 日，第 10 版。

③ 《沪甬已非正式复航》，《时报》1938 年 6 月 25 日，第 6 版。

④ 《一般资料——呈表汇集（七十三）》（1938 年 7 月 22 日），台北"国史馆"藏，002-080200-00500-061。

⑤ 《定海禁止沪轮直达温州严查往来》，《文汇报》1938 年 9 月 26 日。

⑥ 《温州口岸厉行乘客保证制度》，《新闻报》1938 年 9 月 15 日，第 15 版。

⑦ 《宁波温台防守司令准，定海石浦平阳通航》，《文汇报》1938 年 10 月 6 日。

⑧ 《温州加强戒备，重订航轮进出办法》，《新闻报》1938 年 10 月 1 日，第 19 版。

从浙江所购油茶，正急待起运，因此请求军事委员会电饬温甬两地防守司令部，如果属于贸易委员会运货专轮，均予放行。[①] 10 月 17 日华南战幕揭开后，因广九铁路停驶，各省货物运往西南不得已改道：由香港至海防，转滇越铁路至昆明；或由温州、宁波转浙赣路至株洲，再转各公路；由外轮转至广州湾，再由雷州转各公路。[②] 因此，温州关成为国内土货出口与洋货进口的重要枢纽之一。

1938 年 10 月 21 日，广州沦陷，日军禁止华南沿海轮运，温州在沟通内地商货方面的地位益加突出。当时有沪报即称，从上海往西南各省交通，"除绕道安南外，唯一途径即为浙东温台口岸"。[③]11 月 1 日，中国军队宣布封锁瓯江，要求进口之外轮停泊在距离温州三十里之外的乐清磐石，再以小火轮驳运客货至温州。[④] 经特别批准可以进入封锁线之外轮，亦须先在磐石停泊，并经当局检查派员领港，在限定时间内驶入停靠温州码头。[⑤] 各外商轮船公司即在磐石设立办事处，以便联合办理货物驳运事宜。[⑥]1938 年底，有报道指沪浙有三大航线可以通航，其中温、台两线"均运输繁盛"，而沪甬线因禁直达贸易较逊。此时转运西南之货物仍以温州为最重要的进出口口岸。[⑦]

比起战前的路线，此时无论商货还是旅客经温州前往内地其实颇费周折。据时人报告，当时从上海乘轮转温州至赣鄂者，自上海登轮需

① 《一般资料——呈表汇集（七十五）》（1938 年 9 月 14 日），台北"国史馆"藏，002-080200-00502-094。

② 《华南战幕揭开后西南货物改道输入》，《申报》1938 年 10 月 17 日，第 9 版。

③ 《沪温航线客货拥塞》，《力报》1938 年 10 月 25 日，第 4 版。

④ 《浙军事当局奉令封锁温州瓯江，驶温外轮改泊盘石，兼湾宁波暂时停止》，《文汇报》1938 年 11 月 1 日。

⑤ 《军事委员会规定浙东外轮通航办法》，《申报》1938 年 11 月 22 日，第 9 版。

⑥ 《浙东戒备虽严，甬台温航行仍通，惟进出外轮须受严密检查》，《文汇报》1938 年 11 月 8 日。

⑦ 《沪浙三大航线现状，温台两线均运输繁盛，沪甬线因禁直达较逊》，《新闻报》1938 年 12 月 13 日，第 18 版。

三四日才能到温州，再改乘小轮至温溪，由于沿海公路悉被破坏，从温溪需搭民船至丽水。丽水到金华尚有公路可通，然后方能乘浙赣铁路火车至江西或湖北。[①]这样计算，即使被称为"沪浙交通捷径"，[②]从上海到南昌至少也需费时一周。

1938 年 12 月下旬，国民政府军事委员会颁布《沿海港口限制航运办法》。该办法规定"我国沿海沿江各口在军事战争时期，军事当局如认为有封锁之必要时，可以禁止通航"，所有航行于战区或戒严区域之中外客轮皆须向当地航政局申请通行证，违反者将被原船遣返甚至没收货物。[③]为加强防备，当局对浙江瑞安之飞云江，平阳之鳌江、灵江，以及楚门、乐清等各小港口实施完全封锁，禁止航轮出入。[④]1939 年 4 月，椒江被中国军队布设水雷，海门口岸遂断航，[⑤]温州之地位益加重要。政府所编纂的《永嘉概览》称："自抗战开始以后，因东南各省沿海地带相继陷落，本县已成为东南唯一海滨城市，又因本县物产丰富，工厂林立，是故商旅云集，商业旺盛，俨然大商埠也。"[⑥]

财政部在报告中曾指出，在货运方面，安徽、浙江、福建、江西等省货物输出香港转运海外，特别以温州转口为多，轮船从温州驶往香港，每次必满载木、油、茶及矿产等货物，尤以茶叶居多。[⑦]到 1939 年

---

① 《浙东交通，沪温航线轮运未断，浙赣公路每天通车》，《大公报》（香港）1938 年 11 月 18 日，第 5 版；《高登轮船，办沪甬旅客联运》，《申报》1938 年 12 月 8 日，第 9 版；《温甬均准直达，浙沪航运渐复常态》，《新闻报》1938 年 11 月 25 日，第 12 版。

② 《温甬均准直达，浙沪航运渐复常态》，《新闻报》1938 年 11 月 25 日，第 12 版。

③ 《军事委员会颁布沿海港口限制航运办法》，《新闻报》1938 年 12 月 21 日，第 13 版。

④ 《浙东沿海港口加强防务实施封锁》，《文汇报》1938 年 11 月 9 日。

⑤ 《椒江严禁通航，沪温甬线运输繁荣》，《新闻报》1939 年 5 月 30 日，第 11 版。

⑥ 转引自郑加琛《抗日战争至解放前夕温州港的进出口贸易》，政协温州市鹿城区委员会文史资料工作委员会编印《鹿城文史资料》第 3 辑，1988，第 4 页。

⑦ 中国第二历史档案馆：《财政部贸易委员会 1942 年工作报告（上）》，《民国档案》2017 年第 3 期。

初，浙、赣、湘、桂等省已实行水陆联运，四省公路业已打通，浙赣铁路也与粤汉铁路接通，湘桂铁路第一段完成通车，因此，各省主要土货之输港或沪，以及洋货必需品之输入，均由温州、宁波两口岸转运。[①]

以江西为例，该省在商品进出口方面非常依赖温州口岸。据 1939 年 8 月江西省政府工商处之调查，江西与浙江之物产运输商路当时主要剩两条：第一条为从鹰潭至宁波，需耗时 19 日，每市担运费需要 6.5 元；第二条即为景德镇至温州，总共需耗时 36 日，每市担运费 7.57 元，交通工具除玉山到常山为雇挑夫肩挑外，其他从景德镇至鹰潭、鹰潭至玉山、常山至金华、金华至丽水、丽水至温州，皆为民船水路运输。[②] 江西吉安在战时便主要依靠宁波、温州等口岸进口商货，当 1940 年 9 月这两个口岸被日军封锁后，商货难以运进，囤户乘机居奇，吉安当地工业产品价格上涨不已。[③]

战时福建与温州的经济关系也有所加强。全面抗战爆发后，中国当局封锁福建沿海港口，闽江口即无法直接通航，商轮只能停靠封锁线外的外岛，通过驳运才能到达福州。1939 年 5 月，厦门沦陷，日军也加紧对福州的封锁，间接通航复告困难。[④] 因此，像福建北部诸县对温州口岸非常依赖，福建北部松溪、政和、浦城、建瓯等地的商品输入及土产输出主要靠温州转口。建瓯若要由上海进货，必须先由舟山沈家门经温州、丽水、龙泉小梅，再转入松溪、政和，最后才能以民航运抵建瓯。[⑤]

---

① 《浙省统制，瓯甬两江货运》，《申报》1939 年 2 月 1 日，第 3 版。

② 《本省物产运输路线》，《贸易月刊》1940 年第 1 期，第 59—60 页。

③ 《中央银行分处金融市况报告》（1940 年 11 月 16 日），《经济汇报》第 2 卷第 10 期，1940 年，第 105 页。

④ 福州港史志编辑委员会编《福州港史》，人民交通出版社，1996，第 280 页。

⑤ 蔡遂之：《战时市场商品流通概况》，政协福建省建瓯县委员会文史资料委员会编印《建瓯文史资料》第 11 辑，1987，第 81—82 页。由于温州与闽北的贸易加强，温州战时崛起的商业势力也延伸至福建。像温州经营南北货的维大总行就在小梅、松溪设分行，在建瓯创立宏元号商行，经营布匹、海产、土产等。

如浦城县当地商号多在温州采办货物。浦城出产的顺泰纸（即毛泰纸），本来由福州出口，因福建海运中断，只能改由温州出口。[1]

沪温轮运交通之维持与浙江省政府甚至第三战区的经济收入关系甚大。因此，在温州口岸无法顺利通航时，浙江省政府与驻军方面都在设法引导外轮到其他更小港口进口。1939 年 7 月，由于军事形势紧急，有无锡亲日报纸称重庆政府下令要求禁止浙江省的一切对外贸易，但是第三战区与浙江省政府都不愿意执行，仍有意维持沪温贸易之继续进行，盖担心贸易停止，其财政会陷入困窘。[2] 这个报道与上文顾祝同对蒋介石的复电可互相验证。上海总商会及卷烟公会等团队也曾致电浙省政府，请求维持沪浙货运。浙省政府复电表示温州口岸仍可以允许帆船驳运客货，非至军事极必要时，并不拟禁绝客货轮运。[3]

战时商业繁荣的出现

宁波和温州本就是浙江最主要的两个出海口。淞沪战事爆发后，由于长江线被封锁，通过甬、温运往湘、赣等地的货物数量激增。报道称宁波、温州两海关因原有关员不敷分配，先后由海关总税务司调派关员前往工作。[4] 当宁波港沦陷，温州成为所谓"唯一出海口"之后，"大后方"与沦陷区之间的工业品、农副产品以及军需物资，都要通过温州港

---

① 张叔霞：《山货行兴衰史》，《温州文史资料》第 6 辑，第 113—114 页。
② 《重庆政府禁止浙省对外贸易》，《新锡日报》1939 年 4 月 16 日，第 1 版。
③ 《战时商业贸易浙当局维持》，《新闻报》1939 年 7 月 5 日，第 16 版。
④ 《军事委员会规定浙东外轮通航办法》，《申报》1938 年 11 月 22 日，第 9 版。瓯海关亦自陈业务极为繁忙，1938 年 11 月止已经添人手两次，每日从早至晚忙碌异常，几无休息时间。《市商会函请瓯海关请求便利货运》，《申报》1938 年 11 月 15 日，第 9 版。

进出。内地所需棉纱、棉布、百货、中西药、卷烟、橡胶制品、玻璃制品、纸张以及文具、化工原料、燃油、汽车零件等也要经温州转口内运。而重庆政府控制区内的外销物资，如木材、木炭、桐油、猪油、土纸、茶叶、明矾等，更需从温州出口或转口。[①]

温州在中国通商口岸转口贸易中的地位突然上升，首先可以从土货转口贸易数字（见表1-2）中清晰地看出：

表1-2　1932—1948年瓯海关验放转口土货货值统计

单位：法币元

年份	进口	出口	复出口	共计
1932	12610271	5840166	68767	18519204
1933	10393671	5846896	104560	16345127
1934	6514542	5423636	36730	11974908
1935	7145329	5404909	24260	12574498
1936	6950774	4575743	22943	11549460
1937	6598254	4306019	46385	10950658
1938	27452648	10587556	10000014	48040218
1939	33893361	7423011	10048381	51364753
1940	50277513	9989072	9000887	69267472
1941	11232641	2610717	1884925	15728283
1946	26273051	23166085	—	49439136
1947	326436048	471186869	—	797622917
1948	—	—	—	—

资料来源：《近代浙江通商口岸经济社会概况：浙海关、瓯海关、杭州关贸易报告集成》，第907页。

---

① 郑加琛：《抗日战争至解放前夕温州港的进出口贸易》，《鹿城文史资料》第3辑，第4页。温州、宁波虽在1941年4月相继沦陷，前者两周后就被收复，航运在一定程度上得以维持。

根据表 1-2，瓯海关 1937 年验放转口土货进口总值 659 万余元，出口 430 万余元，1938 年进口转口土货 2745 万余元，出口 1058 万余元，从货值来看，两年相比较，进口增长 3 倍有余，出口增长约 1.5 倍。又 1938 年复出口[1]1000 万余元，较上年增长近 215 倍！可以看出从温州转口之外地货物总量上升之速。1940 年土货转口进口更增至 5027 万余元，较 1937 年增长 6 倍多；出口值仍有 998 万余元，为战时次高年份；复出口较前两年略有下降。到 1941 年，转口土货进出口总值均下降至上年的近 1/5，复出口转口土货仅有 188 万余元。这说明港口封锁及交通停顿对合法转口贸易造成较大影响。

除转口贸易兴盛外，温州直接出口数字亦上升数倍。1937 年温州口岸出口外洋之土货总值仅 540657 元，但 1938 年出口外洋土货总值暴增至 6239912 元，增长十倍有余。1939 年、1940 年出口外洋的土货总值更达到 11779153 元、24599602 元，按年倍增。与此同时，我们可以从海关报告中发现，1938 年后直接从国外进口至温州的洋货数量也在增加。这些洋货通过温州进口后，大多是再转运至内地。1937 年温州口岸直接从外洋进口货物总值为 842050 元，1938 年增至 1923513 元，数字翻了一番有余，到 1940 年，直接进口货物值更达到 2477191 元。[2]

不过，从温州口岸进口之工业品及其他重要物资，大部分仍是由上海等国内口岸转运而来。八一三事变后，上海对温州之出口也大增。依据《中国埠际贸易统计（1936—1940）》一书之统计，上海运温州之转口货物总值，1938 年达最高峰，较 1937 年增长近 3 倍。1937 年出口到

---

[1] 所谓"复出口"，指输入本国或本地区的商品未经任何实质性加工又出口。参见张家珍等编著《海关词汇手册》，中国海关出版社，2012，第 287 页。不过，表 1-2 中所示转口土货之"复出口"，所指未必全是出口至外国，还包括在本国通商口岸之间的移动。

[2] 《近代浙江通商口岸经济社会概况：浙海关、瓯海关、杭州关贸易报告集成》，第 905 页。

温州之货值，占上海全年出口之 1.5%，但 1938 年该项数字即达到 7.9%，增长 4 倍有余。由于走私贸易并不在海关统计内，上海对温州之实际出口数字要更多。1939 年、1940 年上海出口到温州之货物总值继续攀升，但考虑到物价上涨因素，实际货物进口数量未必比 1938 年高。至于对温州出口占上海全年出口之比例，1939 年与 1938 年基本持平，但由于轮运受限，1940 年较前两年占比数字跌落近半。[1]

全面抗战爆发后，温州对上海民生用品的出口数量迅速攀升。以木炭为例，本来上海的木炭来源包括杭州、台州与温州等地，受到战事的影响，杭州木炭来源中断，因此温台木炭在 1937 年冬季对上海市民来讲就特别重要。1937 年 12 月，木炭价格上涨后，上海炭商由 20 家同业组成联购分销的联营组，出资派代表到温州集体采购木炭，并委托外轮运输。[2] 温州本地炭行也增加输出，1937 年和 1938 年每年运沪木炭达 40 余万担，这对于缓解上海的木炭缺乏有重要作用。[3] 纸类也可作为一例。淞沪战役之后，因来源缺乏，上海卫生纸出现短缺，著名工业家陈蝶仙遂帮助温州纸商，将"迷信纸"（即焚化用黄表纸）改造成四六分屏卫生纸，以适应抽水马桶需要，大量运销上海。[4] 以商品来看，如 1938 年宁波、温州两地输入上海土纸 1228 万元，占上海国内纸类输入总额之 89.5%。[5] 依据郑友揆、韩启桐编纂的《中国埠际贸易统计（1936—1940）》一书的统计，1938 年温州对上海的出口货值为 18110809 元，占

[1] 郑友揆、韩启桐编《中国埠际贸易统计（1936—1940）》，中国科学院，1951，第 2—12 页。

[2] 《赴温购柴炭代表将返沪》，《时报》1937 年 12 月 21 日，第 4 版。

[3] 夏超群：《温州木炭业盛衰记》，《温州文史资料》第 6 辑，第 82—83 页。

[4] 黄国定：《温处木炭运销公司始末》，政协温州市委员会文史资料研究委员会编印《温州文史资料》第 2 辑，1985，第 120 页。

[5] 《申报》1938 年 10 月 11 日，转引自张赛群《上海"孤岛"贸易研究》，第 58 页。

该地复出口商品近六成，同时，占全国各地对上海出口总额之 9.3%。这显示了沪温贸易关系之炽热度。[①]

此外，根据 1932—1948 年瓯海关验放外洋及国内商船统计，瓯海关验放之外洋与国内商船数量最多的年份是 1938 年，总数达到 940 艘，总吨位达到 64 万余吨，超过 1937 年 3 倍有余。但是到 1939 年，船只下降至约 600 艘，吨位下降至 41 万吨左右，1940 年船只仅 335 艘，吨位 15.8 吨。[②] 这大致上可以反映出从温州合法进出口轮船之数量。瓯海关在全面抗战前比宁波的浙海关进出口规模小许多，如 1936 年船只数量约为其 1/4，吨位则更是其 1/5；到 1937 年，瓯海关船只数量仍不到浙海关的 1/3，吨位不到 1/10。但是，宁波港 1938 年进出口商船 597 艘，59 万吨，船只数量与吨位均比瓯海关少。[③]

因此，1938 年秋，中国的抗战舆论提出"保卫温州论"，[④] 可见温州在抗战战略格局中的地位。为什么要保卫温州，除了避免日寇占领最后的海口，切断物资输出及输入，并且威胁"大后方"外，还有人认为有一个很重要的理由就是税收，"温州现在是浙东的最大口岸，税收数目相当庞大，对国家财政也不无裨补"。[⑤] 是年 6 月，有报纸消息称"温州海关收入月达四百余万元，而往年一年不过四五百万"。[⑥] 据海关报告，1937 年，瓯海关的进口税与出口税以及转口税，都较上年增加三成左右，到 1938 年，转口税突然爆炸式增长，从 1937 年的 202074 元增

① 郑友揆、韩启桐编《中国埠际贸易统计（1936—1940）》，第 2—12 页。

② 《近代浙江通商口岸经济社会概况：浙海关、瓯海关、杭州关贸易报告集成》，第 901 页。

③ 《近代浙江通商口岸经济社会概况：浙海关、瓯海关、杭州关贸易报告集成》，第 893 页。

④ 明诚：《保卫温州论》，《游击》第 8 期，1938 年 9 月 16 日，第 4—5 页；张亦如：《保卫武汉保卫浙江保卫温州》，《生线半月刊》第 7、8 期合刊，1938 年 10 月。

⑤ 明诚：《保卫温州论》，《游击》第 8 期，1938 年 9 月 16 日，4—5 页。

⑥ 《敌舰窥伺下温州一瞥》，《申报》（汉口）1938 年 6 月 2 日，第 2 张第 2 版。

至 1985186 元，增加了约 9 倍，其他税种增长幅度则与前相似。1939 年转口税稍有回落，但仍有 152 万余元。[①] 浙海关 1938 年的转口税为 241 万元，较前一年 30 万元左右暴增 7 倍，可见宁波、温州两个口岸在吸引土产转口方面此时力量大致相当。[②] 转口税原是对本国出产之货物以轮船装运往来于通商口岸时所征一种国内税，从 1937 年 10 月起，转口税扩大征收范围，无论使用哪种水陆交通工具，只要往来于各通商口岸间或内地之间的货物，除已纳统税、矿产税、烟酒税者外，一律征收转口税。

1938 年 8 月，上海《文汇报》刊专文详细报道温州的繁荣景象。该文称太平天国战役以降，温州"从未遭过兵燹，老百姓们安享太平之福"。自国民政府军队西撤，上海成了"孤岛"，"温州一埠几成内地各省与上海交通之孔道"，挂着外国旗帜的商轮穿梭于瓯沪、瓯闽、瓯甬、瓯粤各线，造成"从未见过的海上繁荣"，码头上"货如山积"，旅馆增设了数十家，家家人满为患，公司、行号、商店，以至摊贩，均利市百倍。[③] 亦有人在浙江抗战杂志《浙江潮》上发表文章，指出温州城区的高楼阔巷在战争前跟市面并不相称，所以地方诗人咏曰"路阔行人少，楼高顾客稀"。但是全面抗战爆发后，温州城区华丽高大的商业街道建筑，与市面的繁荣"异常配合"。[④] 更有人将温州称为"华南唯一口岸"，指因商业特殊繁荣，"商人获利倍增，打破未有之纪录"。[⑤]

---

① 《近代浙江通商口岸经济社会概况：浙海关、瓯海关、杭州关贸易报告集成》，第 898 页。

② 《近代浙江通商口岸经济社会概况：浙海关、瓯海关、杭州关贸易报告集成》，第 886 页。

③ 《温州万商云集瓯江道，繁荣声中话温州》，《文汇报》1938 年 8 月 27 日，第 12 版。

④ 小米：《永嘉战时色》，《浙江潮》（金华）第 116 期，1940 年 8 月 30 日，第 130 页。

⑤ 《商声》第 1 卷第 2 期，1940 年 1 月 30 日，第 5 页；第 1 卷第 3 期，1940 年 2 月 15 日，第 10 页。

贸易服务业之兴盛

从 1938 年开始，为商品集散服务的各项商业遍布温州全城。是年 11 月，有报道称温州街市的热闹已超过长沙与武昌，新兴的商店、旅馆、饭馆骤然激增。"外地客商纷至沓来，五马街与南北大街等街道终日喧嚣忙碌。"① 五马街、南大街、铁井栏、晏公殿巷及沙帽河等，是温州城内的商业中心，绸布、百货、南北货、中西药、颜料、五金电器等主要行号以及金融机构都集中于此。府前街是书籍、文具和制鞋的专业街，馒头巷、城西街是新旧木器店的聚集地。为土特产运销服务的行业，则分设在城的四隅。航运、油类、海产、闽货居间、楠溪山货等行、店，都设在东门、朔门；竹、木、炭以及经营处属山货的居间行，集中在西门外、象门和麻行一带；水果行集中在大南门。②

本地人士纷纷成立进出口商行，输出土产，并进口工业品，以谋取高利润。曾任温处党务指导的青田人郭浣湘就与人合办公德隆商行、源发贸易商行、国光贸易商行等，依靠其申领获得的出口许可证办理进出口贸易。参与投资的就包括银行襄理、钱庄经理、布店商、皮革厂经理等人士。③ 值得注意的是，全面抗战初期，由于中国当局对战时物资进口有限制，许多物品需要本地合法商行出具发票始能入口，因此当时温州出现不少专门为客商办理发票的商行。如温州中国国货公司二楼就有人开设"空头商行"，人称"二楼布置曰堂皇，经理先生无事忙，若问

① 　明来:《抗战中的温州》,《前线日报》1938 年 11 月 7 日, 第 3 版。

② 　吴杰:《抗战时期的温州工商业》,《温州文史资料》第 2 辑, 第 132 页。

③ 　郭霞飞:《郭浣湘在温州的矿务和贸易活动》,《温州文史资料》第 6 辑, 第 51 页。

宝号营何业？代开发票称商行"。[1]林美莉认为战时贸易公司往往规模较大，转运公司、过塘行等则隶属其下。[2]不过在温州，有的贸易公司经常仅是一种开发票的空头招牌，未必有实际的业务。

"船务行"也成为温州当地战时新兴行业。船务行主要代理或承包非本地轮汽船在温州业务。[3]鼎盛时期温州船务行有五六十家之多，业务规模较大者包括华盛、戴元大、吴聚顺、三兴仁等。[4]有的船务行行东也会向上海或其他地方借租轮船行驶。如泰安船务行便拥有一只英国造的伊施姆轮船，其代理轮汽船业务一直持续到战后。类似的还有鼎泰船务行、华丰船务行、利华汽轮局、利兴汽轮局、三合船务行、华一船务行、华泰船务行、华孚船务行和公信船务行等。[5]

由于贸易量剧增，温州码头货物经常堆积如山，当地报关转运行亦激增至上百家，帮货主代理报关、提货、装货等。最著名者是战前即已开设的"吉记新报关行"。[6]报关行大都也经营从温州至丽水、金华或浦城等地的汽车、民船、手推车的转运安排事宜。[7]参与这种转运行开办热潮的也包括原来一些土产出口的经营者。如1938年前后，温州协利炭行经理江洁缨就与丽水大通行陈增荣合办利生运输处，江洁缨任经理，专门经营从温州到丽水、金华的货物转运业务。由于官商关系畅通，利生运输处开业后业务繁忙，应接不暇。许多官营企业如中国植物

---

① 郑加琛:《抗日战争至解放前夕温州港的进出口贸易》,《鹿城文史资料》第3辑,第9—10页。

② 林美莉:《抗战时期的走私活动与走私市镇》,《纪念七七抗战六十周年学术研讨会论文集》,第21页。

③ 吴杰:《温州航运业概况》,《温州文史资料》第6辑,第133页。

④ 郑加琛:《抗日战争至解放前夕温州港的进出口贸易》,《鹿城文史资料》第3辑,第7页。

⑤ 周厚才编著《温州港史》,第141页。

⑥ 吴杰:《温州航运业概况》,《温州文史资料》第6辑,第131页。

⑦ 郑加琛:《抗日战争至解放前夕温州港的进出口贸易》,《鹿城文史资料》第3辑,第7页。

油料厂、中茶公司、邮政管理局、贸易委员会的桐油运销处等都委托该处代运货物。其业务一直从温州辐射到浙西各地以及江西、安徽等省，成为金丽线上业务量最大的转运行之一。①

有的运输行则是以上海进出口商业行庄为背景。据茶栈商人陆雨之回忆，1941年后，上海"洪源润"等七家茶叶庄栈有数十万箱茶叶在安徽受阻，无法运进。于是，这七家商行派人驻温，在温州成立"洋庄茶叶办事处"，专门办理徽茶出运事宜。同时，这些茶庄又支持陆雨之开设"信祥茶叶运输行"，各家庄栈参与投资，让安徽茶商将茶叶运到温州，由"信祥"办理运沪手续并垫付运费。②

温州及相关运输线上城市转运业之兴盛，可从下面这个报道窥见一斑：

> 温州、丽水、金华、宁波，这一串城市的名字，当作一个庞大的转运公司的名字更为恰当。每个城市也最多新开设的转运公司，转运公司的买卖，的确很不错。众口一词说，温州市去年一年即获得二千万元上下的盈余，由于商会主持人的绝口否认更得证实。③

1938年后，温州的居间代理业也发展迅速。④以山货业为例，居间行根据货物产地的不同分为"闽货行"和"山货行"两大类，发展速度很快，仅温州西门一带就出现了40余家山货居间行。⑤这使得山货行业

---

① 虞文喜主编《丽水地区人物志》，浙江人民出版社，1995，第91页。

② 陆雨之：《温州茶业记略》，《温州文史资料》第6辑，第97页。

③ 《疟疾性的浙东沿海风云中，温甬转运业特殊繁荣》，《力报》1939年8月3日，第1版。

④ 《商声》第1卷第4期，1940年2月29日，第3页。

⑤ 翁春仙：《闽货居间业与福建会馆》，《温州文史资料》第6辑，第226页。

在战争时期达到全盛。战前山货行以代销为主，但是战时规模较大者多改自营自销。其货物既有来自附近龙泉、庆元、遂昌、松阳、丽水等地者，亦有从福建浦城、松溪等地运来者，甚至包括江西、安徽的山货。[①]据知情人介绍，战时山货业商品以油类为大宗。油商不但向本地山货行采购，有时还远至兰溪、金华及闽北各县自行收买。[②]

福建各地商人到温州的数量上升，带动了服务闽商的居间业的发达。为了避免语言隔阂并熟悉地方市场情形，福建客商多请本地居间行介绍销售货物。有一种居间行被福建人称作"船头行"，由居瓯多年的闽商开办，最盛时同时经营者有 20 余家。一些当地"行家"为了能够与福建客商做生意，主动学习福建话，这种做法在温州东门一带尤其流行。[③]沪闽海运中断后，沪商停止采购红糖，福建当地出产的食糖价格猛跌，糖商竞相运往温州求售，福建特产桂圆、荔枝的情况也类似。经由温州中转，这些特产再运至台州、宁波、上海等地。据闽货居间业裕成行行东翁春仙回忆，他就曾一次以外轮从福建运进 8700 余件红糖到温州，"像如此巨大的数额，实属绝无仅有"。[④]由于营业爆增，为红糖交易做居间的土糖行也随之发达起来。[⑤]

全面抗战爆发后温州棉纺工业品贸易量亦剧增。四川、湖南、江西、安徽、福建等省都有大批客商到温州办货运销内地，棉布号经营利润大增，因此纷纷添设行号。据《温州商业志》之记载，当时温州全城仅棉布批发号便达到 30 余家，分布在五马街、南大街、铁井栏、晏公

---

① 张叔霞：《山货行兴衰史》，《温州文史资料》第 6 辑，第 114 页。
② 张叔霞：《山货行兴衰史》，《温州文史资料》第 6 辑，第 114—115 页。此文作者将"诸东记"称为"紫东记"，二者在方言中发音相似，只是写法不同而已。
③ 翁春仙：《闽货居间业与福建会馆》，《温州文史资料》第 6 辑，第 226—227 页。
④ 翁春仙：《闽货居间业与福建会馆》，《温州文史资料》第 6 辑，第 226 页。
⑤ 吴杰：《抗战时期的温州工商业》，《温州文史资料》第 2 辑，第 90 页。

殿巷及纱帽河一带, 其中规模较大的有金三益、协大祥、春沅等。棉纱批发号规模较大的包括黄沅利、宝华、统一、存生、新星、明纶、美华、余兴隆、大陆义记等10余家。[①]温州的棉纺织品很多来自上海。《上海市棉布商业》亦记称, 1940年宁波沦陷后, "内销业务集中在温州, 温州帮业务大盛"。对于上海棉布业来讲, 温州在战前原为"小客帮", 所办棉布不过数匹拼件, 但到1940年, 温州商人在上海设立的申庄从10多家增加到近100家, 采购的棉布从几箱增加至数十或数百箱。[②]由于上海与内地贸易仍然旺盛, 袁燮铭认为上海在1940年前仍是全国的经济中心。这有赖于上海与内地的交通线路未完全中断, 其中最重要的线路之一就是以温州为中心的沪浙商品转运线。[③]

中药材业在战时亦趋于兴盛。由于原来传统药材市场网络被破坏, 温州成为内地药材的重要转口口岸。[④]温州中药材业原来以宁波帮、兰溪帮为主。1938年后, 由于药材批发生意繁盛, 除了原来的大户(如甬帮同仁堂、叶三宝, 兰帮的集丰等名店)外, 温州又兴起新的批发大户, 如震中、阜丰、元昌等参号。到抗战后期, 由于通货膨胀, 客帮大户都收缩业务, 但谢景记、葆大、瓯海等本地药行迅速崛起, 取代了外地药帮, 势力甚至发展到处属各县。[⑤]本地帮字号中引人注目的是由本地老药工开设的一些字号, 由于这些药工熟悉进货渠道, 选货精准, 经营灵活, 定价较低, 其行号迅速扩大了市场占有率。[⑥]著名者如大同巷

---

① 《温州市商业志》, 252页。

② 上海市工商行政管理局、上海市纺织品公司棉布商业史料组编《上海市棉布商业》, 中华书局, 1979, 第269页。

③ 袁燮铭:《上海孤岛与大后方的贸易》,《抗日战争研究》1994年第3期。

④ 张叔霞:《山货行兴衰史》,《温州文史资料》第6辑, 第114页。

⑤ 金梦良:《漫话国药业》,《温州文史资料》第6辑, 第105—106页。

⑥ 金梦良:《漫话国药业》,《温州文史资料》第6辑, 第106—107页。

参号，以批发零售东洋参为主，亦出售产自东北的"大力参"。[①] 这种客帮与本帮商业势力之转换，成为战时商业热潮中的新景观。

商业繁荣的出现，也带动了城市服务消费热潮。据称温州当地的旅馆最高峰时发展至 100 余家，天天客满。餐饮、酒楼业也空前繁荣，如华大利、新味雅、醒春居等餐馆每天座无虚席，[②] 理发厅、浴室等周边服务业也生意兴旺。据当时人回忆，温州在全面抗战初期，大小菜馆、饭店、点心摊纷纷开设，生意亦特别兴隆。温州也出现了一些当地原本没有的菜系，如专门经营北方菜点的平津菜馆。每当华灯初上，酒馆的猜拳声与戏院的锣鼓声齐鸣。温州南市大戏院还特邀上海京剧名角海碧霞到温州演出，永嘉党部主委王季思曾以《后庭花》为题，作词对此加以讽刺："湘中昨报失长沙，南市新来海碧霞。亡国何关我辈事，明朝请听后庭花。"[③]

1938 年 3 月，一位从上海去内地的青年从温州转道，他称温州"是战后浙东一条仅存的水路"。他坐的船并不靠岸，但旅馆的茶役、划子夫却充塞了船舱，"操着难听的温州话，叫嚣得使人脑涨"，"每一件行李经过严格的检查，旋以小舢舨渡登彼岸，安顿在五马街的杭州旅邸"。在他眼里，温州的旅馆业"异常发达"，甚至"畸形"。[④] 温州的热闹商业气氛，显然给这位有地域偏见的年轻人留下深刻印象。市面繁荣，客流增大，服务业生意兴隆。如永嘉县政府就添设招标人力车 100 辆，每

---

① 　金梦良：《温州城区中药参号与个体店户》，政协温州市鹿城区委员会文史资料工作委员会编印《鹿城文史资料》第 4 辑，1989，第 78 页。

② 　郑加琛：《抗日战争至解放前夕温州港的进出口贸易》，《鹿城文史资料》第 3 辑，第 8—9 页。

③ 　杨苏流：《温州菜馆业及其他》，《温州文史资料》第 6 辑，第 270 页。

④ 　赵归：《从军前后》，《申报》1938 年 3 月 18 日，第 12 版。

辆车规定预缴押标金 50 元。① 温州城里的娼妓业也颇为发达，1940 年初有人声称仅公娼城区就有 4000 多人，"私娼更是不计其数"。② 这种状况从当时地方报纸上频繁刊登的性病治疗广告可见一斑。

温州商业本来批发与零售各半，批发业主要服务于温州本地及邻近地区。但是，到了战时，远至四川、湖南，近至江西、安徽等省，客商都涌来温州办货，这使温州商行的批发业务迅速增长。不过，这种难得一见的温州商业繁荣，也始终笼罩在敌机轰炸的阴影下。

"繁荣"背后的阴影

八一三事变过去半年后，温州这座异常"繁荣"的港城，还是遭受了日军的轰炸。日军 1938 年 2 月 26 日首次在永嘉投弹，③ 以温州机场为主要轰炸目标。由于这一天的轰炸未涉及市区，故对市面影响不是太大。对温州城区进行轰炸是一年后发生的。1939 年 4 月 20 日，日军四艘军舰开抵瓯江口外，发炮攻击黄华山要塞，三架日机飞到城区投弹。许多工商业设施遭到破坏，西郊木板厂被炸，博云大市场、中央大戏院、中国实业银行均被炸毁。抗战杂志《浙江潮》称轰炸后温州"十几万市民逃得精光，留下的是汉奸在放信号，盗贼在公开的窃货，商店完全停业。温州成为一座死城"。④

---

① 《永优待征军家属经费添人力车百辆》，《浙瓯日报》1938 年 11 月 26 日，第 3 版。

② 黄扬：《永嘉在走向新生》，《浙江青年》第 1 卷第 7 期，1940 年，第 235 页。

③ 《敌机大批犯粤和县含山衢县亦遭轰炸》，《申报》（汉口）1938 年 3 月 30 日，第 1 页第 1 版。

④ 陈志仁：《温州，乐园？屠场？》，《浙江潮》（金华）第 65 期，1939 年 6 月 11 日，第 279—282 页。

　　轰炸给商轮运输带来严重影响。4 月 23 日，温州防守当局通知各轮船公司限所有留温外轮一律驶出瓯江，并禁止任何船只进口。原本封锁线上所留缺口也因防务紧张完全被防守军队封锁。[①] 外轮抵温在轰炸前本来达到高峰，3 月进口轮船 79 艘，出口 80 艘。但到了 4 月，进口外轮急速下降至 26 艘，出口 31 艘。[②] 禁航令给上海、宁波、温州等地商业带来极大的麻烦，"堆积甬温土货无法疏通"。[③]

　　到 5 月上旬，沪温线情形稍转，有外轮冒着风险陆续恢复开航。[④] 温台防守司令部奉令将椒江、瓯江、飞云江等予以封锁，巩固防务，禁止任何船只在封锁范围十里内行驶或通过，违者逮捕法办。[⑤] 所以外轮只能抵达瓯江口封锁线外指定区域停泊，客货均需要用其他船只转驳，运进城内。

　　1939 年 6 月 27 日，日本海军也声称即将对温州采取军事行动，并将设置障碍封锁瓯江，要求所有在温州港的船只必须于 28 日上午前驶离。日本海军的声明立即引起在港船只的惊慌，外轮都在规定的时间内撤离。[⑥]

　　1939 年 6 月后，开往温州之外轮便几乎没有看见广告，沪温线上繁忙的轮运被迫按下暂停键。"谋福""神华"两外轮曾在 6 月底尝试开

① 《瓯江交通宣告封锁，通航缺口尚未堵塞》，《文汇报》1939 年 4 月 25 日。

② 《温州港外籍商轮逐月进出载客人数（28 年）》，《浙江经济统计》1941 年 12 月，第 215 页；《宁波温州出口茶叶数量（28 年）》，《浙江经济统计》1941 年 12 月，第 107 页。

③ 《沪浙交通断绝后各业均受影响，堆积甬温土货无法疏通》，《晶报》1939 年 4 月 26 日，第 4 版。

④ 《沪温线恢复后外轮七艘开航》，《时报》1939 年 5 月 10 日，第 3 版；《沪温线复航后航轮增至九艘》，《新闻报》1939 年 5 月 13 日，第 17 版；《温州连日被炸沪温线仍照常》，《新闻报》1939 年 5 月 28 日，第 16 版。

⑤ 《三江奉令封锁防务极为巩固》，《浙瓯日报》1939 年 5 月 30 日，第 2 版。

⑥ 《日方通知各国封锁温州福州》，《时报》1939 年 6 月 28 日，第 2 版；《温州外轮全部退出，英侨尚余六人》，《申报》（香港）1939 年 6 月 29 日，第 3 版。

往温州，结果被阻拦于瓯江口外。[①] 到 9 月，才有温州王荟之经理之英轮"新安利"号冒险试航，首次从瓯江顺利进口。[②] 在高昂的利润驱使下，有轮船公司尝试将航轮停泊于温州港口北面的沙头水道，再将货物转运温州，但风险很大。这种新航线的开辟也与温州航政办事处的指导有关。[③] 由于日军收紧海面封锁政策，商船行驶温州常常被日本军舰追击。[④] 有人认为用汽船比轮船冒险试航要便利得多，因此，福建商人便邀请当地航运商人速开载重百余吨的汽船到温州来装货。[⑤]

由于沪温线中断，"温埠存货山积"。[⑥] 10 月，中国当局允许宁波、温州与海门三地通航，但由于日军封锁，实际上通行很难顺畅。[⑦] 到 1940 年 1 月，虽然日军一直在监视阻挠往来，但外轮仍能在沪温线行驶，温州遂号称"浙东唯一口岸"。[⑧] 这背后可能与外轮公司同日军方面的交涉有关。[⑨] 尽管阻碍不断，但由于水脚利润丰厚，航轮依然往来不息。[⑩]

---

① 《谋福神华两轮阻于镇海瓯江口外》，《新闻报》1939 年 7 月 1 日，第 15 版。"神华"是英商怡隆公司经理之轮船。*The North China Desk Hong List*，1940 年 1 月，第 763 版。

② 《瓯沪复航试航成功，新安利昨抵埠》，《浙瓯日报》1939 年 9 月 5 日，第 2 版。

③ 《温州港外籍商轮逐月进出载货吨数（28 年）》，《浙江经济统计》1941 年 12 月，第 216 页。

④ 《新安通因在距黄华五里被敌舰所阻，传已折返上海》《敌扬言今封锁温州》，《浙瓯日报》1939 年 9 月 17 日，第 1 版。

⑤ 《新北京轮驶沪展期，外轮设法航瓯江》，《浙瓯日报》1939 年 8 月 30 日，第 2 版。

⑥ 《沪瓯航行，间断逾旬》，《总汇报》1939 年 10 月 19 日，第 3 版。

⑦ 《外轮驶温被阻，新安兴轮已原轮折回上海，永贞神华各轮均被阻口外》，《晶报》1939 年 11 月 10 日，第 3 版。

⑧ 《浙东唯一口岸：温州风景线》，《展望》1940 年第 12 期，第 10 页。

⑨ 据戴笠等人向蒋介石提供的情报，瓯江自被日本军队封锁后，驻沪各国航业公司及航政局，曾派代表向敌接洽复航，但敌声称如欲瓯江通航，每月须缴纳复航费 10 万元，现航业方面拟请减少。《一般资料——呈表汇集（九十二）》（1939 年 8 月 5 日），台北"国史馆"藏，002−080200−00519−073。

⑩ 《日对沪温航轮，又提警告谓如再驶温将发炮射击》，《申报》1940 年 5 月 14 日，第 9 版。

到 1940 年 4 月，形势对外轮公司更为不利。日本方面于 4 月 26 日致函上海英美等国领署，要求其转告各航业公司，如果第三国船只不顾温州区日炮舰之命令，日炮舰将取必要步骤。[①] 同时，又以军事行动为由，对沪温航轮提出正式警告，称如再驶温，将发炮射击。各外轮公司请各国领事馆与日方交涉抗议。[②] 5 月 15 日，日本海军发言人对外国报纸称，之所以一再警告，是因为温州附近已发现悬外国旗帜之船只，"夜间不燃灯火而出入温州港口，日方极难辨别究属华方船只，抑系第三国船只"。[③] 为了监视外轮航行，日军派出两艘军舰泊于瓯江口外，一遇可疑船只，即放下汽轮追逐盘查。[④]

1940 年 7 月，日军进攻宁波，宣布沿海第三国轮船禁止通行。[⑤] 次月，日本海军当局又宣布华南沿海港口第二封锁区为温州湾、乐清湾等，沪温航线更进入断断续续状态。一直到是年底，每月都只有零星外轮进出港，最多不超过 8 艘，最少仅 1 艘。[⑥] 9 月初，元丰报关行找爱极洋行在香港租"金太子"号，从上海装运纱布前往温州，在上海码头被日海军水上宪兵队查扣。[⑦] 华泰轮船公司承租美商的 81 吨汽轮"大生"号行驶沪温线，1940 年 11 月被日本海军扣留两个多月，后来经过美国驻日本大使抗议，才得以释放。[⑧] 类似情况又如装载水果的"海福"轮，

---

① 《日海军威胁驶温外输》，《申报》1940 年 5 月 16 日，第 9 版。

② 《日对沪温航轮，又提警告谓如再驶温将发炮射击》，《申报》1940 年 5 月 14 日，第 9 版。

③ 《日威胁外轮，自圆其说》，《申报》1940 年 5 月 17 日，第 10 版。

④ 《日舰两艘泊瓯江口，监视外轮行踪》，《申报》1940 年 5 月 23 日，第 7 版。

⑤ 《日封锁浙闽沿海，第三国商轮被迫停驶》，《新闻报》1940 年 7 月 17 日，第 8 版。

⑥ 《温州港外籍商轮逐月进出载客人数（28 年）》《宁波温州出口茶叶数量（28 年）》，《浙江经济统计》1941 年 12 月，第 215、107 页。

⑦ 《金太子轮企图驶温突被日方扣留》，《申报》1941 年 9 月 15 日，第 7 版。

⑧ 《美商大生轮释放后将驶温》，《中国商报》1941 年 1 月 13 日，第 3 版。

被日军扣留两个多月，货物皆烂损。①

　　外轮之所以在日军封锁令之下仍继续尝试航行，很重要的一个原因是飙升的水脚费用所导致的高额轮运利润。1939 年 8 月，行驶于温州与上海、香港等地之间的航轮水脚放弃用法币计算，改用港币交易，实际水脚费用照盘约上涨四倍以上。② 1941 年 2 月，上海与宁波、温州之间的航线间接可通，但货运水脚每吨在 1000 元以上，比之前骤增数十倍。③ 浙江省政府鉴于温州已成为内地各省货物出入口重要口岸，船舶供不应求，船务公司不断抬价，曾打算由财政厅筹建船舶专营局，统制货运。④ 但这种尝试似乎未有实际行动。浙江省驿运管理处也曾计划按照《浙江省管理水陆工具章程》对沿海轮船运输货物征收管理费，并在温州专设永嘉驿运站。永嘉县商会认为商业既已因轮运停滞受打击，再征收管理费只能更使商旅止步，要求收回命令。浙江省驿运管理处遂令各分站暂缓征收。⑤

　　1941 年 3 月，日本方面要求江海关停止结关，浙沪航线遂告全面停止。到 4 月，宁波、温州先后被日军攻陷，航运更无法进行。虽然两周后温州被中国军队克复，但由于日本海军对东海封锁甚严，外轮很难出行。⑥ 对此次日军攻占宁波、温州，国民政府最高层亦明白其重要目的之一，便是切断重庆政府的东南沿海通路。4 月 25 日，蒋介石致电顾祝

① 《日轮垄断下之长江航运》，《申报》1941 年 1 月 15 日，第 10 版。
② 《新北京轮驶沪展期》，《浙瓯日报》1939 年 8 月 30 日，第 2 版。
③ 《沪浙航轮纷纷复航，温甬客货间接可通，先后出口者已有十余艘，惟货运水脚骤增数十倍》，《中国商报》1941 年 2 月 26 日，第 3 版。
④ 《浙省统制瓯甬两江货运》，《申报》1939 年 2 月 1 日，第 3 版。
⑤ 《浙沪航运又告中断》，《浙瓯日报》1941 年 3 月 20 日，第 1 版。
⑥ 《沪温间电报未通，航运暂难恢复》，《新闻报》1941 年 5 月 7 日，第 10 版；《沪甬复航难实行，温当局暂禁通航》，《新闻报》1941 年 6 月 8 日，第 10 版。

同，令请注意日军进犯浙东地区，其目的在于"截断该方面物资输出并企图以闪击之姿态动摇民间抗战信念"。[1]

在日军眼里，温州是重庆政府输血线之重要据点。因此，为了攻下第三战区之中心长沙，日军必须先占领浙赣铁路以及唯一出海口温州。日方当时的报道便直接将温州称为渝方"输血路之据点"。而当温州等港口失去后，日方就宣传重庆政府已无反攻之余地，"全面崩溃之期已近"，可见其对温州极为重视。[2]一份亲日杂志也将温州称为"渝方主要密输路线的据点"，认为温州处于"沿岸航路中心"，因此"往渝方密输"的物资多经由温州，再凭浙赣路运往各地，亦使在浙江、江西二省"继续抗战之渝军犹有活动余地"。日军占领该地，便将温州之军事设施"完全粉碎"。[3]

由于日军封锁，温州港进出口贸易基本停顿。温州既无法通航，浙江省政府乃试图开辟鳌江复航。鳌江是温州地区三条主要河流之一，仅次于瓯江、飞云江。位于江口的古鳌头为温州地区南部的主要港口，当时瓯海关此在已经设有分卡。[4]1941 年 9 月，当局允许鳌江通航，以"使一部份必需品能流入内地"，但航轮以此前在温州登记的外轮为限，载运货物也必须在指定地点经过检查。[5]鳌江通航消息公布后，立即成为

① 《事略稿本》（1941 年 4 月 25 日），台北"国史馆"藏，002-060100-00151-025。

② 何悦：《一周大事述评（自七月九日至十四日）：浙江日军占领温州》，《大东亚周刊》第 1 卷第 1 期，1942 年，第 28 页。

③ 《浙江日军占领温州》，《妇女杂志》（北平）第 3 卷第 9 期，1942 年，第 34 页。

④ 鳌江发源于文成县桂库村，主要流经今天平阳、苍南两县乡镇，包括北边的干流与南方的横阳支江，在鳌江镇（又称古鳌头）汇入东海。古鳌头为温州地区的重要港口，商船往来众多，清代就已设有海关分口征收关税。瓯海关成立后，在古鳌头设有常关，后改为分卡。

⑤ 《古鳌头已准通航，限于曾经登记航轮，航商准备加入行驶》，《申报》1941 年 9 月 9 日，第 9 版。

新的货物集散热点。如原来经宁波进出口之货物，便有许多流向温州。①

事实上，战争爆发后，沪温线一旦陷于不稳定状态，鳌江就成了上海与温州等地商人们的希望，期待其成为沪温线的重要替代港。早在全面抗战爆发之初，鳌江与温州其他规模较小的港口一样被浙省当局宣布封锁。1939 年 6 月后，由于日本海军宣布封锁瓯江口，沪温航线曾短暂受阻，鳌江口岸便成为另一个重要的替代选择。中国当局当时希望通过鳌江港将许多土产运出，同时能抢运许多内地需要之物资。8 月，浙江省政府规定温州绝对禁航，但准许外轮行驶鳌江，由此处转运平阳及温州。② 8 月 25 日，在太古经理杨仲和等人的努力下，该公司之"新北京"轮成功进口，停泊于鳌江码头。消息传到温州，市场顿时活跃。③但由于鳌江口进港困难，需等候涨潮时水位高涨始能进口；同时，鳌江地方民众担心外轮进港会招来日军轰炸，不同意该港向外轮开放，因此鳌江口岸未能发挥很大作用。④

平阳士绅刘绍宽就曾在日记中责怪浙江省第八区行政督察专员许蟠云，指其在 1938 年先使鳌江断航，"使货物皆经于永嘉，以自渔利"，1939 年瓯江封锁后使外轮行驶鳌江，"通航引敌"，"乃上之人贪货物进出之税利而不顾其民之受害"。日本飞机来轰炸，又只能疏散人口，声称"保护人民"，自相矛盾。⑤地方士绅此种指责，将政府军事战略归咎

---

① 《宁波金融志》因此称"1941 年 4 月，宁波沦陷后，货物流转向温州。宁波钱庄大都歇业"。见宁波金融志编纂委员会编《宁波金融志》第 1 卷，中华书局，1996，第 81 页。

② 《传浙当局已准开放鳌江》，《申报》1939 年 8 月 4 日，第 10 版；《温州不能复航，鳌江口将开放》，《时报》1939 年 8 月 4 日，第 2 版。

③ 《沪鳌试航成功，新北京轮进口》，《浙瓯日报》1939 年 8 月 26 日，第 2 版。

④ 《瓯沪复航试航成功，新安利昨底埠》，《浙瓯日报》1939 年 9 月 5 日，第 2 版。

⑤ 温州市图书馆编，方浦仁、陈盛奖整理《刘绍宽日记》第 5 册，中华书局，2018，第 1925 页。

于地方长官，诚然是一种发泄愤怒之办法。许蟠云只是一个在地方执行国民党政府命令者，他当然无法决定鳌江的断航与通航。但这种指责反映了当时平阳地方士绅对鳌江通航的反对声音。

鳌江通航的争执一年后又发生。1940 年 7 月，宁波、温州口岸先后断航，各外轮均想试航鳌江，先后参加试航者包括 20 余艘外轮，但有的成功，有的就被阻扣。[①] 德商"哈纳"轮、"海福"轮及意商"马贝里亚"轮，均曾参加试航沪鳌线。其中"哈纳"轮为德商礼和洋行所有，载重一千吨，在驶往鳌江途中遭日海军开炮射击警告一次，登舰检查三次，最后在鳌江口外被勒令返沪，随船乘客有 20 余名外国人，包括传教士。[②]

当时上海工商界认为鳌江能否通航，为沪上一些工业产品能否销往内地之关键。以机织棉布为例，沪上华资布厂出产之棉布，原来主要销往香港、天津、烟台等地，由于这些地方交通阻隔，销路不畅。上海的棉布生产商就期待鳌江通航，以打通内地商路，这也是上海报纸对"哈纳"轮反复试航倍加关注之原因。[③] 8 月 10 日，"常德"轮宣布平安进口后，上海棉布业认为"温州生意已获连续"，希望棉布客帮发动进货。[④]

鳌江通航讨论期间，当地数次遭到日本飞机轰炸，商店工厂被毁甚多。1940 年 8 月 16 日，日军轰炸鳌江，投弹数十枚，引发大火。[⑤] 王广源、同甡利等商行被烧毁殆尽，大火延烧焚屋无数，死伤民众百余

---

① 《驶鳌江外轮均被扣留》，《申报》1940 年 9 月 18 日，第 8 版。

② 《哈纳轮驶古鳌折回日舰阻挠详纪》，《申报》1940 年 8 月 31 日，第 11 版。

③ 《鳌江能否通航，华厂布销所系》，《申报》1940 年 8 月 24 日，第 11 版。

④ 《棉布内销，已由鳌江进口》，《申报》1940 年 8 月 11 日，第 8 版。

⑤ 《鳌江被炸善后》，《申报》1940 年 9 月 4 日，第 10 版。

人。① 轰炸之后地方人士对鳌江开航更表不满，此事也与浙江省高层权力斗争牵涉在一起。浙江省主席黄绍竑支持在平阳鳌江通航，但浙江党部通电反对。② 据刘绍宽记录，鳌江轮船进口，是由温台防守司令及温州各机关托杨玉生向鳌江地方士绅疏通的，以轮船货物价值之七厘作为对鳌江之补偿，其中以二厘作为地方赔偿意外之损失，以五厘为王鲸波等五名地方士绅的酬劳费。因此，鳌江被日军轰炸后，当地被难民众到王鲸波家中坐索赔偿。在这种情形下，温州当地政府乃扣留准备装上船的货物，要求货物承运商先交 10 万元为抚恤费，然后才能起运。③

1940 年 9 月，"江苏"轮在上海—鳌江航线之试航终于成功。沪上报纸称鳌江因此"成为沪浙航运之重心"，同时加入行驶该线者有 5 艘外轮，包括英商"曼利""马勒"、意商"宝利"、德商"江定"等轮。另外意商"民和"轮亦恢复行驶。最早试航成功的"江苏"轮，9 月 16 日已满载温州土货回到上海。租雇"江苏"轮者为温州新兴的贸易商行——上海统办公司。④ 10 月，又有德国商轮"哈纳"轮装载货物数百件从上海启航。⑤ 同时，美商"大生"轮由美国远东舰队派两兵舰保护，在扣留近一个月后返回上海，美驻沪领事署发给该轮保护令及出口证，"大生"轮遂满载布匹、香烟等货物续航鳌江。⑥

1941 年"四一九事变"中，鳌江市面也饱受冲击。到是年 9 月，浙江省政府允许古鳌通航，外轮可以驶往鳌江，但要向温州当局登记，并

① 《刘绍宽日记》第 5 册，第 2012—2013 页。

② 《刘绍宽日记》第 5 册，第 2018 页。

③ 《刘绍宽日记》第 5 册，第 2013—2014 页。

④ 《沪浙航运近状，鳌江海门通航》，《新闻报》1940 年 9 月 17 日，第 11 版。

⑤ 《古鳌通航后外轮加入行驶》，《新闻报》1940 年 10 月 29 日，第 9 版。

⑥ 《美舰队保护大生轮续航鳌江》，《新闻报》1940 年 10 月 22 日，第 8 版。

接受检查。① 此后鳌江时断时开，直到 1944 年，温州仍有不少商行在鳌江设立临时商号，从事营业。可见鳌江在当时还是上海与内地商品交流集散重要港。瓯海关在温州第三次被日本占领时迁移至平阳，鳌江分卡税收增长，成为海关收入重要来源之一。② 鳌江之外，像比邻飞云江之瑞安港，也曾间歇性地与上海直接通航。温州的药业一度亦向瑞安批购，如三益行等药号生意大幅增长，资金多达十数万银元。③

1941 年 5 月，温州被中国军队收复。但温州守备区指挥部仍对瓯江口进行严密封锁，以防日军再犯。无论驶进还是出口船舶，只能在瓯江下游琯头停泊。到 1942 年，温州军事当局为加强水道封锁，只允帆船在磐石及永强装卸。同时船只需要向温州航政办事处申请发给通航证书后才能进港。④ 后来，磐石与温州之间水域布满水雷，温州进出口之货物只能通过乐清黄华、七里一带中转，再以小船载运，经内河至琯头转运至温州。⑤ 由于轮船运输基本停止，一度兴盛无比的温州船务行宣告闭歇，13 家船务行因歇业退出轮船业公会。除了内河小轮会员业务得以维持，其他从事沿海轮运业者仅剩下"寥寥数家"。⑥

到 1942 年 4 月，沪甬线在日军控制下宣布恢复通航，⑦ 从上海到温

① 《浙省当局已准许古鳌通航》，《新闻报》1941 年 9 月 9 日，第 9 版。

② 黄伯蕴：《解放前的瓯海关》，政协温州市委员会文史资料研究委员会编印《温州文史资料》第 16 辑，2002，第 382 页。

③ 周孔华：《百年老店三益堂的旧事》，政协瑞安市委员会文史资料委员会编印《瑞安文史资料》第 8 辑，1990，第 103 页。

④ 童隆福主编《浙江航运史（古近代部分）》，第 469—470 页。

⑤ 袁良安：《黄华、七里一带商行的兴起》，政协乐清县委员会文史资料研究委员会编印《乐清文史资料》第 7 辑，1989，第 128 页。

⑥ 《航运停顿，船务行闭歇》，《温州日报》1942 年 1 月 4 日，第 2 版。

⑦ 《沪甬间各航轮昨起恢复搭客》，《政汇报》1942 年 4 月 18 日，第 3 版；《沪甬线航轮行驶益频繁》，《中国商报》1942 年 8 月 25 日，第 2 版。

州可由宁波中转。即使如此，路程仍非常遥远。根据当时人的介绍，若从上海出发搭轮船到宁波，再经宁海、临海、乐清等地，跋山涉水，搭船步行，要经600余里后才能抵达温州。① 不过，正是因为有上述替代线路转运进来的货物做支撑，到1943年初，温州仍"市面畸形发展，众商云集，交易繁兴，供不应求"，"新设商行及贸易公司犹如雨后春笋，金融颇形活跃"，进货商家不断增加。② 与淳安等所谓"阴阳界"物资集散中心相比较，③温州在外轮断航后仍有其优势，盖在货运路线上部分可以借助海运或内河水运，不过这些贸易多数是以走私方式进行了。

---

① 据温州旅沪同乡会总干事介绍，1943年，从上海到温州，要先搭轮至宁波，由宁波搭小火轮至洞盘浦，换小河船至白杜等镇。经此至临海县城，海门乘内河船至路桥，再至温岭、江厦、东山埠、南塘街、虹桥、乐清，再搭小火轮至琯头，坐外江轮至温州东门外，首尾需10日，全程600里，其中300里陆路，需川费300余元，如需带行李，共需1000余元。见《温州同乡会通告关于由沪赴温路径》，《新闻报》1943年4月4日，第4版。

② 《各地经济市况》，《经济汇报》第7卷第7期，1943年，第129页。

③ 所谓"阴阳界"，在战时是指重庆国民政府与日军双方势力交错的缓冲地界。

第二章

战时贸易统制政策在温州的实施

近代战争往往与经济统制不可分离。由于战争的关系，交通、贸易与商业都有巨大变化，而政府一方面要汲取物资，另一方面要加强税收，因此对物资统制特别重视。就国民政府而言，早在 1933 年，实业部就筹备设立国际贸易统制局。[①] 七七事变爆发后，南京中央政府也迅速设立贸易委员会，统辖全国之重要土产输出，以获得更多外汇及战略军需物资。1938 年后温州成为东南沿海重要口岸，无论是重庆国民政府的土产出口计划，还是浙江省的物产调整及贸易统制工作，温州皆成为中心之一。政府的贸易统制政策，也给温州当地的市场带来剧烈变化。

战时贸易统制，在温州主要反映在以下三个方面：温州进出口贸易管制政策及其变化；重要物产出口的国营化及温州口岸的关键作用；浙江省物产调整政策在温州的推行。

土产输出统制与温州

1937 年 9 月 13 日，财政部拟定《增进生产及调整贸易办法大纲》，

① 《实部筹设国际贸易统制局》，《检验月刊》1933 年第 11、12 期，第 133 页。

这份文件后来成为战时贸易调整政策制定实施之依据。该大纲由军事委员会呈蒋介石核准，并经国防最高会议通过。按照大纲规定，当局设立农产、工矿、贸易等三种调整委员会，隶属于军事委员会。其中第三条规定，"关于出口物产，就原有国营及中外商营经理出口机关，办理收买输出等事项，由政府组织贸易调整委员会以督促管理之，并予以资金运输之充分协助及补助其亏损"。[1] 9月15日，贸易调整委员会筹备负责人员在上海与工商界人士召开第一次谈话会，讨论工作进行办法，在提及贸易地点时，指出"青岛、宁波、温州等沿海口岸，也应设法促进贸易出口"。[2]

10月29日，上述三个调整委员会正式成立。贸易调整委员会由财政部拨款2000万元，在金融上协助出口商人疏销沿海沿江各大埠积存的货物，主要包括茶叶、生丝、桐油、皮张等重要出口土产品。从宣布的工作目标（即"调整贸易，增加进口；协助运输，促进货运；调剂金融，鼓励输出"）来看，贸易调整的核心在于为国民政府增加重要商品进口，同时输出本国土产以换取更多外汇，加强金融稳定。[3]1938年2月，贸易调整委员会改隶财政部，易名为贸易委员会，仍以"集中物资，换取外汇"为中心工作。[4]

为了管制出口，同时也为了控制土产输出，1938年4月，财政部公布《商人运货出口及售结外汇办法》。按照此办法，出口商要依程序向

[1] 《张群呈蒋中正增进生产及调整贸易办法大纲及孙科提案充实战时经济物资各项办法》，台北"国史馆"藏，002-080109-00013-005；中国第二历史档案馆编《中华民国史档案资料汇编》第5辑第2编，江苏古籍出版社，1997，第433页。

[2] 《贸易调整委员会讨论调整贸易第一次谈话会》（1937年9月15日），贸易委员会档案，转引自郑会欣《国民政府战时统制经济与贸易研究（1937—1945）》，上海社会科学院出版社，2009，第150—151页。

[3] 《贸易调整委员会实施办法》，《会务旬报》1937年第50期，第3—4页。

[4] 《财政部贸易委员会民国二十七年工作报告》，财政部贸易委员会，1939，第1页。

交通部水陆运输联合办事处申请登记，再向中国银行或交通银行办理手续取得"承请外汇证明书"，将证明书提交海关后才能报关。报送后复向水陆运输联合办事处申请货物托运单，接洽派车，获得提货单后再向上述两行办理销货手续。出口商所售货价以外币结算，但要以规定汇率向两行换法币。[①] 这一政策对出口商影响极大。当局通过外汇管制控制了海关报关等出口程序，一方面使私商无法自由运销土产，另一方面也使政府在外汇收入及法币信用保证方面获得更多资源。当时甚至有人提出建议，政府如果要严密管理外汇，避免商人套汇并致使法币急剧贬值，只有将对外贸易国营化。[②] 太平洋战争爆发前，重庆当局基本上是按照这个思路将重要土产的出口都纳入中央政府控制。

上海华界沦陷后，中国对外贸易地理格局出现大变化。中国土特产之出口基地从上海迁至香港，贸易委员会也在香港成立办事处，专门负责中国土产出口事宜。一开始贸易调整委员会以富华贸易公司名义设法疏运长江流域物资。长江航路中断后，遂改道粤汉路转运香港输出。1938 年 4 月，富华贸易公司将总公司迁至香港。华东地区的物产输出，很大程度上要依靠尚未沦陷的温州与宁波等口岸，因此，1938 年 6 月，贸易委员会在温州成立办事处，24 种主要土产皆由该会办理出口，以便预结外汇。[③] 从是月起，凡出口外销货物，不论公营私营，均须向中国银行或交通银行申请承购外汇，取得证明书后始能办理报关；转口内销者亦须取得商会或同业公会之保证书，连同申请书，向贸易委员会办事

---

① 财政评论社编印《战时财政金融法规汇编》，1940，第 90—91 页。

② 顾文渊：《论严密管理外汇之途径：对外贸易国营》，《浙光》第 5 卷第 1 期，1938 年 11 月 1 日，第 4—7 页。

③ 《温州万商云集瓯江道，繁荣声中话温州》，《文汇报》1938 年 8 月 27 日，第 12 版；林桐实：《现时浙江桐油运销事业概况（附表）》，《浙光》第 4 卷第 8 期，1938 年，第 4—10 页。

处请发准运单。[1]

1938 年 10 月武汉沦陷后，由于浙赣铁路大部分尚能保持运行，并经金华、丽水等地转运与温州港口衔接，温州在中国土产对外输出贸易路线中的地位陡然上升。财政部贸易委员会为了解贸易统制与外汇预结政策在浙江的实施情形，曾特派外汇处副处长陈家骏先到温州考察，陈在报告中认为当地办理效果"一切非常满意"。[2] 1939 年 1 月，坊间有消息称财政部与经济部计划在浙东设立"全国物产进出口总理处"，以全盘统制调查、稽核、检验、查放等工作，避免私货进口，以帮助税收。同时，在温州、宁波等口岸设立分处。[3] 此事后来似未实现，但可以看出在重庆政府财经部门眼中温州等口岸在协助中国土产出口中的重要性。

为了避免物产资敌，1939 年 2 月，中国海关当局奉令禁止棉花、土纸、桐油等 54 种土货运沪。贸易委员会规定重要土货皆集中香港对外出售。内地土货装运香港之路线当时规定有三条：川、滇、康等地之土货集中昆明，再转海防至香港；黔、桂、鄂等省土货集中贵阳，再经南宁、广州湾至香港；浙、闽、赣、湘等省土货，首先集中宁波或温州，由轮船运至香港。贸易委员会分别在昆明、贵阳、南昌、宁波、温州等处设立贸易委员会办事处，规定茶叶由富华贸易公司办理，钨砂由资源委员会办理，桐油由植物油公司办理。商人如果自行装运重要土产出口，皆应依法结售外汇。[4] 温州、宁波两关负责东南各省土货出口。如贸易委员会浙江办事处在浙收购之桐油、茶叶，均在温州、宁波两处由

---

① 《浙各口岸运货出口实行预结外汇》，《浙瓯日报》1938 年 6 月 15 日，第 3 版。

② 《财部派员视察浙外汇，温州等地办理极好》，《文汇报》1938 年 10 月 9 日。

③ 《财经两部在浙设立物产进出口总理处》，《新闻报》1939 年 1 月 16 日，第 13 版。

④ 《贸易委会规定土货集港输出办法，先集中滇黔浙后再运港由富华等责办理收买》，《申报》1939 年 2 月 23 日，第 14 版。

外轮运至香港集中，再按照中外合同输出，参与其事者包括富华贸易公司、中央信托局等各政府经济机关。[1]

预结外汇制度在地方实施时也会面临挑战。如果运货出口的非轮船，而是本地帆船，则不大可能开抵香港结汇。按贸易委员会颁布的结汇办法，出口商须在香港登记，获得证明，方能在银行结汇，这对于以帆船运货之商人显然不现实。如要求商人交保证金，商人需耗费比货物成本高两三倍的本钱，无法负担。最后贸易委员会只能饬令中国银行减少保证金，同时增加信用保证。[2]

1939 年 10 月，富华浙江分公司在温州设立办事处。富华公司在温州输出商品的数量，可以从 1940 年 9 月该公司温州办事处报告获得大致数据。报告称：

> 从驻温分处成立（二十八年十月二十日）迄今本年六月三十日，计货物运港运沪各十一批，运沪转港一批，共出口桐油862434公担，茶叶28395325公担，杂货408677公担。运港货以油、茶、松香、苎麻等货为多，运沪为丝茧、羽毛、牛皮、杂货、肠衣等货。本处组设成立以迄，目前接运贸易委员会接交货，计装沪二批蛋粉851箱，772公担，肠衣35桶4710把，羊皮599件，24561公担，鹅毛10包，443公担。[3]

① 《贸易委员会奉令收买浙东土货，已饬浙办事处遵照办理，装英商太古轮集中香港》，《申报》1939 年 2 月 5 日，第 13 版。

② 《国内金融消息：贸委会订定沪浙间帆船运货结汇办法》，《金融周报》第 8 卷第 23 期，1939 年，第 15 页。

③ 《富华贸易公司浙江分公司温州办事处结束撤消手续、储运表报清单、契约移交清单、损失报告》（1941 年 11 月），浙江省档案馆藏，L069-004-0569，第 27—31 页。

从这份报告可以发现，富华公司经手出口商品，以茶叶为最大宗，其次则为桐油以及杂货。所谓杂货，包括松香、苎麻、丝茧、羽毛、牛皮、羊皮、肠衣、蛋粉、鹅毛等种类。这些物资皆为政府统制专营，成为中国出口换汇的重要物产。

1940 年 5 月，财政部公布《修正贸易委员会组织规程》，富华贸易公司、复兴商业公司和中国茶叶公司皆直隶该会，专门办理进出口贸易业务。[1]复兴商业公司主要业务为收购储运桐油，中国茶叶公司负责茶叶收购与出口输运等，其他重要物产皆由富华贸易公司负责。公司业务范围则指定为"茶叶、桐油以外一切输出物资之收购运销；美洲以外各国输入物品之采购运销"。[2]

复兴商业公司在温州所办商货数量，在 1941 年温州"四一九事变"后浙江省给最高当局的报告中稍可反映。这份 6 月 7 日由黄绍竑发出的报告，禀陈了日军 4 月攻占浙江沿海口岸时复兴商业公司的损失情形。据其报告，当时复兴商业公司在永嘉、鄞县、临海、诸暨等地共存桐油 7147 桶 22018 听，青油 767 桶，麻油 8 桶。被劫桐油 2644 桶，抢出桐油 4137 桶 14314 听。该报告同时也谈到富华与中茶两家公司损失的情形。富华贸易公司存永嘉、鄞县、临海、诸暨干茧 12891 袋，丝 808袋，猪鬃、皮毛、苎麻、松香等 2160 件。被敌焚毁茧 2866 袋，抢出茧2562 袋。中国茶叶公司存瓯茶叶被焚 7717 箱。资源委员会锑管处存瓯锑品被劫 3100 箱。[3]可见，当时三家国营商业公司在温州等地积存之出口物资数量甚多。档案也显示，当时汇集温州的出口农产品，来源地点

---

① 《战时财政金融法规》，《经济汇报》第 2 卷第 1、2 期，1940 年，第 317—318 页。

② 《富华贸易公司组织规程》（二十九年五月十三日财部核定），《经济汇报》第 2 卷第 11 期，1940 年，第 117 页。

③ 《黄绍竑电蒋中正》（1941 年 6 月 7 日），台北"国史馆"藏，002-090200-00070-301。

甚广，甚至包括从广东运来者。[①]

虽然从温州出口的商货甚杂，但在国民政府的战略物产输出中，温州口岸占比最大的莫过于茶叶与桐油两项。

东南茶叶出口基地

中国茶叶对外贸易，接战前的商业惯例，主要是由各家洋行与洋庄茶号交易，洋庄茶号在新茶上市时派人到茶叶产地收买并运往上海推销。抗战全面爆发后，财政部贸易调整委员会宣布统制全国红绿茶内外运销，组设富华贸易公司收买全国茶叶直接向外推销，号称"一扫战前各种流弊，实惠茶农，发展外销"。[②]为集中收购茶叶，方便办理对外易货，1938年6月14日，财政部制定并公布《管理全国茶叶出口贸易办法大纲》，以贸易委员会负责管理全国茶叶的出口贸易及统购统销之事宜。财政部与苏联订立1500万美元的茶叶销售契约后，以富华贸易公司的名义在浙江、安徽、江西三省收买红茶，然后以外轮运往香港与苏联交易。原来在上海设庄之茶商，派代表驻港专司过磅收银等事项，洋行购买茶叶，必须与富华贸易公司交易，故富华贸易公司成为"一最有力量之茶叶机关"。[③]

浙江本是重要茶叶产区。因此，贸易委员会成立后，即开始派员到浙江与该省物产调整处合作收购，凡茶商运茶，经上海或温州出口转口，除非内销茶叶无改至出口可能者，其他一律不许自由运销出口，

①　《粤货抵温疏运》（1940年），浙江省档案馆藏，L057-016-0316。

②　《运销进展，港沪外销，平分秋色》，《申报》1939年1月6日，第10版。

③　《运销进展，港沪外销，平分秋色》，《申报》1939年1月6日，第10版。

所有外销茶叶皆由贸易委员会收购。此举对浙江茶农及经营之茶商影响至巨。从 1937 年 9 月到 1938 年 9 月，贸易委员会在温州已购箱茶一万六七千箱，毛茶三千余担。为便于出口茶叶的交易，上海各茶栈在温州组织联合办事处，办理结售外汇、运销、评价等事项。[①] 以上茶栈多属于上海洋庄茶业同业公会。[②] 洋庄所采购的箱茶全由贸易委员会收购，多数都经过登记、议价成交。

温州口岸不但成为浙江茶叶出口的基地，也与安徽、江西两省茶叶外销关系重大，这也牵涉到国民政府的茶叶贸易统制。安徽、江西的茶叶，由于战事关系及粤港交通中断，无法沿原来商路运去香港，转由民船通过新安江运到兰溪，再转丽水，由温州出口。[③] 由于茶叶涨价，浙、皖、赣三省的茶叶输出都较往年增加。如祁门红茶每百斤在香港开盘最高价值曾达到港币 300 元（相当于法币 508 元），茶商与茶农都大受鼓励。1938 年 10 月，贸易委员会派专员在皖、浙等省产区办理登记，外销茶叶产量突破历年纪录。[④] 根据贸易委员会报告，1938 年 8—12 月该会在温州收购的箱茶就达到 11 万余箱。其中绿茶占八成五，红茶占一成五。以产地来看，主要包括徽州、浙西、赣东、温州等区，亦有少量从闽北运来者。绿茶数量以徽州、浙西为多，而红茶则主要从赣东、温

① 《茶栈在温设办事处，办理运销评价结汇》，《新闻报》1938 年 9 月 11 日，第 16 版。

② 《十三种土货今年起不运沪，由贸易委员会统制外销拨款收买集中港昆输出》，《申报》1939 年 2 月 6 日，第 9 版。

③ 《贸易委会统制茶销，售价提高，茶商称庆，茶叶改由温州出口》，《申报》1938 年 10 月 28 日，第 9 版；《皖茶统制成功，茶箱改道出口》，《申报》1938 年 11 月 4 日，第 9 版。贸易委员会在 1938 年的工作报告中将"接运皖赣茶叶"当作温州方面的主要工作之一。见《财政部贸易委员会民国二十七年工作报告》，第 5 页。

④ 《贸易委会统制茶销，售价提高，茶商称庆，茶叶改由温州出口》，《申报》1938 年 10 月 28 日，第 9 版。

州两区收购。[①]

中国茶叶经温州、宁波等口岸装轮出口外运数量巨大。截至 1938 年 9 月底，出口之茶叶价值高达 2251 万元，其中运往香港 955 余万元，摩洛哥 852 余万元，美国 163 余万元。运往香港者，多输入苏联与其他亚洲国家，总共输出茶叶超过 58.26 万公担。[②] 到 1938 年 11 月底，财政部贸易委员会对外销茶叶实施全面统制，所有浙、皖、赣三省来路庄茶，均经富华贸易公司统运统销。该会先后在安徽屯溪及浙江之宁波、温州收购茶叶 20 余万箱，全部经甬、温两口岸运往香港集中输出。官方声称此举去除了"从前洋行时代之种种陋规扣折情弊"，商人除外汇购买外，尚有"余利可图"。[③] 这个数字与满铁的调查亦相符合，日本人认为茶叶收购的大幅提高，与"战时贸易的国营化"及出口土产收货机关之"官营化"有关。[④]

以国营公司统制重要土产运销，也许能在短期内加强收购效率，但土产购销过程牵涉到许多行业惯习，国营公司未必能适当处理。如茶叶评级以及包装、觅轮运输等许多环节，抛开了传统商业模式，国营公司未必能够高效处理。富华贸易公司 1938 年在安徽、江西两省收购的茶叶，先是运存浙江兰溪仓库，9 月该公司才与浙江省公路局商妥，以汽车从兰溪运丽水，再转运温州出口。但由于数量巨大，浙江省公路局花了 5 个月才将总共 13 万余箱茶叶运完。[⑤] 运销方面的滞后，导致货物在口岸积压，茶叶质量受损，甚至影响到易货合约的正常履行。1938 年

---

① 《财政部贸易委员会民国二十七年工作报告》，第 31 页。

② 《贸易会规定外销茶叶出口标准取缔办法》，《申报》1938 年 11 月 27 日，第 9 版。

③ 《浙皖赣三省绿茶，贸易会买已达念万箱》，《申报》1938 年 11 月 29 日，第 8 版。

④ 满铁调查部编《支那经济年报（昭和十五年版）》，改造社，1940，第 523 页。

⑤ 《财政部贸易委员会民国二十七年工作报告》，第 25 页；《存浙皖赣绿茶大批运温出口》，《申报》1939 年 2 月 28 日，第 7 版。

10 月，贸易委员会曾致函驻重庆的苏联协助会：

> 　　径启者：关于贵会封悌可夫先生在沪接收之绿茶三千三百吨一事。本会现据驻港办事处来电，业已决定俯徇茶商请求，改在宁波、温州款货两交，为此须有贵会代表在场监视秤量包装。拟请由贵会驻港办事处即派全权代表一人，前来宁波、温州接收该项茶叶。所有因派遣代表增溢之费用，本会亟愿担任，并希贵会洽订轮船前往温甬装货，直运海参崴。凡此请求皆系本会尽力履行绿茶合同之诚意，深信得邀谅察，并能迅予照办。再此事迫于时机，务请急电港处进行为荷。①

　　从上电我们可以看出，中苏茶叶易货合约签订时，可能双方交货地点是上海。但是由于战局变化，中国政府希望能将收货地点转移至宁波、温州，并且要求对方自行派轮到甬、温装运。出现这种情况，显然是由于上海与温州、宁波之间的交通运输已经非常紧张，或水脚上涨过快，增加了中方的成本。

　　1938 年底，上海洋庄茶业致电贸易委员会，称由该会富华贸易公司兼办国茶对外贸易后，"业不专精，情尤隔膜"，从温州、宁波两口岸运往上海香港的茶叶被阻三个月之久，色味变坏。认为不如此前实业部所定由中国茶叶公司主办全国茶叶生产运销，贸易委员会专管外汇。②

---

① 　中国第二历史档案馆编《国民政府抗战时期外交档案选辑》，重庆出版社，2016，第 346 页。"苏联协助会"是苏联政府在华成立的管理中国土产物资输送苏联之贸易统筹机构。
② 　《本市洋庄茶业电请改善统制茶运，请交中国茶叶公司负责办理，今年输出额增加价格已高涨》，《商业月报》第 18 卷第 12 期，1938 年 12 月 31 日，第 14—15 页。

此事实际上与前述国民政府颁布施行结售外汇办法有关。[1] 由于茶叶被列为须结售外汇之货物，茶商认为外汇法定汇率与市价汇率差距悬殊，对此非常不满。同时，中国茶叶公司在温州、宁波等口岸之茶叶评定价格，无法与洋庄茶叶公会达成一致意见，茶商认为定价缺乏标准。这种僵局，遂造成巨量茶叶滞留宁波、温州二埠，不能出口。当中国政府与苏联签订茶叶销售合同的消息传到上海，市场认为适合销售苏联之茶叶，政府将全数收买。受此刺激，沪上茶价急升，创历史最高纪录。洋庄茶业同业公会派员一再赴香港向贸易委员会请愿磋商，最后同意先将滞留宁波、温州埠茶叶之样箱寄沪，评定适合销往苏联者为甲种，直接装运香港；不适合者为乙种，仍装运上海谋售。[2] 此办法决定后，存温州之内地绿茶有一部分装运上海。[3] 由于外销收购量大，由温运沪之茶叶，最后由上海毛茶业同业公会各茶行收购者，"多皆为低次之货"，上等茶叶皆直接由温州装轮运往香港。茶叶重要贸易由上海移至香港后，以温州、宁波等口岸为桥梁，东南各省之茶叶直接装运出口，上海遂失去茶叶交易中心之地位。[4]

为了提高收购与运销效率，当局决定统一茶叶统制管理机构。1939年5月，财政部重新规定各省茶叶的外销事宜，均由中国茶叶公司利用原有机构尽量协助贸易委员会办理，其国外推销事宜亦由中国茶叶公司负责办理。财政部也指明各省茶叶之生产、管理、运输事宜应由各省政府组织茶叶管理机构商承贸易委员会办理。在浙江省，为了配合国民政

---

[1] 孙玉琴、陈晋文、蒋清宏、常旭：《中国对外贸易通史》第2卷，对外经济贸易大学出版社，2018，第236页。

[2] 光白：《在战事中之沪上茶业》，《申报》1938年11月26日，第13版。

[3] 《嘣轮运来食糖白蜡，茶叶士纸由温装到》，《申报》1938年11月8日，第8版；《国产品运销南洋群岛》，《申报》1938年11月10日，第8版。

[4] 光白：《在战事中之沪上茶业》，《申报》1938年11月26日，第13版。

府特产统制外销政策，中国茶叶公司浙江办事处与浙江特产公司茶叶部合作收购，该办事处专门在温州设立分处。[①] 为疏通运销，贸易委员会专员吴觉农还专门从温州到香港调研瓯港运输线的实际情况。[②] 此前，浙江省当局已宣布成立油茶棉丝管理处，统一管理各种重要特产外销之业务。[③] 此举重要背景之一就是配合贸易委员会及中国茶叶公司管理收购浙茶。

1940 年 5 月，中国茶叶公司完全转为国营，隶属财政部贸易委员会，茶叶亦完全由其收购，所收购茶叶的 56.5% 用于易货偿债。中国茶叶公司下设 107 个分公司和多家茶场、茶厂，垄断了中国茶叶的购销和出口。[④] 中茶公司在温处两属的茶厂也进行了登记，平阳拥有 50 余家茶厂，其次为永嘉、泰顺；处属仅有庆元万裕丰一家参加了登记。[⑤] 可见中国茶叶公司在浙南之茶叶加工业务主要是在温州进行。平阳之所以拥有最多的茶厂，一方面因为平阳是平水绿茶最重要的产地，另一方面因为当时鳌江可以通航直接输出，在交通上也甚为便利。

运销不畅之际，当局便需想办法加强仓储工作。浙江油茶棉丝管理处茶叶部为保证收购的新茶有足够的存储空间，曾大力扩充仓库，在兰溪、曹娥、鳌江三处设立管理站，又在金华、宁波、永嘉、江山、青湖、威坪等处设查验站。[⑥] 根据浙江省官方统计，1940 年浙江各县拥有

---

① 中国茶叶公司浙江办事处：《中茶公司浙江办事处与温州分处关于茶叶收购运输出口问题来往函电》（1939 年），浙江省档案馆藏，L067-004-0037。

② 《浙江桐油业之调查》，《申报》1939 年 12 月 4 日，第 6 版。

③ 浙江油茶棉丝管理处是 1939 年 2 月成立的。《浙省物产调整处缩并，设油茶棉丝管理处》，《申报》1939 年 3 月 6 日，第 10 版。

④ 罗红希：《民国时期对外贸易政策研究》，湖南师范大学出版社，2017，第 222—223 页。

⑤ 《温处区登记茶厂已全部核定》，《浙茶通讯》1940 年第 6 期，第 3 页。

⑥ 《各地新茶已上市，永嘉设查验站》，《温州日报》1939 年 6 月 1 日。

3100 多家茶叶仓栈。① 不断增加仓储，说明茶叶运输确实遇到比较严重的问题。因为茶叶疏运外销不力，皖赣茶叶后来停止转运兰溪。1940 年4 月，贸易委员会将原来在兰溪设立的仓运站取消。为了疏销积存茶叶，财政部曾颁布"管理全国内销茶办理大纲与施行细则"，希望推动陈茶内销。但按照茶叶业界人士的说法，当时走私之风盛行，因此政府主导的内销茶运销很难进行。②

　　1941 年"四一九事变"发生，温州港被封锁，瓯港轮运航线中断，严重影响香港外销土产收购。财政部贸易委员会在 1942 年工作报告中指出，"温州在抗战年余以来为华中各省对港输出最重要口岸之一"，"皖浙闽赣货物集中于此出口"，封锁温州之后，香港对外贸易遭受重大打击。③ 1944 年，浙江省农业改进所曾对温州区茶业实际状况进行调查，承认由于"战时因为交通不便"，"温州茶叶运销发生困难，经营年趋衰落"。④

"国宝"桐油的收购及输出

　　桐油在军事上有重要战略价值，与茶叶一样，亦成为战时中国对外贷款的重要担保品。全面抗战爆发后中国向美国寻求援助时首先即将桐油作为借款抵押的物品，其后更将其列为战时国家统购统销农矿产品之

---

① 《第九类：特产》，《浙江经济统计》1941 年 12 月，第 108 页。

② 车仲谋：《温州内销茶近态（附表）》，《浙茶通讯》1940 年第 20 期，第 2 页。

③ 中国第二历史档案馆：《财政部贸易委员会 1942 年工作报告（上）》，《民国档案》2017 年第 3 期。

④ 孙树鼎：《温州区茶叶概况调查（附表）》，《浙江农业》1944 年第 49/51 期，第 48 页。

首。1938 年 12 月，中国与美国进出口银行签订桐油借款合同，三个月后，中美桐油借款正式成立。[①] 合同规定中美于纽约合组世界贸易公司，专门负责经营中美贸易；美国向中国提供 2500 万美元的抵押贷款，以中国桐油来偿还。7 月，国民政府决定桐油由贸易委员会统销，为此成立复兴商业公司作为桐油的专营公司，与世界贸易公司共同负责合同的履行。合同同时规定，5 年内，按每吨 440 美元计，中国向美国出口桐油 22 万吨，所得 9680 万美元的 50% 用于偿还贷款，其余由世界贸易公司采购美国货物，交由复兴商业公司在中国销售。[②] 此笔桐油借款成为重庆政府战时从美国获得重要物资与设备进口的来源。因此，桐油被时人称为"中国之国宝"。[③]

作为负责桐油收购运销的机构，复兴商业公司在全国各相关省份设立分公司及办事处，按划一价格统一收购桐油并集中办理出口。1939 年的调查显示，桐油在当时占中国各输出土产之首位，年输出量约在 200 万担。其中浙江桐油年产量在 20 万担左右，约占全国产量的 1/10。瓯江流域处温两属 14 县均种植桐树。[④] 桐油在浙江省的收购运销，经历了三个不同阶段：先是由贸易委员会、中央信托局与浙江省签约合作收购；然后是复兴商业公司委托收购；再之后就是复兴商业公司自行收购。

为了推动桐油合作收购，早在 1938 年 4 月，浙江省就分别在丽水、永康成立了两个桐油运销处——浙江桐油公司（后改称温处桐油运销

---

① 《中国桐油事业概况》（1943 年 5 月），贸易委员会致经济部呈文附件，中国第二历史档案馆藏贸易委员会档案，三○九（2）/189，转引自郑会欣《国民政府战时统制经济与贸易研究（1937—1945）》，第 83 页。

② 商务部国际贸易经济合作研究院编《中国对外贸易史》（中），中国商务出版社，2016，第 203 页。

③ 《中国的国宝：桐油》，《东方画刊》第 4 卷第 5 期，1941 年，第 8 页。

④ 《浙江桐油业概况》，《贸易半月刊》第 1 卷第 17、18 期，1939 年，第 56—57 页。

处）、金衢严桐油运销处，前者并在永嘉成立办事处。桐油运销处宣称其营业方针有五：其一，尽量畅销地方特产，活动社会经济；其二，提高桐油品质，保持国际信用；其三，提高桐油收价，维持桐农利益；其四，协助政府外贸，以便管理外汇；其五，防止奸商，避免图利偷运资敌。时评认为"悬想甚高，用意至善，惟办理不及二月，与各地油行商，时起摩擦"。[1]

为统一事权，1938 年 5 月，浙省当局又在丽水成立浙江桐油总办事处。由于淞沪沦陷，桐油贸易此时已由上海移至香港，国际采购均需至港交易。[2] 浙江的桐油输出，基本上经温州口岸直接以外轮装运至香港。是年 4—6 月，由浙江桐油运销总办事处运销出口的即有 1 万市担以上，价值 33 万余元。[3] 收购是由运销处及所属办事处直接向桐农合作社、油行、油坊进行，每担市价规定，以中国植物油料厂每日报价为标准。运销处将毛油滤清制成净油，交由过塘行运至温州，经中国植物油料厂办理出口。[4]

然而，贸易委员会未必愿意根据国际市场行情随时调整桐油收购价，容易与承担收购任务的地方政府产生矛盾。1938 年 6 月，贸易委员会实行预结外汇后，土产价格剧跌，浙江省同贸易委员会商议提高桐油收购价格办法，桐油运销总办事处建议以每市担 36 元为生产成本价格预结外汇。后来油货囤积温州，内地各运销处因为贸易委员会结价不

---

[1]　林桐实：《现时浙江桐油运销事业概况（附表）》，《浙光》第 4 卷第 8 期，1938 年，第 4—10 页。

[2]　《桐油贸易已由沪移港》，《晶报》1938 年 4 月 18 日，第 2 版；《我国实行统制桐油，外销交易由沪移港》，《新闻报》1938 年 4 月 20 日，第 10 版。

[3]　林桐实：《现时浙江桐油运销事业概况（附表）》，《浙光》第 4 卷第 8 期，1938 年，第 4—10 页。

[4]　林桐实：《现时浙江桐油运销事业概况（附表）》，《浙光》第 4 卷第 8 期，1938 年，第 4—10 页。

定，停止收购。经过讨价还价，各运销处最后以每市担31元价格，将存油结售于贸易委员会。[①] 随着广州、汉口相继陷落，香港桐油价格已达港币60元以上，沪市外商出价85—86元亦无人愿售。[②] 到12月，贸易委员会应浙省一再要求，才将收购价提高至每担41元。[③]

早期在温州介入桐油合作收购外运业务的还包括中央信托局。[④] 其在温州也设立了专门的桐油收购与外运机构，对外使用代号"诸东记"以作掩饰，避免日本方面注意。受其委托的油行在产地收购桐油后必须如数出售给"诸东记"。[⑤] 从1940年开始，"诸东记"业务由中央信托局移交给复兴商业公司打理，与浙江所签收购合同亦改由复兴负责。

1939年10月，浙江省政府与中央信托局订立新约。桐油运销总办事处被裁撤。金衢严与温处二桐油运销处改称收油办事处，并增加宁绍区办事处，总共三个办事处，下面又辖九个收油站，各站所属之产油县份，由地方银行、合作金库等，与交易公店或油行商、合作社订立合约，代理收油业务，收油网组织于是形成。[⑥] 浙江省政府曾专门出台《浙江省管制收运桐油暂行办法大纲》，严禁桐油走私，接受委托代理收购

---

① 林桐实：《现时浙江桐油运销事业概况（附表）》，《浙光》第4卷第8期，1938年，第4—10页。

② 《出口商竞办，港桐油大涨》，《新闻报》1938年11月5日，第25版。上海出价似为法币，85法币按当日汇率约相当于港币45元。汇率可参见《市价一览》，《新闻报》1938年11月5日，第25版。

③ 《浙省提高桐油价格》，《商业月报》第18卷第12期，1938年，第28页。

④ 1935年南京国民政府创办中央信托局，负责采购国外军需物资，所需外汇通过出口土产换取，当时提出"统制经济"很大程度上便与此有关。1938年，中央信托局迁至重庆，设易货部负责出口土产业务。刘心如：《中央信托局概略》，全国政协文史资料委员会编《文史资料存稿选编》第21册，中国文史出版社，2002，第396—397页。刘心如曾担任中央信托局专员、汉口分局副经理。

⑤ 张叔霞：《山货行兴衰史》，《温州文史资料》第6辑，第114—115页。

⑥ 《浙省收购桐油设收油网》，《申报》1939年11月17日，第9版；《申报》1939年12月4日，第6版。

的行商必须申请登记，按公告价收购。[①]

地方政府究竟能从桐油收购过程中获得多少利润呢？据 1939 年 11 月报告，在运销总办事处裁撤前夕，浙江省桐油收购划一价格为每市担法币 50 元，另津贴容器 1 元。但此时香港外销桐油每担可得港币 135 元（折合法币 405 元），可见利润丰厚。但是照当时的分配方案，所得 405 元，中央贸委会负责提供九折外汇，得 143 元；中央信托局负责支付收购费用，得 86 元；省政府负责缉私平价，得 16 元；桐油管理处得管理费、营运费共 7.2 元；其他农业改进所、合作工作队等分得一点零头。其他运输水脚、营业税及其他费用大概合计亦需耗费百元。油农名义上得生产成本 50 元，仅占最后售价之 1/8。[②] 从这个分配方案来看，桐油出售利润的一大半被中央部门拿走，省方只能得到少许利润。

从 1940 年 1 月起，复兴商业公司开始按国防最高委员会命令统管全国桐油收购运输事宜。[③] 全国桐油收购改由复兴公司委托各省进行，重新签订合约。1940 年 3 月，浙江省油茶棉丝管理处在温州设立收油站，负责桐油的收购和运销等事。[④] 该处代收的桐油，交由复兴商业公司收油机构接收出运。浙江省桐油收购价从 1940 年 3 月 21 日起，改为每市担 60 元。[⑤] 油茶棉丝管理处 1940 年调查显示，"合格"油行全省有 183 家，其中永嘉 19 家，瑞安 18 家，数量在全省都位居前列；"合格"油坊

---

① 《浙省府实施管制桐油运销，颁订收运桐油暂行办法》，《中国商报》1939 年 11 月 17 日，第 3 版。

② 《浙江桐油业概况》，《贸易半月刊》第 1 卷第 17、18 期，1939 年，第 56—57 页。

③ 《国防最高委员会秘书厅密函国民政府文官处为全国桐油收购运输事宜依照中美桐油借款合约规定移交复兴公司办理一案请查照转陈饬知》（1940 年 4 月 27 日），台北"国史馆"藏，001-088201-00004-001。

④ 《温州市粮食志》编纂委员会编《温州市粮食志》，中华书局，2000，第 19 页。

⑤ 《报告省政府各厅处施政概况》，《浙江政治》1940 年第 5 期，第 87—88 页。

则以乐清 5 家为多。[①]可见温州在浙江收油网中有重要地位。

1940 年 10 月，财政部公布《全国桐油统购销办法》，宣布全国各地之桐油收购由复兴商业公司统一办理，收购价格亦由其制定公布。从此，各省桐油收购事宜由复兴商业公司自行办理，所谓委托收购时代结束。复兴商业公司在主要产地及集中市场设收货机构。未设收货机构之处，经登记之桐油业行商或其他受复兴商业公司委托代办收购之其他政府机构，可以贩运桐油至复兴商业公司收购点交易，事先要领取财政部贸易委员会所颁之转运证。[②]按照以上办法，浙江省不再代收桐油。复兴商业公司在浙江省设立 5 个储运处，30 个转运站，收油机构遍布桐树种植区。[③]

如前所述，太平洋战争爆发后，由于作为中国对外贸易基地的香港被日军控制，对美农产品输出计划受阻。1942 年，中国生产的桐油外销完全中断，各地桐油产区均产量过剩。[④]为了疏销存货，增加税收，中国政府也放宽了对桐油、茶叶、猪鬃这些严格统制商品的管制政策，允许商人自行报运出口。[⑤]是年 1 月，财政部贸易委员会颁布《战时重要经济设施原则》，宣布为了促进物资生产与供应，加强物资之运用与管制。复兴、富华两公司正式合并，两家公司在浙江的员工压缩了六成，

---

①　张保丰：《战时浙江桐油贸易之检讨：附表》，《中农月刊》第 4 卷第 9 期，1943 年，第 76—91 页。

②　《中央法规：全国桐油统购统销办法》（二十九年十月二十日财政部公布），《浙江省政府公报》第 3263 期，1940 年，第 6—7 页。

③　张保丰：《战时浙江桐油贸易之检讨：附表》，《中农月刊》第 4 卷第 9 期，1943 年，第 76—91 页。

④　《本年度国产桐油外销完全中断，目前各地产油区均感有过剩之虞》，《中国商报》1942 年 4 月 12 日，第 3 版。

⑤　《桐油猪鬃茶叶改订购运办法，桐油准许商人购办出口，停止征收内销茶平衡费》，《益世报》（重庆）1942 年 2 月 21 日，第 3 版；《赣县县政府训令：建商字第一八八二号》（民国卅一年七月），《赣县县政府公报》1942 年第 7 期，第 32 页。

可见业务大为收缩。合并后的公司仍挂复兴之名，但桐油外销工作在温州基本停滞。这与政治军事形势变化下浙江省物产统制工作遭受挫折几乎是同时发生的。

浙江物产调整与温州"八大公司"

浙江省的战时物产调整政策，在中国属较早开始者。1937年12月，浙江省政府委员会临时会议通过《浙江省战时物产调整处组织规程》，[①]正式宣告成立战时物产调整处。其工作包括调整全省"物产之生产、储存、运销、分配以至消费"。[②]其具体负责事项包括生产增加、物产储备、物产运销及分配、消费管理、物产调查统计等。1938年2月，浙江省政府委员会议正式通过《浙江省战时政治纲领》，其中第四条规定"调查物产，保证战时生活品自给，活泼社会金融，逐步推行供应及管理贸易，振兴民间手工业，以救济失业，增加生产，禁绝日货，取缔奸商投机操纵"。[③]按照浙江省战时物产调整处的初期规划，浙江省建设厅在各行政督察区设立调整处分处，主任由专员兼任，并由建设厅派人担任副主任，主管其事，各县同时设立调整处办事处。省调整处指导各进出口商人组织行业公司，统一办理物产进出口；分处及办事处指导各县市镇

---

① 《浙江省战时物产调整处组织规程》，《浙江省政府公报法规专号》第2辑，1938年4月，第55—56页。

② 《浙江省战时物产调整处工作实施纲要》，《浙江省府公报法规专号》1938年第2期，第188—190页。

③ 《浙江省战时政治纲领》，瑞安县抗日自卫会编印《抗战建国言论初集》，1938，第21—22页。

组织交易公店，负责集中地方特产以便利输出与分配地方需用物品。[①]

在调整物产出口贸易之同时，浙江省也以"防止私货入口及物品外流"为辞，准备组织进出口公司，垄断重要贸易。1938 年 2 月，浙江省政府召开会议，通过《浙江省战时物产出入口管理规则》，规定由战时物产调整处负责办理物产出入口，商人运货出省或入省，应先填具申请书，由出入口办事处查核，登记后填发许可证。随后当局又公布《浙江省出入口公司组织通则》。当时公布的应优先组织出口公司之物产，主要包括桐油（及其他植物油）、木材、木炭、木板、烟叶、茶叶、棉花、茧丝、毛竹及竹笋、绍酒、火腿、柑橘、锡箔、明矾、纸伞、纸、水产。[②]这就几乎将浙省出口物产全部囊括其中。最早设立的除了前提之浙江桐油公司，还包括"浙江省木炭股份有限公司""浙江省木材股份有限公司""浙江省木板股份有限公司""温州蛋业股份有限公司"等公司，均在温州宣告成立，其中木炭、木板公司资本皆规定为 10 万元，木材与蛋业则为 5 万元。5 月，当局还在温州成立温处茶叶运销处。[③]

省物产调整处成立当月，浙江第八专员公署即按省令在温州组织成立物产调整分处，由专员张宝琛任主任。由于杭嘉湖及宁绍部分地区先后沦陷，浙江省政府的经济政策重心转移至浙南地区，温州便成为浙江省推行物产调整政策的重点地区。其中土产出口贸易之管制又是战时物

① 《浙江省战时物产调整处各区分处组织规程》，《浙江省政府公报法规专号》第 2 辑，1938 年 4 月，第 45—46 页；《浙江省战时物产调整处县办事处组织规程》，《浙江省政府公报法规专号》第 2 辑，1938 年 4 月，第 46—47 页；冯紫岗：《浙江省战时物产调整事业与合作经济》，《合作月刊》（战时版）1938 年第 5 期，第 9—13 页。

② 之山：《战时浙江省贸易管理全貌》，《浙光》第 4 卷第 10 期，1938 年 9 月 16 日，第 3—6 页；《浙江省出入口公司组织通则》，《浙江省政府公报法规专号》第 2 辑，1938 年 4 月，第 180—181 页；"The Chekiang Provincial Government has Organized Official Import and Export Companies for the Adjustment of the Demand and Supply of Products during the Emergency Period," *The North-China Daily News (1864-1951)*，1938 年 5 月 7 日，第 7 版。

③ 之山：《战时浙江省贸易管理全貌》，《浙光》第 4 卷第 10 期，1938 年 9 月 16 日，第 3—6 页。

产调整政策之焦点。1938 年 12 月，上海《新闻报》刊文称：

> 自沪港通商口岸与内地交通断绝后，所有中国土产出口，已完全集中于浙省温海口岸，现东南各省闽浙皖湘粤桂土产，多由该处转运出口，其输出数量之惊人，总计六个月来（自五月至十月底止）输出总值在十万万元以上，瓯海关税收亦达五千万金以上，超过有史以来未有之新记录。浙省府为鼓励土产出口，特在温设立出口公司、特产运销处多种，沪港各地巨商及金融界均有投资，成立未及数月，其营业至为发达。包括丝茶、瓷器、油棉、五金等类，均分别设有公司，总成其事，闻浙省当局对于由该地出口之各项土产，期望亦甚切，曾由黄主席、伍建设厅长亲自前往视察。①

这则报道指沪港线中断后温州成为"中国特产出口新孔道"诚属事实，但其中提及的数字似有夸大，或是当时浙江省当局有意在上海为吸引投资而放出的消息。盖此则新闻后半部分即在大力宣传浙江省政府在温州已设立的出口公司，称"沪港各地巨商及金融界均有投资"，"成立未及数月，其营业至为发达"。同时浙省主席黄绍竑与建设厅厅长伍廷飚均亲自前往视察各出口公司。② 这里的出口公司，即上文所讲浙江省战时物产调整处辖下的各种运销公司或物产运销处。名称未必是上则报道中提及的"丝茶、瓷器、油棉、五金"等类，盖丝茶此时已经由国营公司垄断专营，瓷器、五金皆非浙省重要物产。

据曾担任浙江温处木炭股份有限公司（即前面所提"浙江木炭公司"，后加上"温处"二字）营业主任的黄国定回忆，当浙江省政府派

---

① 《沪港内地交通断绝，中国特产出口新孔道》，《新闻报》1938 年 12 月 1 日，第 22 版。
② 《沪港内地交通断绝，中国特产出口新孔道》，《新闻报》1938 年 12 月 1 日，第 22 版。

人到温州，宣布准备实施战时统制经济办法，筹办各种土特产出口公司，温州本地土产商人纷纷表示反对。浙省当局为安慰私商，派省建设厅代表到温州跟商界做解释工作，说明成立行业公司是为了联合同业，由政府授予进出口之特权，并且由省合作金库给予金融扶持，借此加强土特产品收购运销，满足战时经济需求。敦劝之下，温州较大规模的炭行先行合作，成立"浙江温处木炭股份有限公司"，由温州炭业公会会长江洁缨任董事长，姚抱真任总经理。① 或许一些商人认为特许行业出口公司之成立，可以使经营者获得更多政府金融支持。1938 年 5 月，浙江省建设厅合作金库在丽水成立，于温州设办事处。该办事处开张时，中国植物油料厂李雪才、糖业公司蔡冠夫、木炭公司姚抱真、木板公司余毅夫、蛋业公司金星火、火柴梗片合作社任昌龄等人都到场致贺。该报道还提及糖业、木炭、木板、蛋业等公司在当日即得到金库的放款意向许可。②

按黄国定的说法，当时温州人一度将这些新成立的行业垄断公司称为"八大公司"。③ 战时物产调整处向每家公司派驻一两名督导员监督其营业。黄国定指八大公司中木炭公司称得上"最大规模、组织最健全的联合体"，资金总额 20 万元，从业人员 180 多人，职工 200 多人，有 5 个采办处和 10 多座仓库，还设立了瑞安分公司和驻沪办事处。④

---

① 黄国定：《温处木炭运销公司始末》，《温州文史资料》第 2 辑，第 118—122 页。承诺给予金融扶持，也许是当局减缓私商抵抗较为有效的办法之一。盖从"八一三"之后，温州银根紧缩，永嘉县商会曾电请财政部救济市面金融（《浙瓯日报》1937 年 9 月 2 日，第 2 版）。永嘉县商会为维持市面还曾专门组织经济设计会，以安定市面金融（《浙瓯日报》1937 年 9 月 12 日，第 2 版）。

② 《合作金库温州办事处昨已经正式开业》，《浙瓯日报》1938 年 5 月 21 日，第 2 版。

③ 不过黄国定在前引回忆文章中只列出七家公司，包括木炭、木板、木材、纸类、蛋类、糖类、纸伞。另外一家，如果不算桐油公司，可能就是成立为时不长的油类运销公司。参见冯紫岗《浙江省战时物产调整事业与合作经济》，《合作月刊》（战时版）1938 年第 5 期，第 9—13 页。

④ 黄国定：《温处木炭运销公司始末》，《温州文史资料》第 2 辑，第 119—120 页。

温州成立的这些行业公司拥有直接向产区收购的权力，因此减少了经营环节，在销区自己统一作价，居间经营者失去了议价权。黄国定就自称，木炭公司成立后，甲种标准炭每两篓 70 市斤收价从 9 角提到 1 元 3 角，在公司运营期间两年中没有变动。他认为这样炭农能够安心生产，而公司货源充足，木炭公司最高年收购量达 130 万担，比过去增长 80%。[①] 当时市场行情走俏，炭价飙升，但由于木炭公司的垄断，炭农其实无法均沾其利。根据时人揭露，温处木炭公司成立后，统一竹炭进价 1 元 4 角，从温州到上海水脚上下费 1 元 2 角。竹炭每担成本为 2 元 6 角，上海同业批发价为 3 元 6 角，因此每担可获利 1 元，几乎有四成获利。因此，木炭公司到年底已有盈余 10 万元以上。[②]

浙江省当局此时无疑已经将温州作为浙江省经济中心，一些公司成立之初都挂上"浙字头"的招牌。除了前面列举的公司，1938 年 4 月，温州鱼商同业也曾"奉省令"，组织"浙江省鱼业股份有限公司"，营业范围包括海味、鱼胶、鱼咸、鱼行等业在内。[③] 永嘉棉花业同业也曾被要求组织浙江省棉花股份有限公司，[④] 但其实温州并不产棉，浙省棉花主要是由宁波、绍兴两地出产，尤其是余姚、慈溪、萧山等地，棉花收购商行及合作社亦主要分布在这些地方。[⑤] 但是如果要经海口运销其他地方，宁波航路中断后可能仍要经温州转口。温处木炭公司对外也曾自称"浙江木炭公司"。[⑥]

①　黄国定：《温处木炭运销公司始末》，《温州文史资料》第 2 辑，第 121 页。

②　《温州炭垄断的结果》，《申报》1938 年 11 月 20 日，第 13 版。

③　《鱼商姜渭英筹组鱼业公司》，《浙瓯日报》1938 年 4 月 24 日，第 2 版。

④　《棉花业认股日期本月三十日截止》，《浙瓯日报》1938 年 4 月 14 日，第 2 版。

⑤　《二十八年浙江省棉商及棉花运销合作社统计表》，《浙光》第 7 卷第 19、20 期，1941 年，第 25 页。

⑥　《温炭到货稀少》，《申报》1938 年 10 月 15 日，第 15 版；《木炭新货涌到》，《申报》1939 年 9 月 18 日，第 7 版。

浙江省政府之所以热衷于成立这些垄断性质的行业公司，当然也是为了提高省库收入，经办官员亦有借机谋私的企图。如物产调整处规定土特产出口要收 3% 管理费，公司年终结算缴所得税 40%，同时要缴合作金库合作基金 40%，这样留给股东的红利仅剩下 15%，剩下的 2% 可能是董事职员花红。因此，知情人称公司出现巨额利润时，便会"利厚引祸、树大招风"。① 垄断利润当然亦会吸引地方势力来竞争。以木炭公司为例，温州木炭经营者本来就有来自永嘉楠溪者，行业公司成立后，未加入者就无法出口，影响到原来经营者的生存。因此，1938 年初，当浙江省政府派人到温州准备成立出口公司时，一些被排斥的相关业者立即行动起来，自行抢先成立产销合作社，以作抵制。

如永嘉县政府一开始就对成立合作社态度较积极，希望通过合作社办理物产运销，由县合作金库为之提供金融支持。② 在这种政策推动下，以土产运销为主要业务的合作社兴起。如 1938 年 8 月，永嘉县瞿溪乡乡长杨柱六等发起组织"保证责任永瑞纸类产销合作社"（后改名为"保证责任永瑞土纸产销合作社"），表示要摆脱纸商与牙行控制，直接从生产土纸之槽户手中收购，并自办运销。③ 该社条例规定凡入社者不得自行出售土纸，违反者须缴纳相应的违约金。④ 同时，该社请永嘉

---

① 黄国定：《温处木炭运销公司始末》，《温州文史资料》第 2 辑，第 121 页。

② 《设立战时物产调整处有关文件及组织规程》，《浙江省第八区经济建设物产调整会议议案汇编》，温州市档案馆藏，旧 205-001-768。

③ 《永嘉县政府、永嘉县警察局等有关杨柱六等组织土纸合作社，永瑞土纸运销合作社展期开始营业，据报故意破坏合作社组织等准予出示布告等的呈、指令、训令》，温州市档案馆藏，旧 205-011-025。

④ 《保证责任永瑞土纸运销信用合作社章程》，《永嘉县政府、永嘉县警察局等有关杨柱六等组织土纸合作社，永瑞土纸运销合作社展期开始营业，据报故意破坏合作社组织等准予出示布告等的呈、指令、训令》，温州市档案馆藏，旧 205-011-025。

县政府颁发布告禁止纸商、纸贩之扰乱。10 月，该社正式成立营业，[①]
其背景甚为深厚，理事成员包括了当地几个乡的乡长，其他如国民党陆
军中将张千里之兄张时鸣等、张千里之姻亲及县参议员陈达人、原绥远
省教育厅厅长周渭夫皆为理事成员。从业务来看，其与浙江省调整处打
算成立的控制产销的土产出口公司性质雷同。纸类运销处比永瑞土纸合
作社要晚一个月正式宣告成立。该处在成立时也宣称为"避免居间取利
起见"，"采办至产地直接收买，运销至销地直接推售"，全部不假手于
人。[②] 这无疑会与土纸合作社发生严重利益冲突。永嘉县政府与浙江省
物产调整处似乎分别成为双方的后台，[③] 这也反映了物产产销控制上各方
利益博弈激烈异常。

　　除了土纸，楠溪地区的木炭业者也在县政府支持下，以永嘉县党政
名人戴福权为代表，成立"楠溪木炭生产合作社"。由于其成立时，温
处木炭公司已经垄断了木炭出口权，因此，戴福权要求木炭公司分配适
当的出口运销配额给合作社，双方斗争甚烈。戴福权背后亦有国民党中
央党部委员萧铮、张强等做靠山，戴当时担任浙江外海护航总队副总队
长。[④] 因此，最后温处木炭公司只得每月让给楠溪木炭生产合作社 1500
担的出口权。[⑤]

---

①　《永嘉县政府、永嘉县警察局等有关杨柱六等组织土纸合作社，永瑞土纸运销合作社展期
　　开始营业，据报故意破坏合作社组织等准予出示布告等的呈、指令、训令》，温州市档案
　　馆藏，旧 205-011-025。

②　《温州纸类运销经费》，浙江省档案馆藏，33-3-682。

③　《永嘉县政府、永嘉县警察局等有关杨柱六等组织土纸合作社，永瑞土纸运销合作社展期
　　开始营业，据报故意破坏合作社组织等准予出示布告等的呈、指令、训令》，温州市档案
　　馆藏，旧 205-011-025。

④　陈于滨、苏宰衡：《记浙闽海匪》，政协浙江省委员会文史资料研究委员会编印《浙江文史
　　资料选辑》第 21 辑，1982，第 189 页。

⑤　黄国定：《温处木炭运销公司始末》，《温州文史资料》第 2 辑，第 121 页。

垄断经营，对消费者当然未必有利。1938 年 8 月，上海市场上温州木炭价格飞涨，温州的知情者就指此事内幕"系有若干商人从中垄断，私自分派航轮吨位，致积货未能畅运来沪"。[①] 温州的木炭统制直接造成上海炭价极不正常，市民燃料告急。因此有人在报纸上痛骂浙江省的官商："利用战时的机会来发财，借统制的名义来垄断，奸商贪吏，都是在摧残民生，破坏阵线。"[②]

行业公司内部也矛盾重重，大小股东权力争执不断。温处木炭公司成立后，经营大权主要由数家大户控制，在轮船配额分配以及炭价制定等问题上大、小户之间便发生激烈冲突。姚抱真是瑞安人，与永嘉本地商人之间亦有隔阂，因此，一些股东便控告公司经理姚抱真等"以木炭资敌和营私舞弊"，轰动社会。正是在种种矛盾的影响下，温处木炭公司运营一年多，董事长江洁缨及营业主任黄国定先后辞职，[③] 公司业务无法继续。

类似的问题在其他行业公司也存在。如木板运销公司成立时资本总额为法币 5 万元，经营木板的商人按原业务量大小分摊股数，并加入公司担任职员，人数达 160 余人，规模甚伟。省调整处派员驻公司监督执行管制物资出口业，凡出口的木板均由公司统购统销，木板商人不得再私自经营出口运销。与木炭公司一样，公司需上缴调整处 40% 收入，并分配其他职员红利。[④] 与经营木板运销所获的利润相较，公司投资人兼职员的薪水收入明显降低，因而，木板商与木板运销公司发生了尖锐的利害冲突。为夺回原有利益，于公司中任董事的木板商，决定将木板运

---

① 《温州柴炭》，《文汇报》1938 年 8 月 14 日。

② 《温州炭垄断的结果》，《申报》1938 年 11 月 20 日，第 13 版。

③ 黄国定：《温处木炭运销公司始末》，《温州文史资料》第 2 辑，第 122 页。

④ 余毅夫：《温州锯板业的历史情况》，《鹿城文史资料》第 3 辑，第 25—26 页。

销业务移交给原经营者，但在手续和账面上均经过公司购销，规定给公司 3% 的利润，由公司负责办理出口许可证。换言之，木板运销公司成为向木板商人抽收手续费、出卖出口许可证的机关，与初始设定的垄断产销业务目标相距甚远。①

因此，"八大公司"创办年余之后，多数"名存实亡"。1939 年 4 月之后，由于温州遭受轰炸，航路亦时断时续极不稳定，因此各家公司都申请解散，土产收购亦陷于停顿。这对战时物产调整处及所属各物产运销部门的工作打击甚重。6 月，浙江省政府为此饬令各物产运销处，不得停止收货以免土产堆积影响金融，纵使困难亦应勉力维持：

> 查日机肆虐以来，各运销处间有借口经济不灵、运输困难，停止收货，以致土产山积，金融停滞，影响社会，实非浅鲜。须知第二期抗战，后方重于前方，生产重于作战，各该运销处既负有运销生产之专责，纵使情形困难，应勉力维持，岂因一时之挫折，任意停止收货，妨害抗建。故已分令温州纸类、蛋类、木板、木炭等运销处遵办，嗣后无论情况如何，非经呈奉核准，不得停止收货，并将营业时间及收货价目，列表报候察核。②

这上面所提停止收购土产，情况最严重的就是纸类、木板与蛋类这三家运销机构。其中纸类运销处开办后，本来希望与纸行、牙行合作，能够向生产者（槽农）收购土纸，运销处给合作牙商发薪甚至分红。③

---

① 　余毅夫：《温州锯板业的历史情况》，《鹿城文史资料》第 3 辑，第 26 页。

② 　《浙令各运销处，不得停止收货》，《申报》1939 年 6 月 22 日，第 14 版。

③ 　《永加县政府有关召集纸类运销处暨土纸槽户双方代表会议纪录》，温州市档案馆藏，旧 205-001-634。案卷文件名称中之"永加"即"永嘉"。

但如上文所述，其业务与土纸合作社存在严重冲突，最后双方在 1939年 3 月签订合作契约，决议由运销处主导，以合作的方式共同统制温州纸业。① 合作社成为运销处向社员收购土纸的机构，运销处每月给合作社拨款 1500 元作为经费。② 但双方后来围绕收购价格、仓储以及营业范围继续发生冲突，合作社负责人陈达人亦被槽农殴伤。③ 槽农指控合作社试图垄断土纸生产，压低纸价。④ 从 1939 年 4 月始，运销处、合作社与槽户争执不断，土纸收购陷于停滞。6 月，运销处与合作社以"瓯江封锁，销路断绝，全部金融停顿"为由，声明停止收购槽户的纸类产品，⑤ 槽户产品的销路由此断绝。据郭溪区区长屠杖桥的呈文，从 7 月始，每日均有数千名槽户下山，云集于瞿溪、郭溪与雄溪三处，要求运销处、合作社收买土纸。⑥ 1939 年 7 月，事态终于激化成槽户暴动。纸类运销公司与土纸合作社均在骚乱之后被当局紧急宣布裁撤。⑦

官商合办的全省性商业统制公司引发的纠纷当然不止于此。如 1938年 2 月在丽水松阳成立的浙江省烟叶股份有限公司，即通过下设的办事处和烟叶收购处收购烟叶，试图垄断烟叶产销。当地没有加入公司之烟

---

① 《永加县政府有关召集纸类运销处暨土纸槽户双方代表会议纪录》，温州市档案馆藏，旧205-001-634。

② 《浙江省第八区行政督察专员公署、保安司令部训令等》，温州市档案馆藏，旧205-011-070；《永加县政府有关召集纸类运销处暨土纸槽户双方代表会议纪录》，温州市档案馆藏，旧205-001-634。

③ 《浙江省第八区行政督察专员公署、保安司令部训令等》，温州市档案馆藏，旧205-011-070。

④ 《有关永加县郭溪区署调解纸业纠纷一案谈话记录》，温州市档案馆藏，旧205-001-1161。

⑤ 《永加县政府有关召集纸类运销处暨土纸槽户双方代表会议纪录》，温州市档案馆藏，旧205-001-634。

⑥ 《永加县政府有关召集纸类运销处暨土纸槽户双方代表会议纪录》，温州市档案馆藏，旧205-001-634。

⑦ 有关"纸山暴动"的详细经过，可参见洪珊珊《纸山暴动：一个乡村手工业中心的战时变迁》，硕士学位论文，华东师范大学，2021，第 55—59 页。

牙行、烟店以及温州的烟栈，都面临经营危机，甚至已经订妥之烟叶也不允许放行，被扣留或没收。传统烟叶集散中心古市镇的烟叶同业公会与该镇农会向财政部浙江省印花税局提出控告，要求将已完税之烟叶发还。[①]温州的烟店、烟栈素来都在松阳办货，托牙行收购烟叶，结果2000余担烟叶全被扣留。温州出入口货物查验处曾致函省战时物产调整处陈情，指温州烟商在松阳所收烟叶已霉变，请求"准于发还血本"。最后财政部电浙江省政府放行，以免"伤及国税"。到1940年，由于面临温州与松阳两地烟叶界的抵制，浙江省烟叶股份有限公司被迫停业。[②]

温州纸伞运销公司，则是另一种情况，即产销双方形成对峙。盖参加运销公司的主要是纸伞运销商，生产厂商并没有加入，因此，后者也酝酿成立组织。在这种情况下，1939年温州纸伞运销公司被迫改组，添加各伞厂作为股东，其资本由5万元增为10万元，伞厂与伞商各半。[③]不过，由于纸伞销路原来以日本及南洋为主，战争爆发后日本销路中断，南洋销售也不畅通，故公司虽然成立，但业务萧条依故。1940年经浙江省政府申请，财政部曾允许纸伞暂准免结外汇报运出口。[④]出口外汇管制，对温州木炭之销售亦极不利。温州炭业同业公会一再致电重庆政府财政部及经济部，请求免结汇外木炭以利将木炭装运至上海租界销售。[⑤]

按照黄国定的说法，1940年4月，黄绍竑到温州视察，宣布浙江

① 若谷：《抗战时松阳烟味公司》，《中国烟草工作》编辑部编著《中国烟草史话》，中国轻工业出版社，1993，第137页。

② 若谷：《抗战时松阳烟味公司》，《中国烟草史话》，第137—138页。

③ 《改良温州纸伞，组织纸伞运销管理处》，《时报》1939年1月13日，第2版。

④ 《省政府快邮代电（三十九年一月十五日）：电建设厅及各专员县长等准财政部电告纸伞暂准免结外汇报运出口电仰知照由》，《浙江省政府公报》第3199期，1940年，第23页。

⑤ 《木炭运沪销售，部令准免结汇》，《申报》1939年11月22日，第8版。

省物产调整处和各行业公司、运销处一律撤销。[①] 不过，至少纸类运销公司早在1939年7月就因为纸农暴动事件而被解散。温州纸伞运销公司的运营，似乎一直持续到温州"四一九事变"，因为各伞商作为股本投入的200多箱纸伞在事变中损失殆尽，公司方宣布解散。[②] 物产调整处虽然撤销，但土产统制并未中止，只是财政部对此事的话语权变得更大，浙江省也转而成立了省贸易处，配合财政部所属国营公司在浙江省办理土产收购以及输出事宜。同时，省贸易处也负责浙江省重要管制商品的分配与流动。[③]

进口商品管制与公卖制度

浙江省物产调整政策中，对进口商品之管制，亦是重要内容。战时物产调整处成立后，对进口物品之统制立即开始实施。其工作包括限制商品进口、开办进口公司，以及针对特定商品推行公卖制度。

限制进口

战争爆发后，国民政府在一开始就宣布对敌货予以禁运，限制有资敌可能之物品进入沦陷区。前述浙江省政治纲领，也特别规定要"限

---

① 黄国定：《温处木炭运销公司始末》，《温州文史资料》第2辑，第122页。

② 郑加琛：《温州纸伞》，《温州文史资料》第6辑，第57—58页。

③ 《浙江省省营贸易处组织规程》，《浙江省政府公报》第3205、3206期，1940年2月26日，第9页。1941年，根据重庆政府颁布之《非常时期省营贸易监理规则》，浙江省财政部所属省营贸易处改组为浙江省贸易公司。

制消耗品之输入。禁止资敌物品出口，同时禁止仇货办进口"。① 按照 1938 年 2 月颁发的《浙江省战时物产出入口管理规则》之规定，仇货、酒类完全禁止入口，卷烟、肥田粉、化妆用品及其他"奢侈品"则为限制进口商品。②

重庆国民政府从 1938 年 7 月 1 日起实施外汇管制，拒绝非必需品输入其统治区域，按照其实施限制办法，对限制之货不再供给外汇。列于限制名单的，主要系"奢侈消耗品及国内已有生产之品"，汽油、烟酒、棉花、照相运动材料等，均在限制输入之内。③ 10 月 27 日，国民政府公布《查禁敌货条例》与《禁运资敌物品条例》，前者宣布对敌国或其统治地生产、投资之货物一律禁止进口或运销国内。列入清单之敌货，亦一律要求政府通知商会与同业公会、各商号禁止购买。④ 后者规定"凡国内物品足以增加敌人之实力者，一律禁止运往敌国及其殖民地或委任统治地，或已被敌人暴力控制之地方"。⑤ 同时，重庆政府对认为与敌人有合作关系或受敌人控制之工业生产品，也开列清单，饬令各地严格禁止入口。1939 年 7 月 1 日，公布《非常时期禁止进口物品办法》及禁止进口物品表。⑥ 10 月，再公布《查禁敌货条例》。

为了稳定金融、限制进口，当局亦从现金管制方面下手。七七事变后，金融市场动荡，商家民众纷纷提取现金，或兑换外币。1937 年 8 月，国民政府财政部就颁布《非常时期安定金融办法》，对银行、钱庄各种存

---

① 之山:《战时浙江省贸易管理全貌》，《浙光》第 4 卷第 10 期，1938 年 9 月 16 日，第 3—6 页。

② 之山:《战时浙江省贸易管理全貌》，《浙光》第 4 卷第 10 期，1938 年 9 月 16 日，第 3—6 页。

③ 《三行奉令稳定外汇，将限制奢侈消耗品》，《浙瓯日报》1938 年 6 月 14 日，第 2 版。

④ 经济部编印《经济法规汇编》第 2 集，1938，第 86 页。

⑤ 《经济法规汇编》第 2 集，第 88 页。

⑥ 《战时财政金融法规汇编》，第 133—143 页。

款户提款做了一系列限制。[①] 1938 年 6 月，财政部出台运输法币办法。[②]
商人如果需要运输法币，必须向财政部申领护照，但规定 500 元以下者
得自由通行。[③] 1939 年 10 月，允许携带的法币数额又调低为每人只准携
带 200 元。[④] 严格的现金运输管制，无疑对商人进口商货造成许多不便。
上海来往温州、宁波等地办货者受到严重影响。[⑤]

　　进口管制政策的另一面，就是鼓励日用必需品的输入。1938 年 2 月，
《浙江省战时物产调整处工作实施纲要》规定"促成粮食及日用品等入
口公司，输入米谷杂粮，工业原料及各种日用必需品等"。[⑥] 按前文所提
《浙江省战时物产出入口管理规则》的规定，商人运货入省应先填具申
请书，经查核后给发许可证。其中第六条规定，凡本省缺乏之日用必需
品，得由调整处决定货品种类、数量，委托出口公司，尽先代为采买。[⑦]
同时，浙江省战时物产调整处通过《浙江省出口公司接受委托人代办入
口货口办法》，从其代办之商品种类来看，无疑想垄断包办各种货物进
口，如粮食类、燃料类、纺织类、医药卫生用品以及其他日用必需品。[⑧]

---

① 《非常时期安定金融办法》，《中央银行月报》第 6 卷第 8 期，1937 年 8 月，第 1594—1595
　页。此办法一直沿用至 1944 年 3 月。《公布令为本部二十六年八月十五日颁发之非常时期
　安定金融办法厅予废止由》，《财政部公报》第 5 卷第 7、8 期，1944 年 4 月 15 日，第 41 页。

② 《防止法币流入沪港财部规定运输办法》，《导报》（上海）1938 年 6 月 27 日，第 3 版。

③ 《财部规定运输法币办法：商业上运输法币必须护照，五百元以下者得自由通行》，《银行
　周报》第 22 卷第 26 期，1938 年 7 月 5 日，第 25—26 页。

④ 《由浙来沪旅客携带法币，每人以二百元为限》，《晶报》1939 年 10 月 31 日，第 3 版；《由
　浙来沪旅客携带法币，每人以二百元为限》，《总汇报》1940 年 4 月 15 日，第 3 版。

⑤ 《沪商赴温甬办货，携票者注意》，《申报》1940 年 12 月 13 日，第 10 版。

⑥ 《浙江省战时物产调整处工作实施纲要》（二十七年二月一日），《浙江省政府公报法规专号》
　第 2 辑，1938 年 4 月，第 188—190 页。

⑦ 之山：《战时浙江省贸易管理全貌》，《浙光》第 4 卷第 10 期，1938 年 9 月 16 日，第 3—6 页。

⑧ 《浙江省出口公司接受委托人代办入口货品办法》，《浙江省政府公报法规专号》第 2 辑，
　1938 年 4 月，第 180 页；"The Chekiang Provincial Government Has Organized Official Import
　and Export Companies for the Adjustment of the Demand and Supply of Products during the
　Emergency Period," *The North-China Daily News (1864-1951)*，1938 年 5 月 7 日，第 7 版。

按照 1938 年初物产调整处的规划，浙江省组织入口公司，最先举办的是食粮运销公司。其次是煤油、纱布、五金及电料、医药用品及卫生用品等各类商品。[1] 到 5 月，据浙江调整处副处长冯紫岗介绍，入口公司正在筹备组织者，就已经有五金品公司、纱布公司、日用品公司等，其他带有专卖性质的食糖公司与食盐公司均已宣告成立。浙江当局希望由浙江省所办进出口公司统制交易，这些公司与县以下所设立的交易公店、合作社等特约机构形成销售网络。[2] 不过从物产调整处的实际作为来看，与土产出口相比较，举办进口公司控制商货交易，最后似未能实现。这一方面是因为其与战时重庆政府的货物抢运计划有悖；另一方面，要在浙江通过省营进口公司从上海或其他地方大量采购物资，首先在资金上就很难做到，以政府官营商业公司的方式在上海等地大量采购，其实也容易被日本方面阻止。因此，虽然物产调整处在上海成立了办事处，[3] 但从后来的史实来看，至少在货物进口方面并未见其有多少实际活动。进口管制方面，浙江省当局最有效的工作可能就是针对一些特别商品的公卖制。

公卖制

按照浙江省政府主席黄绍竑的回忆，战时浙江官方主办的物资供给机关有两家——浙江省营贸易公司（即省营贸易处）与浙江省合作社物

---

① 之山：《战时浙江省贸易管理全貌》，《浙光》第 4 卷第 10 期，1938 年 9 月 16 日，第 3—6 页。

② 冯紫岗：《浙江省战时物产调整事业与合作经济》，《合作月刊》（战时版）1938 年第 5 期，第 9—13 页；《浙省府实施管理进口贸易：组进出口公司分别统制各货，指定宁波温州台州为出口港》，《金融周报》第 5 卷第 19 期，1938 年 5 月 11 日，第 19 页。

③ 《浙战时物产调整处设驻沪办事处》，《新闻报》1939 年 2 月 10 日，第 19 版。

品供销处。[①]

浙江省合作社物品供销处是 1940 年 11 月成立的，[②]与重庆国民政府成立全国合作社物品供销处属同一时间。[③]从中央的用意来看，尽管物品供销处设计的内容很多，但实际上可能是为解决公教机关日用品供应问题。浙江省合作社物品供销处的成立其实亦带有这种色彩，该处资本定为国币 100 万元，由省政府承担半数，其他一半由各县合作社（或合作联社）分担。其章程指营业不以营利为目的，主要业务系从事日用必需品的采购供销，以及合作社农工业产品之运销。[④]前者属于官办批发商性质，后者显然为了满足各种出口运销公司撤销后手工产品与农产品运销之需要。

如前所述，浙江省贸易处是战时物产调整处撤销后的替代性机构，其工作包括配合中央机构进行土产收购及调查供应等事宜。[⑤]此时财政部关于主要出口土产的收购运销政策有重要变化。桐油收购出口由复兴商业公司办理，对桐油实行统收统销；[⑥]茶叶出口贸易由中国茶叶公司主管；油茶之外的猪鬃、丝茧、皮毛、蛋品、肠衣等杂货业务均由财政部贸易委员会划归富华贸易公司办理。[⑦]如此一来，浙江省在土产收购运销方面对接机构都有变化，省贸易处的成立亦是为了因应这种情况。

---

① 黄绍竑：《五十回忆》，第 502 页。

② 《浙江省合作社物品供销处章程》（1940 年 11 月 9 日公布），《浙江省政府公报》第 3257 期，1940 年，第 10—12 页。

③ 《设置全国合作社物品供销处》，《中央日报》（重庆）1940 年 9 月 13 日，第 2 版。

④ 《浙江省合作社物品供销处章程》（1940 年 11 月 9 日公布），《浙江省政府公报》第 3257 期，1940 年，第 10—12 页。

⑤ 《本省经济消息》，《浙光》第 7 卷第 6 期，1940 年 7 月 16 日，第 11—12 页。

⑥ 《本省经济消息》，《浙光》第 7 卷第 6 期，1940 年 7 月 16 日，第 11—12 页；《贸易要闻：浙省油茶棉丝管理处定期结束》，《浙江商业》1941 年第 7 期，第 35 页。

⑦ 《本省经济消息》，《浙光》第 7 卷第 6 期，1940 年 7 月 16 日，第 11—12 页。

1941 年，浙江省油茶棉丝管理处也被撤销，其原来主管的一些业务更集中于省贸易处。[①] 浙江省政府对一些重要的工业品实施公卖制度，其中比较重要的有化肥、卷烟、火柴及食盐等。此事的主管机关亦是省贸易处，下辖各种专门运销处。

1930 年中期，浙江省就一直在酝酿化肥管制，不允许私商贩卖。但这个计划到全面战争爆发后才得以实现。1938 年 2 月，浙江省公布"化学肥料公卖暂行办法"，成立化肥公卖处，禁止私人商贩从省外输入化肥，邻省商运化肥经过浙江，要出示县市政府开具的证明文件。各县采取特约代理制，合作社、交易公店、化肥商店均可申请与公卖处订立合约。价格由公卖处制定，代理商店只能收取每包 5% 的手续费。主要经营之化肥包括硫酸铔、磷肥、钾肥等。[②]

为了便于进口分销，浙江省建设厅将省化学肥料公卖处设在温州，同时在宁波、海门、丽水三地设立办事处。温州遂在战时成为浙江省化肥集散中心，公卖处派员分赴各县指导，各地合作社、交易公店及肥料商人在登记后，再与公卖处订立合约，设立代售处。1938 年 5 月，化肥公卖处从香港购进硫酸铔 1 万包、氯化钾 1000 包，按核定价格，以硫酸铔每包 30 元、氯化钾每包 25 元缴款贴证，分别陆续发运公卖。到 7 月，农民急需用肥，但水陆交通困难。货品转运迟滞，外汇飞涨，公卖处无法满足农民购买化肥的需求。该处只得变更购运办法，由各代售处推举办货代表直接负责购运，该处放弃统购之责，仅居监督指导之地位。[③]

---

① 《贸易要闻：浙省油茶棉丝管理处定期结束》，《浙江商业》1941 年第 7 期，第 35 页。

② 《浙江省化学肥料公卖暂行办法》（1938 年 2 月 9 日省府第九八八次会议通过，1938 年 2 月 14 日公布），《浙江省政府公报法规专号》第 2 辑，1938 年 4 月，第 243—245 页。

③ 《浙省调整战时物产运销》，《申报》1938 年 10 月 31 日，第 7 版。各代售处想尽办法，最后在 8 月底前运进了硫酸铔 13733 包、氯化钾 640 余包。

这也是浙江省统制运销失败之一案列。

浙江之卷烟公卖，其实早在 1927 年就曾筹备，[①] 但后来因遭到烟业界及生产商的集体反对，财政部饬令取消，改为卷烟统捐。[②] 这背后仍是地方当局与中央财政部门之间在争夺税源。1938 年 4 月，浙江省建设厅设立战时卷烟公卖处，实行卷烟公卖。公卖处在桐庐、金华、丽水等地设有卷烟公卖办事处。[③] 凡运销浙江省境的卷烟，均按完税后的价格再征收 50% 的公卖费，途经浙江运销他省的卷烟，也需要缴纳通过保证金；对储存的卷烟，需要在规定时间内登记并缴纳登记费。据统计，公卖制度施行的半年时间内共收取登记费 119.88 万元，公卖费 98.3 万元。1938 年 8 月，由于外国卷烟公司不断申诉，浙江卷烟公卖引发了外交纠纷，财政部饬令停办。

1938 年 10 月，卷烟公卖处改为省卷烟管理处，制定新的"战时管理卷烟进口运输贩卖办法"。办法规定，凡经许可进口、运销浙江省的卷烟，照卷烟批发价格的 35% 缴纳管理费，统税关税包括在内；经浙江省运销他省的卷烟，则缴纳 1% 的运销管理费，浙江省内制造的卷烟也须缴管理费。据浙江省战时卷烟管理处 1938 年 11 月至 1939 年 2 月的统计，由宁波、海门、温州三地进入浙江省行销的上海产卷烟共 2.47 万箱，其中从宁波进入 1.54 万箱，从海门进入 1707 箱，从温州进入 7539 箱。这个数字还不到全面抗战爆发前两个月的进口量。[④] 但是，宁波、温州轮运中断后，沪产卷烟无法正常进口。浙江本地的卷烟厂及手工卷

① 《经济新闻类纂：财政：浙江举行卷烟公卖》，《银行杂志》第 4 卷第 16 期，1927 年，第77 页。

② 《浙省卷烟公卖改为统捐》，《申报》1927 年 7 月 14 日，第 9 版。

③ 《浙省战时经济措施组设物产调整处》，《申报》1938 年 10 月 28 日，第 7 版。

④ 《浙江通志》编纂委员会编《浙江通志》第 48 卷《烟草业志》，浙江人民出版社，2017，第 227 页。

烟作坊大量涌现，成为战时产业替代的新景观。

火柴公卖是浙江省的另一项财政收入来源。1939 年 1 月，浙江省政府颁布"战时火柴专卖章程"，规定"凡在浙江制造或运销浙江省境的火柴由公卖机关收买，不得私自行销；公卖机关收买境内火柴厂的火柴，按照制造成本加 1 分 5 厘的利息；浙江境内火柴厂售存的火柴，向公卖机关登记，每箱缴纳登记费"。① 火柴公卖没有专设机构，浙江省建设厅将此事交由卷烟公卖处负责，本省县市委托浙江地方银行独家经理，在各地开设火柴零售处，每篓给予手续费 3 角。外销火柴由各地卷烟分处直接批售，不经商人之手。同时，卷烟处派人驻火柴厂及仓库，对制造进行监督。火柴零售价格由公卖机关规定。浙江省从 1939 年 1 月开始实施火柴公卖，每篓可得到 7—14 元不等利润。因此，有考察者估计 1939 年全年可收 300 万元。虽然浙省当局号称火柴公卖"不损民生而裕省库"，不过还是给民众带来很大的不便。②

1940 年 5 月底，浙江省公布新的火柴产销管制办法，并将原来的火柴专卖章程废止。这个条例与之前的章程相比，对火柴配给制做了具体规定，另外亦规定外省输入火柴，必须先申请，向火柴专卖管制机关呈报牌号、数量与价格，由其收买，不得自行运销。在各县、各乡镇设立特约零售商店向市民销售火柴，不再由浙江地方银行代行，县政府及乡镇公所、零售商店均可获得一定手续费。③ 所谓管制机关，此时指的应该是浙江省贸易处。在温州，浙江省贸易处温处贸易分处便负责当地

---

① 《浙江省战时火柴专卖章程》（1939 年 1 月 1 日公布），《浙江省政府公报》第 3123 期，1939 年，第 10—12 页。

② 周敬瑜：《考察浙江省战时经济报告（下）：浙江省之火柴公卖》，《闽政月刊》第 4 卷第 6 期，1939 年 8 月，第 101—102 页。

③ 《浙江省战时火柴专卖章程》（1939 年 1 月 1 日公布），《浙江省政府公报》第 3123 期，1939 年，第 16—18 页。

的火柴配售事宜。该处在温州城内设立了数个火柴零售分处，市民要凭户证在规定时间内才能购买火柴；外埠用户亦可以在限定时间段自由购买。[1] 1941 年 2 月，由于火柴购者甚众，温州贸易分处将永嘉县的火柴代理零售处增加至 30 家，并招商申请登记。近百家商号来抢承办资格，最后贸易分处与永嘉县商会以公开抽签的方式挑选出 30 家承办商。[2] 从 4 月开始，限制购买零售火柴。浙江省贸易处规定，每人限购两小盒，各机关因办公所需火柴每月也只允购 1—10 封。[3] 出台如此细致具体的限售方法，无疑是想避免有人借机关之名行套购之实。

到 1942 年，重庆国民政府针对卷烟、火柴等物品，颁布了新的战时专卖条例，改征统税。[4] 火柴、卷烟的专卖，全由财政部的专卖机关来管理，各地省政府失去了对这些专卖品的管理权限。这是在省级财政预算被撤销的背景下发生的。但与茶叶、桐油类似，过于严苛的物品统制办法，若不考虑地方生产者的利益，便容易发生问题。[5]

民生难题：粮食的贸易统制

与民生关系最大的是粮食贸易统制。浙江省战时物产调整处成立时，对食粮运销公司的成立非常重视。当时浙江省大多数政府部门已搬迁至丽水地区，由于当地突然移入大量军公教人员，保证粮食供应变得至关

---

① 《零售处改订时间发售火柴》，《浙瓯日报》1940 年 10 月 31 日，第 2 版。
② 《代售火柴商号昨日抽签决定》，《温州日报》1941 年 3 月 1 日，第 1 版。
③ 《贸易处限制零售火柴》，《温州日报》1941 年 4 月 3 日，第 2 版。
④ 《令各部会署省市政府：为奉府令抄发战时烟类专卖暂行条例战时食糖专卖暂行条例战时火柴专卖暂行条例仰道照由》，《行政院公报》第 5 卷第 5 期，1942 年，第 25—33 页。
⑤ 这一点浙江省主席黄绍竑曾在个人回忆中谈及。黄绍竑：《五十回忆》，第 506—507 页。

重要，粮食统制于是先在当地实施。物产调整处曾希望将临海各县仓储粮食转运至处属各县保存，以免受战火涉及；[①] 当局同时准备成立食粮公司，"除经营食粮入口业务，并向出产食粮各省，及省内各地采办"。[②]

正是在这种思路下，1938 年 4 月，浙江省战时物产调整处首先在永嘉成立食粮运销股份有限公司。接着又在平阳、乐清两个产粮大县成立了食粮公司。[③] 平阳、乐清两地的粮食，除本身消费外，通常也有外销的商业习惯，最重要的就是供应原来的府城温州，其次也会运销到上海、宁波等地。粮食统制之后，无论是温州府属内部粮食的流通，还是平阳、乐清等地对省外粮食运销都受到限制。

1939 年 6 月，浙江省政府决定成立战时粮食管理处，专门负责省内粮食调节。该会曾公布"粮食管理大纲"，要求各县政府按旬向省粮食管理处报告粮食存储、消费、采办及出境数量。各县粮食仓库、食粮公司、运销处等按月报告各县存粮情形，公私机关及个人之大宗粮食政府可以根据情形收买。[④]

然而，粮食统制，与其他商品很不相同。如果全由政府控制的粮食公司来负责收购与运销的话，那需要一个庞大的购销网络，同时，政府亦需要巨额资金来处理此事。否则，如果政府仅负责管制，收购与运销仍假手私营粮商，很可能统制无法成功。1938 年 6 月，经济部给各省抄发一个相关报告，文中提及湖北省政府曾以武汉粮食管理局准备对粮食进行统制，以平准价格，调节盈亏，但各地米业商人听到政府管制即停

---

① 《抗战一年来浙省物产之调整》，《申报》1938 年 12 月 12 日，第 4 版。

② 之山：《战时浙江省贸易管理全貌》，《浙光》第 4 卷第 10 期，1938 年 9 月 16 日，第 3—6 页。

③ 之山：《战时浙江省贸易管理全貌》，《浙光》第 4 卷第 10 期，1938 年 9 月 16 日，第 3—6 页。

④ 《本省法规：浙江省战时粮食管理委员会粮食管理办法大纲》（1939 年 5 月 27 日省府委员会第一〇七三次会议通过，1939 年 6 月 9 日公布），《浙江省政府公报》第 3156 期，1939 年，第 4—6 页。

止收购，农民无法脱售，米行也无粮可买，导致军粮采购与民食供应都发生问题。[1] 政府在对粮食进行统制时，也会管理粮价。但如果当局的"评议价"或牌示价格脱离市场行情，就会打击粮商的经营积极性。粮食来源紧张，粮食管理机构并无太多办法来处理粮荒。

1940 年 5 月，温州就因为粮食统制政策，市民口粮供应出现问题，温州城区各镇公所与平阳县政府协商，请其接济食米。每日由平阳接济永嘉食米 160 箔（每箔 300 斤，相当于 480 担），由市区九镇承办公卖救济平民。[2] 次月，永嘉县粮食管理处向乐清订购食米二千担，办理平粜。由各镇指定米店代办，一律以每元 6 斤出售，各镇住民可向各该镇指定米店购取。[3] 对于人口众多的温州城区来讲，这些应急救济办法解决不了几天的粮荒。[4]

正因如此，浙江省粮食管理局曾设想采取统购统销或统购商销的办法，来解决粮荒严重地区的问题。1940 年，浙江省粮食管理处制订"购销粮食须知"，要求粮食之所有者，除自己留足食用外，所余应一律依照评议价出售。当局强调"购销"非一般粮食征收，乃为"半公卖温和性之统制收购"，使有余粮者不能自行处置，以调节全省供求。[5] 政府想统一采购之后，再分配给缺粮各县。[6] 同时，政府也开始鼓励商人采

---

① 黄绍竑：《令民政厅、建设厅、物产调整处等：奉行政院令发非常时期粮食调节办法转饬遵照由》，《浙江省政府公报》第 3095 期，1938 年，第 11—12 页。

② 《平食米将按日运永》，《浙瓯日报》1940 年 5 月 10 日，第 2 版。

③ 《永粮管处向乐购米》，《温州日报》1940 年 6 月 15 日，第 2 版。

④ 1942 年，有统计显示温州城区人口为 13.6 万左右（郑孟津、郑嘉琛：《旧永嘉县地政史略》，《鹿城文史资料》第 4 辑，第 6 页）。战后，城区人口曾达到 22 万（《温州设市已合标准》，《温州日报》1947 年 4 月 4 日，第 2 版）。

⑤ 浙江省粮食管理处编印《浙江省粮食管理规章汇编》，1940，第 29 页。

⑥ 《浙江省粮食管理规章汇编》，第 30—31 页。

购洋米运到本省来救济灾情。① 但无利可图的平价粮食救济事业，除非政府有其他酬庸或有效激励机制，否则在暴利机会遍存时，很难有商人响应。

在粮食紧张的情况下，粮食外运容易引发本地民众之怨言，甚至引发社会不稳，因此，本有余粮的县份也有可能禁运。1939 年 6 月，平阳米价腾贵，外界都认为是粮食大户囤积居奇，同时外地米客高价求粜，致使平阳县的米价一日四涨，县政府规定的粮食平价办法无法实行。②平阳食粮管理委员会一度宣布禁止米粮外运，依靠平阳供应的温州，因米流来源严重受阻大起恐慌。③ 由于政策严厉，原来一直做米谷输出生意的平阳本地商人无法正常营业。④

对于地方政府来讲，粮情告急时想维持其辖区内的口粮供应已甚为困难。1941 年 4 月，瑞安县政府规划城乡粮食分配方案，规定贫户由平粜处负责，机关学校团体公务员由粮管会负责，普通户则由联营商店负责，以上机构均实行平粜。但是所谓联营商店，其实是政府强行将私商组织在一起建立的，其营利性质并未改变。在政府严厉限价的情形下，由于暗市粮食价格不断高涨，私商实际很难盈利，甚至没有动力采购粮食，联营商店营运时断时续。当联营商店停业，市民只能从黑市高价买粮，结果民怨丛生。瑞安县县长吕律指责联营商店停业"实属有违国法，不近人情"，强制该店负责人立即恢复营业，规定米价仍售每元 2

① 《浙江省粮食管理规章汇编》，第 35—36 页。

② 《各县米价惊人高涨》，《浙瓯日报》1939 年 6 月 15 日，第 2 版。

③ 《平阳米续运来永》，《浙瓯日报》1939 年 6 月 24 日，第 2 版。

④ 1939 年 6 月，刘绍宽在日记中记载了两位平阳米商的遭遇。平阳县县长徐用因为奉令举办抗日会、政工队等，"安插私人"甚多，组织经费则依赖向出口米商抽捐。当米价上涨引发民怨时又被迫限制大米出口，米商因不知情运米被扣，最后平粜，米商损失甚巨。《刘绍宽日记》第 5 册，第 1908 页。

斤。但这一命令并无效果，结果政府只能扩大平粜户范围，并要求地方股富投资另办粮食公店一处，以"一半交易，一半人情"的方式，去外地取得较廉之粮食，分配时按成本销售。① 这种办法与上面永嘉的做法类似，很难从根本上解决普通民众的口粮供应问题。

1941 年 7 月，重庆国民政府宣布开始田赋征实，同时对余粮进行征购，在军公用粮急需时还采取征借的办法，从民间收集更多粮食，这就是所谓"三征"。随着政府对粮食的汲取政策越来越严苛，粮食贸易运销受到当局更多管制，地方官员也就面临更大压力。② 永嘉县成立县田赋管理处，负责国家粮食征收。8 月，第八行政专员公署在温州召集各县县长开粮食会议，希望本区内能在完成政府任务的同时，调节粮食，平抑粮价，避免粮荒发生，并对秋季谷价做了规定。11 月，温州专员张宝琛要求各县撤销粮食查验机关，"疏通粮食，利在军民"。③ 这里将"军"排在"民"之前，反映了当局把军粮催征及运储当作最重要的工作来抓。战时温州周期性的粮荒一直持续，政府便只能先保障军公教人员的粮食供应。④

至于普通民众的购粮问题，至少到 1943 年，温州政府仍采取联营商店的办法来处理。1943 年 4 月，温州城区粮商按照永嘉县政府命令合并改设粮食联营商店，并配合保甲组织于每镇设一总店，每三保至七保设一分店，命令均规定其营业范围及负责供应民食地段。政府希望通过

---

① 《瑞联营商店恢复营业》，《温州日报》1941 年 4 月 5 日，第 2 版；《瑞筹设常平商店维持民食》，《浙瓯日报》1941 年 4 月 7 日，第 2 版。

② 1943 年，粮食部与田赋管理处合并成为田赋粮食管理处，下面省县各级田赋管理处做出了相应改变，如浙江省田赋管理处改为浙江省田赋粮食管理处，永嘉县田赋管理处改为永嘉县田赋粮食管理处。

③ 《关于本区各县粮食专署颁发重要电令》，《浙瓯日报》1941 年 11 月 2 日，第 1 版。

④ 瑞安县曾向政府机关员工及其家属发放购粮证，凭证可按政府规定价格购买公米。《各机关员工家属公米照每元二斤半配发》，《温州日报》1942 年 11 月 5 日，第 2 版。

这种办法"杜争竞操纵之弊"。同时，设立城区各粮食联营商店总办事处，负责统筹购销等事宜。①

相对于粮食，食盐的统制则比较顺利。1937年全面抗战爆发后，浙西各盐场全部沦陷，食盐由浙东供给，江西一省的食盐全赖浙省供给，湖南、广东亦由浙省供给一部分。1938年2月，浙江省建设厅与两浙盐务局合资设立战时食盐运销处，总资本500万元，两家均摊，其主要任务就是办理食盐运销。7月，食盐运销处改为食盐收运处，其目的主要是将两浙的余姚、温州、台州三个主要产盐区的食盐通过海陆结合的方式转运内地。为了保证安全，温处存盐被当局要求集中丽水转龙泉、浦城保存。1940年，温、台两属产盐由丽水等处内运。②

温州主要拥有的乐清长林场与瑞安双穗场两个盐场，战时均成为两浙盐务局主要产盐区之一，盐田迅速扩增。乐清所产食盐，除供应温州、丽水两区所属各县外，还行销江山、衢县等15个县区，并支援赣湘两省。从1939年11月至12月，长林场运往温州、温溪、丽水等地的盐就达47620担。③由于食盐大量外运，温州作为产盐区也出现过盐荒现象。1939年8月，乐清县有21家盐店联合组织官盐公卖处，包括乐东公卖处与乐西公卖处，原有的盐店被迫停业。④食盐管制使原有的盐业批售网络出现巨变。

1941年初，温州城区食盐开始出现短缺，有人在地方报纸上撰文，攻击温州盐税总局和城区盐店不顾当地民食，将食盐批发销往内地，造

---

① 《粮食联营商店组设完成》，《浙瓯日报》1943年4月18日，第1版。

② 黄绍竑：《五十回忆》，第445—446页；董振平：《抗战时期国民政府盐务政策研究》，齐鲁书社，2004，第327—331页。

③ 《浙盐配销实数（28至29年8月）》，《浙江经济统计》，1941。

④ 乐清县盐务管理局编《乐清县盐业志》，海洋出版社，1992，第103—104页。

成温州自身的盐荒。工商团体致电温州盐税总局，要求盐店按照政府牌价销售，以维民食。温州城区开始分区设立食盐零售处，按照官价发售食盐。[①] 1941年11月，国民党中央宣布从次年开始实行卷烟、糖类及食盐的专卖政策。中央加强对这些商品价格的统制，但允许商人在完纳统税后自由运销。其用意是加强战略物资内运的效率，同时增加财政税收。基于此，1942年1月起，浙江战时食盐收运处被裁撤，浙省财政厅开始征收食盐专卖费。食盐专卖开始实施后，盐价被全面统制，除走私外，私商要从事合法食盐生意变得越来越困难。

---

① 《本埠划分六区设食盐零售处》，《温州日报》1941年1月19日，第2版。

第三章

战时温州的走私与缉私

抗日战争全面爆发后，随着对日经济绝交以及战时贸易统制政策的推行，打击走私敌货及违法出口国家统制范围内的商品，便成为战争在经济领域的延伸。战争对既有市场格局与贸易线路也带来严重影响，温州因其区位特点反成为内外贸易重要转口港。不同政治控制区域商品价格差异变大，厚利滋生。当重庆政府推行战时贸易统制政策，加强税收管理，走私活动也在温州伴随出现，投身其中的不但有当地民众，亦包括上海、宁波、台州、福建等地各种势力，政府有关部门、军队甚至也介入其中。东南沿海地区由于港汊岛屿众多，陆地山岭交错，内河运输发达，交通异常复杂，这就为走私提供了温床。1939 年 6 月之后，随着温州港封锁加强，外轮渐渐停运，海关对走私贸易的管理难度增加。几乎整个温州沿海地区，尤其与台州接壤的乐清、洞头等地，都出现了活跃的走私活动，市场上所谓私货数量与比重都惊人。走私热潮出现后，中央与地方当局也加强对缉私的管理，但由于机关重叠、缉政人员素质不一，加上军政官员及地方势力从中寻租，所谓缉私工作腐败丛生。

　　同时，随着战事的发展，外部货运通道越来越少，重庆政府控制区域内关键工业品亦严重缺乏。对当局而言，改变严禁敌货的政策，采用更务实的货物抢运方案便成为当务之急。在这种情形下，当局对沿海走私贸易的态度亦发生改变，海关及税收机构将管理防线往后撤，东南沿海的走私也成为当时重庆政府货物抢运的一种灰色途径，政府亦从中收取巨额税收以裕财政。所以曾有论者用"明塞暗通"来形容温沪之间的经济往来，认为敌我双方竞相将温州作为物资中转的口岸。[1] 这指的当然是 1939 年温州港封锁之后的暧昧情形。

走私，主要指违反政府物品进出口管制规定或偷漏税款的商业贩运行为。抗战时期，在东南沿海地区发生的走私主要有三种：私自进口仇货（主要指日货或其统治地区生产之货物）或限制进口的物品；私自出口统制范围内之物产或资敌物品；偷漏海关税或战时政府对进出口物品的征收税。由于军事情势的发展，温州从全面抗战初期偏安一隅，到被日军三次占领，当地走私的规模、线路、货物品种、集散地点等随之变化。从交通方式来看，战时温州的走私贸易，大体上可以分为轮运时代与帆船时代，这种划分当然是比较粗略的。轮运、帆船其实亦需要借助人力运输及其他运输方式接驳配合。所谓轮运，主要是吨位较高（如500 吨以上）的客货轮船，尤其全面抗战初期航行于沪温线及温闽线、温港线的大型外国籍轮船。帆船运输，指吨位较小但可以行驶沿海的木帆船或机动帆船，由于目标小移动便利，有时可以驶进封锁线。

全面抗战初期温州的走私

1937 年 8 月淞沪战役爆发后，"抵制仇货"成为浙江对日经济绝交最重要的口号之一。各地都开始发动抵制仇货运动，组织抵制团体。

---

[1] 郑加琛：《抗日战争至解放前夕温州港的进出口贸易》，《鹿城文史资料》第 3 辑，第 4 页。

1937 年 8 月，永嘉县抗敌后援会宣布成立，并组织对日经济绝交委员会，在全县范围内检查仇货，一旦发现进口船只携带仇货，即予查封。[1]这种检查举动，至少到 1938 年底仍在进行。[2]

前章已经提及，国民政府为了限制有资敌可能之物品进入沦陷区，在 1938 年 10 月公布《查禁敌货条例》与《禁运资敌物品条例》，凡是违反此两部条例者，皆要受到处罚。1939 年 7 月，重庆政府又公布《非常时期禁止进口物品办法》及禁止进口物品表。[3]违反这些法规者皆属走私行为。根据这些法令的规定，粮食等为禁止出口物资，桐油、茶叶、猪鬃、矿产品等为政府统购统销物资，柏油、菜油、苎麻等为应结外汇的出口物资，香烟、化妆品等为禁止进口物资。随着敌我经济斗争的深入发展，受到统制的物品越来越多。这些物资的价格在沦陷区和非沦陷区之间相差较大，销售利润很高，对于走私者具有很大的诱惑力。

管制趋严的同时，各种违反政府管制条例的走私行为也开始出现。刚开始，东南沿海的走私主要通过船只私运、夹带等方式进行。所谓私运就是违反政府的敌货规定，运进大量日货或被明令禁止的在沦陷区生产的货物。据 1940 年的报道，一开始温州走私入口的物资主要为火柴、布匹、套鞋、糖、纸烟、五金、西药品等，走私出口的物资为粮食、皮毛、猪鬃、桐油、盐、棉花、现金、法币等。走私物资多数时候经过伪

---

[1] 政协温州市鹿城区委员会文史资料工作委员会编印《鹿城文史资料》第 5 辑，1990，第 163—165 页。

[2] 是年 11 月，温州民利汽轮水手廖崇金，被永嘉对日经济绝交委员会检查处指从上海输入"仇货"。据报道称，廖崇金不但不缴纳罚款，还将检查处的封条撕毁，结果被绝交委员会拘去游街示众。《水手勾结奸商运敌货，昨晨游街示众》，《浙瓯日报》1938 年 11 月 4 日，第 3 版。

[3] 《战时财政金融法规汇编》，第 133—143 页。

装，伪装的方式有冒用国货商标、涂抹原有商标，用英文制造字样，甚至有用"九一八"抗日标语作为掩饰。[①] 当时报道所描述的各种走私方式层出不穷，除了上述的冒用商标行为，还包括贿赂军政人员进行走私，或利用中介机构伪造货物数量和品类等。[②] 亦有将进口私货改作之前的囤积国货。更改货物名称更是常见，如在报关时将"桐油"改为"青油"，将砖茶标为"土烟"，办法不一而足。[③]

走私行为不仅在温州城区大量出现，也蔓延至其他沿海乡村甚至偏岛。1940年，一位缉私队队员曾向外界披露乐清东乡的"走私盛况"：在当地，走私贸易在八一三事变之后便"蓬勃"发展起来。他形容，民众"日夜在水上、陆上到处走运，数量之众，真有如前方紧张工作的输送部队"。缉私者亦承认"在这个时候，走私是发财的绝好门路，只要你背后靠山硬，或者在地方上有点权势，脚下又帮手多，那么你便很容易变成一个暴发户"。[④] 根据这位队员的介绍，乐清走私的主要出口岸是东山、清江、白溪、水涨四个地方。走私者从这些地点将货物运出至小门山，与日方保护下的小汽船进行交易。交易暗号就是由日方发炮或探海灯照射。当地方上的走私者"发现这种暗号时，平时已贮藏着等待的货物，便像奉令开拔的军队一样，不分日夜地运着，桐油、谷、米、麦、鸡蛋等整批整批地送出去，洋纱、煤油、火柴一船一船地载

---

① 王沉：《走私问题检讨》，《决胜》第5卷第9期，1940年，第9—10页。

② 康参：《走私魔术在浙江》，《前线日报》1940年7月19日，第5版。康参本名叶康生，又名叶康参，福建建瓯人，1934年就加入中国共产党。1940年前后曾在浙江金华抗日宣传队工作，并为《前线日报》撰写通讯。有关其历史，可参见《永安大狱的坚毅文化志士叶康参》，林洪通编著《永安抗战文化史话》，中共党史出版社，2013，第98—108页。叶康参为《前线日报》写通讯一事可参见其本人回忆。叶康参：《我和〈民主报〉的〈新语〉》，潘群主编《福州新闻史略（1858—1949）》，福建人民出版社，2005，第191页。

③ 康参：《走私魔术在浙江》，《前线日报》1940年7月19日，第5版。

④ 夷天：《走私缉私在乐清》，《浙江潮》（金华）第107期，1940年5月30日，第119—120页。

过来"。①

至于走私的策略，他介绍了几种。首先，走私者有"秘密的联系网，有各地的股东，有水上、陆上的运输队，有堆栈、有递步哨"，组织非常严密。其次，采用"声东击西""化整为零"的策略也是很常见的。走私者会将整件货物拆散分包，走私者很懂"深入群众，大做其政治工作"，动员群众来做其走私的合作者。走私者有时会利用乡公所批出的合法内地运销通行证，将货物集中在指定的出口埠堆栈中，水上运输或陆上挑运兼采，或化为零星小组混在普通小贩中。实在不行就集小组为大队，以武力相威胁。② 据这位知情人介绍，走私者"极力收买一批生活无法维持的穷民和那些贪利的无业游民"，并且组织小刀队以协助武装走私，这种"小刀队"出现在白溪、大荆、芙蓉等地方。③ 从东乡走私者与缉私队队员的对话来看，走私者的资本与权势是两个重要的要素。合股经营也很常见，这从"神福"轮桐油走私案中可见一斑。

1939 年 9 月 23 日，永嘉动员委员会特务队的检查人员，从准备出港的英国商怡隆公司"神福"轮内查获以"青油"之名报关的桐油 200 箱。桐油当时是严禁私装出口的统制土产，但瓯海关与温州出入口货物查验处仍盖印放行。特务队打算将这批走私货物从轮船上搬运至码头岸边，遭到瓯海关外籍关员的阻止，最后在警察局保护下始将桐油卸船。负责报关的吉记新报关行负责人金筑山在事发后逃逸。次日特务队与其他检查机关在"神福"轮上查获更多桐油，但瓯海关仍予以保护，引发缉私组织与海关、地方政府、国民党党部等方面的冲突，最后以海关货

---

① 夷天:《走私缉私在乐清》,《浙江潮》（金华）第107期，1940年5月30日，第119—120页。

② 夷天:《走私缉私在乐清》,《浙江潮》（金华）第107期，1940年5月30日，第119—120页。

③ 夷天:《走私缉私在乐清》,《浙江潮》（金华）第107期，1940年5月30日，第119—120页。

运查验处主任去职作为处理结果。① 浙江省政府主席黄绍竑下令，要求温台防守司令黄权加强打击走私资敌。② 从整个事件来看，这起桐油走私案实际上确实有多家政府机构参与其中。③

因此，有人曾在第三战区司令长官部的机关报《前线日报》上发表文章，揭露参与走私的人物主要有六类，其中大部分与政府军队人员有关，即绚私舞弊的税务人员、海关职员与缉私者、"不肖军人"、"不肖公务员"，其他包括所谓地方"奸商"与船主、"流氓土劣"等。④ 可见走私狂潮之所以能掀动不息，实则与政府内部有密切关系。在作者列出的浙江主要走私据点中，玉环的坎门，乐清的大荆、白溪，永嘉皆在其中，他指出，走私进口的"仇货"，经过改换包装，便从浙赣铁路入赣、入湘、入川。⑤ 在温州和宁波，1939年前后，至少有数百家所谓的转运公司和过塘行从事走私行为。半年时间，每个股东就可分到十倍二十倍以上的红利。此外，还有以"专卖公司""调查处"等为名的机构，名为官商合办，实际上仍操在当地绅士巨商手中。这些公司总部往往设在上海，拥有几艘轮船、几十部运货卡车和几十名工作人员，业务远至广西。⑥ 由于走私现象严重，当时第三战区司令长官顾祝同也面临究责压力，1939年底，他专门就浙江沿海各地"走私风炽"发表谈话，表示要从严惩处。⑦

---

① 《简讯》，《申报》1939年11月12日，第12版。"神福"轮此前其实主要并非航行温州线，而是定期从上海开往定海、海口等港。

② 《省政府电（二十九年一月八日）：电永嘉黄防守司令据报有大批桐油油蛋等由温偷运出口嗣后务须认真严密查缉由》，《浙江省政府公报》第3198期，1940年，第37页。

③ "神福"轮走私事件的经过参见《无耻奸商偷运桐油资敌，贪官污吏包庇阻挠检查》，《动员》（浙江）1939年创刊号，第17—19页。

④ 康参：《走私魔术在浙江》，《前线日报》1940年7月19日，第5版。

⑤ 康参：《走私魔术在浙江》，《前线日报》1940年7月19日，第5版。

⑥ 蒋莱：《浙江沿海的走私问题》，《国讯》第223期，1940年，第6—7页。

⑦ 《浙江沿海一带各地走私风炽》，《总汇报》1939年12月4日，第3版。

违反禁运条例将桐油等战略物资外运的走私案，在温州城区以外也屡有发现。如在桐油产地之一的永嘉西溪，1940年4月当地驻军就查获走私桐油50桶及青油、茶叶各14箱，并拿获走私犯曹广丰、吴子裕、叶宝洪等三人。[①] 1941年春，平阳县鳌江来顺商行经理王鲸波进行桐油走私活动被缉获，当局进行了大规模批判宣传。[②] 这种战略物资的出口走私，有时也与日军的有意支持有关。1939年10月，上海报纸就曾报道，日舰在浙江沿海出没时，常装大批私货，"与一般奸商勾结，实行走私"。[③] 战略物资济敌，对重庆政府的"经济战"当然造成不利影响。

帆船走私与"跑单帮"

1940年后，由于港口封锁加剧，往来温州轮船大幅减少，木帆船与机帆船（小汽轮，或称小汽船）运输开始兴盛。以往帆船在东南沿海主要用于短途运输，由于它船身小巧、灵活方便、不易被日军发现，航行范围与航行距离此时均得以扩大，并成为走私活动的重要工具。[④] 机动帆船航速较快，载重量较大，适合于较远距离的走私运输；目标较小的木帆船更便于进出沿海未设关卡的小港渔村，沿海渔民参与者甚多。

早在1938年8月宁波封港后，帆船走私就已出现于浙东沿海。商人利用帆船偷运重税商品，如香烟、白糖等，联络海盗，包运入口。"沿海一带，无日无之。"如绍兴三江口一个月帆船有20余艘，每艘可

---

① 康参：《走私魔术在浙江》，《前线日报》1940年7月19日，第5版。

② 《温州市粮食志》，第19页。

③ 《日舰出没浙海沿口岸，庇护走私华方，当局已予严缉》，《晶报》1939年10月6日，第4版。

④ 《沪甬帆船并未间断，小本商人多循此途》，《中国商报》1940年9月12日，第3版。

载糖千余包，每包糖按各类偷税法币 20—26 元不等，一地一个月偷漏税款就达数十万元之多。[①] 相较之下，随着往来轮船吨位下降，瓯海关进出口货物量出现衰减。根据海关资料，温州口岸 1939—1940 年进口与出口货物价值虽然呈上升状态，但是扣除物价上涨的因素，其实际价值只有 1938 年的 53.1% 和 26.7%。[②]

帆船走私一方面要绕过中国海关的稽查，另一方面亦要打通与日军甚至海匪的关系。按照当时的报道，帆船走私概不报关，船只在内地口岸挂中国国旗，在沦陷区则挂五色旗或日本国旗。1940 年 4 月，有得利小汽船（即机动帆船）从温州装货走私运往上海，进出口均未报关，在上海陆家嘴准备装卸时被江海关查获，走私货物包括茶叶 58 麻袋、桐油 30 听、熟皮 20 件等概被没收。[③] 日本海军曾对中国木帆船沿海运输的封锁有所放宽，帆船在向日本有关主管部门办理登记手续，悬挂日本国旗后，即可航行海上，但必须依照日方所规定的路线航行，否则有被日本海军烧掉或凿沉的危险。另外，航行浙江沿海一带的帆船，每季向盘踞台州沿海一带的海匪缴付一笔钞票，领取海匪头子的名片后，也可通行无阻。[④] 由于沿途关卡甚多，不但运输成本上涨，航程时间亦大增。如从温州到上海，正常航行木帆船可能最快三天可达，但由于战时航程多阻，耗时可能要倍增。1941 年 5 月，上海转运公司委托的一艘帆船装载木炭、香菇、油类到沪，比平时多花了三四天的时间。[⑤]

---

① 《帆船偷运私糖》，《申报》1938 年 12 月 24 日，第 11 版。

② 周厚才编著《温州港史》，第 133 页。

③ 《海运走私猖獗，昨午海关截获俄私货小艇，进出口均未报关当被没收》，《申报》1940 年 4 月 25 日，第 10 版。

④ 周厚才编著《温州港史》，第 134—136 页。

⑤ 《温州复航首批土产抵沪，某转运公司委由帆船装运》，《中国商报》1941 年 5 月 12 日，第 3 版。

如果走私者沿途接洽不顺，则风险极大。1939年，金元顺过塘行行东兼永嘉县民船公会理事长金崇祥，以民船公会名义向当局申请获得暂准通过封锁线出口证件，18艘帆船的船主备好船只兜揽货物，准备装运出口。为了应对日军的盘查，金崇祥在台州向一个洋行"付出巨款"买来十八面葡萄牙国旗悬挂在这些帆船上。[1] 参加此次运输的包括开设在温州城区的鼎丰行、广丰行、隆泰行、志成行、巨隆行、协利行、同兴福行等商行，货物包括木材、木板、毛边纸、屏纸、木炭等共35000余担，船货总值据说超过"黄金五千两"。[2] 然而，船只一出瓯江口即遭日军掠夺，损失惨重。[3] 这种货物被日军洗劫的新闻经常在温州当地的报纸中看见。[4] 甚至有帆船被日军舰艇追击沉没者，[5] 在船督货之商人因此被杀者也不乏见。[6]

太平洋战争爆发后，由于日军封锁严密，温州各口岸外轮停运。因为美英对日开战，同盟国国籍轮船或被各国征用，或为日军所俘扣，外轮便绝迹于宁波之下的东南沿海。[7] 在这种情形下，帆船走私更加繁荣。从温州出发，走私帆船多驶往沈家门与上海，北上时载运出口者多为统制土产物资，如粮食、金属、木材、桐油、柏油、菜油、茶叶、苎麻、明矾、皮革、猪鬃等；运回者则多为纺织品、颜料、西药、人参、香烟、卷烟纸、润滑油以及各种工业制造之日用品。帆船走私贸易最繁荣的线路，1943年前后是从洞头、三盘、坎门、楚门等岛屿到舟山沈家

---

① 徐伯铸：《十八艘帆船被焚记》，《温州文史资料》第2辑，第140—141页。

② 徐伯铸：《十八艘帆船被焚记》，《温州文史资料》第2辑，第140—141页。

③ 吴杰：《抗战时期的温州工商业》，《温州文史资料》第2辑，第138页。

④ 《温州商船在铜头山遭遇敌舰洗劫》，《浙瓯日报》1941年10月20日，第2版。

⑤ 《沈家门由沪来温帆船突被海匪击沉》，《浙瓯日报》1941年12月20日，第2版。

⑥ 《大陈山洋面商船遇劫损失数千万元》，《浙瓯日报》1944年5月11日，第3版。

⑦ 日军当局允许宁波在严厉监管下与上海通航。

门。[①]福建商人也将红糖、山货等通过木帆船大量运往温州，并特别请驾驶技术娴熟的惠安船民掌船。[②]

随着帆船贸易的兴起，浙江当局希望加强规管，通过给发通行证来收取费用。1940 年 5 月，浙江省船舶管理局颁布《修正浙东沿海各县渔帆船出口发给通行旗证临时办法》，规定没有该局制颁之旗证，不得出口，若偷渡出口被发现，由县政府施以惩罚。渔帆船申请旗证时要找当地殷实商铺或航筏同业公会、船员工会等保结。旗证以三个月为期，逾期要回籍，重新申请证照。[③]1942 年 7 月，海关部门也规定，一切与沦陷区往来贸易的木帆船，都必须在后方设有海关的地点报关办妥各项手续后，方可驶往沦陷区或后方各地，否则按违章论处。为加强缉查，瓯海关先后在一些著名的走私据点设置关卡，如黄岩的金清、乐清的石塘等地。当局无疑希望化私为公，能够管制这些地方的帆船走私贸易。[④]

除了帆船外，使用舢板（划子）、胶轮车或人力挑运等形式进行走私在东南沿海亦很普遍。当海门、温州等港口陆续被封锁后，来自上海、宁波等口岸的货物在以帆船运抵走私埠头之后，如无水路可继续运输，便只能通过人力沿山路挑运，因此所谓"走单帮"者及专门从事挑夫者大批涌现。如从 1941 年 4 月开始到战争结束，海门到温州的贩运线路异常热闹。这一时期在这一条线路跑单帮的人，往往获取厚利。由于业务繁盛，当地许多人都集合资本开设布店、布摊。这些经营棉布的

① 吴杰：《温州航运业概况》，《温州文史资料》第 6 辑，第 134 页。

② 翁春仙：《闽货居间业与福建会馆》，《温州文史资料》第 6 辑，第 225—226 页。

③ 《本省法规：修正浙东沿海各县渔帆船出口发给通行旗证临时办法》（1940 年 5 月 22 日省府秘二字第五八〇二号指令准予备案），《浙江省政府公报》第 3225 期，1940 年，第 4—5 页。

④ 金陈宋主编《海门港史》，人民交通出版社，1995，第 193 页。

小商小贩积聚了资金，门店遂越开越大，成为海门棉布业的新兴势力。[1]

当时，温州人流行顺口溜"官不如商，商不如囤""坐商不如行商，行商不如神仙"。[2] 这里所谓"神仙"就是指囤积商人及跑单帮者。跑单帮的兴起，也促进了一些区域的产业发展。如由于上海及苏浙一些布厂停工，或原料来源困难，加上轮运交通中断，1939 年 10 月后，浙江各口岸布匹进口剧减，作为替代的土布则突然填补了市场空白。如浙江余姚是棉花产区，战时当地土制棉纱与土布业都繁荣异常，仅浒山、周巷这两个集镇就开设了 130 余家批发土布与棉纱的行庄。这些商品大多是由跑单帮者挑运到浙西或浙南，温州则是余姚土布最重要的集散市场。[3] 当时温州很多布贩去余姚贩运土布，连中共浙南地下党员想要绕过国民党和日军的盘查，也多打扮成布贩。[4] 太平洋战争后，本来以南洋销路为主的上海土布行只能依靠浙江及内地小进货商。客户以金华、兰溪、宁波、温州为最，以小客帮生意为主。[5]

跑单帮者经常要面对一些危险，譬如跨越"阴阳界"。在这类沦陷区与非沦陷区的交界地带，双方或者都有势力存在，由于双方管理都很薄弱，就成为走私贸易的重要节点。如温岭大溪岭便是当地有名的"阴阳界"，岭北是沦陷区，岭南属非沦陷区。当时温州一带商人常常要过大溪岭，前往路桥、宁波、上海进货做生意。大溪岭不但山高路险，过路者还经常要面临匪劫的风险。[6]

---

[1] 王仲禄：《海门私营棉布业变迁史》，政协椒江市委员会文史资料工作委员会编印《椒江文史资料》第 7 辑，1989，第 139 页。

[2] 郑加琛：《抗日战争至解放前夕温州港的进出口贸易》，《鹿城文史资料》第 3 辑，第 9 页。

[3] 许棣香：《余姚土布着四方》，政协余姚市委员会文史资料委员会、财贸委员会编印《余姚文史资料》第 15 辑，1998，第 181 页。

[4] 远帆：《把中央指示带回来》，浙江人民出版社，1957，第 20 页。

[5] 徐新吾主编《江南土布史》，上海社会科学院出版社，1992，第 312 页。

[6] 戴求真：《罗山诗选》，第 66 页。

随着单帮的盛行，政府也希望能对这些商业行为征收相应税收。1940 年 5 月，浙江第八行政督察区税务处颁布《防杜流动商贩匿漏营业税办法》，规定商人购办货物，须依照该办法规定各项手续办理。不过，永嘉县商会召集会议商讨对策，认为此办法对于商民殊多不利，而且加剧金融困难，增加农民负担，影响社会整个经济，决议呈请行政院、经济部、财政部，要求令饬浙省府转令撤销。①最后该办法似不了了之。

总体来说，由于帆船运进大量走私货物，加上众多单帮客从上海、沈家门等地通过陆路运来不少商品，温州市场上的进口货源在港口沿海轮汽船运输停顿之后，仍比较充足，继续为大后方提供大量物资。1944 年 9 月 9 日温州第三次沦陷后，帆船走私活动才减少。②

走私转运中心：黄华与洞头

战时走私遍及浙江省沦陷各县及其与非沦陷区的交界地区。根据当时人的介绍，宁波、杭州、萧绍、温台等各地区皆有自己的走私集散中心、转运据点及由沿海村镇构成的走私口岸网络。其中温台地区，以温台沿海各小岛为据点，宁海县属的长亭、山门、海游，临海县属的桃渚、涂下桥、海门，黄岩—温岭之间的金清港等地点都是走私口岸；温州地区下属乐清、永嘉、瑞安三县各海口亦为走私地点。③

以温州为集散中心的走私路线，通常起自上海或沈家门，再经水陆

---

① 《永嘉县商会电请撤销匿漏营业税办法》，《浙瓯日报》1940 年 5 月 9 日，第 1 版。

② 周厚才编著《温州港史》，第 135—136 页。

③ 陆国香：《现阶段走私问题》，《财政评论》第 3 卷第 6 期，1940 年，第 34—38 页；王沉：《走私问题检讨》，《决胜》第 5 卷第 9 期，1940 年，第 9—10 页。

路线进入温州地域。走私货物汇集温州后，再沿瓯江输送到浙赣线周围地区转入内地。所谓水路就是以温台沿海各岛为据点，洞头是规模最大者；陆路则是由宁海、黄岩、温岭等地市镇延伸向乐清、永嘉，其间亦与各内河航线相衔接。[①]

当时，能直接往来温州各海岛与上海者多为吨位较大的机帆船，其余多以位于舟山岛最南端的沈家门作为走私根据地。1939 年 6 月，日军占领沈家门，该地就成为沦陷区和重庆政府统治区之间的走私物资集散转运中心。有人在《密勒氏评论报》撰文，认为日军之所以占据舟山，是想将舟山群岛改成大举私运货物入中国内地之中心地，雇用大帆船来往沈家门与上海穿梭运输。由重庆控制区私运出口之货物，多为桐油、明矾、皮革、茶叶、原棉、苎麻、亚麻、棉籽油、芥子油、肠类等，私运进非沦陷区之货物则为纸烟、棉纱、火柴、火油与纸张等。[②]

原来往返沈家门与上海"鱼市场"之间运输渔货之船只，此时皆成为走私工具。由沦陷区装运日本制造之香烟、卷烟纸、布匹、黄白糖等，运到沈家门后，均改装包换，再交沿海渔船走私运入内地。[③] 其中，温州即是沈家门走私货物最重要的转口地之一。通常商人用帆船从上海、沈家门装运卷烟、火柴等，从海门港北岸深夜运到路桥，再转往温州；或以帆船载运至温州附近的灵昆岛以及港外洞头、三盘、坎门、楚门等地。货物聚集后，走私者再化整为零利用小船通过内河运到温州销售，同时出口走私货物分批运往走私地点集中。

外轮停运后，上海与温州的货物流动一度通过海门中转，因此当地内河航运异常繁盛。温岭到黄岩的内河主航线可以沟通温州港，货流经

---

① 思卿：《浙东沿海的走私潮》，《前线日报》1941 年 1 月 30 日，第 5 版。

② 《日军占据定海作用》，《申报》1940 年 2 月 14 日，第 8 版。

③ 《定海沈家门成为贩私中心》，《申报》1940 年 1 月 27 日，第 8 版。

海门温岭线、路桥温岭线与路桥温岭街线，再由温岭街通过江厦埠水运温州。[1]如黄岩场各盐坨的食盐内运，多先由内河运至温岭街，从江厦出运温州。[2]战时台州的黄岩场与杜渎场是皖、赣、湘三省食盐的供应地，因此，这条路线对于内地的食盐供应至关重要。

温州与台州沿海在战时涌现出一大批走私市镇。1941 年 7 月，海门禁止所有出海帆船交通，结果涌现出一批新兴走私市镇，如临海上盘、杜下桥，黄岩金清港，温岭石塘、松门，玉环，乐清乌根、水涨等。帆船在这些地方秘密卸货，再通过内河运往温州、台州。[3]走私贸易的兴盛，从海门帆船制造业繁盛亦可见一斑。1942—1944 年两年内海门即造出 100 多艘木帆船。[4]走私也使一些沿海渔村一演而成繁荣市镇。当时报道对此现象有所描述："冷落的海角荒村里出现了热闹市镇，旅馆酒肆，烟窝妓场多得惊人，花天酒地，走私者许多带有武器，大规模的走私者则有武装队伍保护。"[5]

1942 年，为防止日军内侵，中国军队在磐石与龙湾之间的水域铺放水雷，封锁了瓯江口。温州进口货物为避开封锁线，只能通过乐清县所属黄华、七里等地中转，以小船载运，经内河运到温州，出口货物亦经这条线路。这样黄华、七里一带的商行就蓬勃兴起，仅黄华上岩一地在 1943 年前后就创办了 20 家商行，资本额从 10 万元到 200 万元不等，其经营种类都相似，主要就是购进棉布纱线、颜料、五金及其他工业制

---

①　金陈宋主编《海门港史》，第 187 页。

②　金陈宋主编《海门港史》，第 189 页。

③　金陈宋主编《海门港史》，第 193、211 页。

④　金陈宋主编《海门港史》，第 197 页。

⑤　王章法：《沿海的走私与缉私》，《向前》1940 年第 3 期，第 11—12 页。

品，销出的基本上是山货、木材、纸类等。[①] 鼎盛时期，黄华有 50 吨级以上木帆船超过上百艘，包括两三百吨级的大型商船，如"同泰""川利""万利"号，每船船员均有三四十人。[②] 由于黄华上岩一带在新的形势下商行林立，各业开设的商行数量也激增，当局于 1942 年专门设立乐清县直接税分局黄华、歧头、虹桥稽征所。[③]

　　黄华上岩等地所开商行，有合股经营和独资经营两种。有的商行只是代购代销，或包缴税款，从中收取一定比例的佣金；有的商行则规模较大，拥有商船多艘，能自行进货或运销。如最早在上岩开设的大华商行，主要行东如陈连华地方势力雄厚，他名下就有金瑞春、金瑞安、金泰康 3 艘大帆船。该行从沈家门等地进口棉花、棉纱、棉布、红枣、核桃、化妆品、颜料、药材、猪骨等，同时出口木材、桐油、皮油、南屏纸等。[④] 黄华的驻军和当地走私者互相勾结，每当夜间私货在码头装卸时，他们便实行宵禁，便利走私者行动。战时各商行虽然获利丰厚，不过税收和各项开销巨大，并要承担各种风险。比如，黄华上岩的进口货过行，要缴上家税、所得税、营业税等，占货款的 12%。商行缴给直接税局的税依关系而定，从 6% 到 8% 不等，剩余部分即商行的盈利。出口货过行则仅缴 1% 的过栈费。一般外勤人员月工资 300 元，且行内酒席不断，除招待货主外，直接税分局、缉私处、驿运站、粮食管理处、国民兵团分队、护航队、乡守防队等单位的人员常来光顾，索饭索款。[⑤]

　　黄华之外，洞头也成为重要的走私贸易集散地。1944 年 5 月，虞

---

① 　袁良安：《黄华、七里一带商行的兴起》，《乐清文史资料》第 7 辑，第 127—128 页。

② 　陈安铎主编《黄华镇志》，海风出版社，2005，第 161—162 页。

③ 　《乐清文史资料》第 7 辑，第 53 页。

④ 　陈安铎主编《黄华镇志》，第 163—164 页。

⑤ 　袁良安：《黄华、七里一带商行的兴起》，《乐清文史资料》第 7 辑，第 127—128 页。

洽卿到温州考察时，曾收到一份秘密报告，题为《最近温州商业情形》，其中一开始就对洞头有如下介绍：

> 太平洋战起，瓯江即断绝通航，去年以来又以交换物资之关系，而将通航地点转移于瓯江口之洞头岛。洞头岛处瓯江口外，距温州城区一百十余里，属玉环县三盘区，地广博二十余里，居民闽浙人各半，多数业渔。由洞头至温州城，因封锁线关系，须绕道乐清县之黄华万丈埭一带，转内河至馆头而走。[1]

报告者或是虞洽卿来访的接待人杨叔陶，其不但是虞氏所拥有的中意公司温州代表，亦曾计划与虞氏在温州创办大型针织公司正大针织厂，[2] 不过由于温州数月后即告沦陷，此计划未能成为事实。正如报告所称，洞头本为一渔岛，居民概以渔业为主业。到了战时，由于海面封锁，渔货来源稀少，渔行生意萧条。但是，1942 年之后，洞头突然成为走私贸易的重要转运中心，于是渔行主纷纷转业，改为商行。他们一面批销从沈家门等地运来的货物，一面组织温州土特产外销。如东岙"翠亨"和"美大"两家渔行在战时便如此转行。当然亦有地方人士合股开张新的商行，如"新美大商行""仁爱商行"，这些商行都是从温州、平阳、瑞安等地运进卫生纸、雨伞、木材、草席、明矾、红糖等土特产，以代购代销或以货易货等方式经营，商行从中抽取 2%—5% 的手续费。叶卓吾本是洞头岙内著名士绅，在全面抗战之初，他曾创办抗日救亡京剧团以及图书馆等文化公益事业。1944 年日军占领温州后，他将房子

---

① 上海长江轮船公司藏三北轮埠公司档案，3-233，第 260 页。"馆头"即瑶头。

② 《虞洽卿由渝来温》，《温州日报》1944 年 5 月 3 日，第 2 版。

租给张世昌，张与日商合办一德行，从沈家门运来大量布匹、百货及其他日用工业品，由北岙镇"建兴商行"向温州、瑞安、平阳等地客商销售，生意鼎盛一时。①总体而言，洞头商船贸易路线向北往宁波、镇海、沈家门、上海、南通等地，向南则可与福州、厦门等地交易。据知情者介绍，当时从洞头北上商品有木材、四六屏纸、明矾、红糖、笋干、茶叶、草席和纸伞等，南下货物有布匹、棉纱、卷烟、煤油、海蜇、元红枣等。②北上货物除了红糖可能是从福建贩来者，其他多为温州土产；而南下货物则主要是运往温州等地，工业品主要仍是转运内地者。

　　不仅是洞头，当时瓯江口外的岛屿，大多成了走私转运站。永嘉县七都乡樟里村人夏俊杰，1944年前后才20岁左右，他新婚太太原来住在上海。因此，这对年轻夫妇在温沪线上做单帮生意，经营棉纱、布、毛巾、肥皂、木炭、南屏纸等，迅速致富。七都其实正处于瓯江口的沙洲岛，战时居天时地利之便，岛民大都从事走私生意，获利甚丰。③台州与温州交界处之金清港商业也畸形繁荣，大帆船数十只行驶于上海，金清港成为武装走私的孔道。经此地出口者多为米、桐油、铜元以及有关军用的土产。大陈岛也成为武装走私的根据地。走私者要向海盗买保险护照，每年要更换，证费从数十元到数百元不等。进口的私货是香烟纸、香烟、日用品洋货等，大多是政府严禁入口的日本货。金清港亦是红丸制造地，有数十家店在经营此业。④正是有黄华、洞头这些商货转

---

①　洪作殿：《我记忆中的洞头工商业》，政协洞头县委员会文史资料委员会编印《洞头文史资料》第3辑，1993，第56—57页。

②　郭秀兴：《解放前洞头商业的一些情况》，《洞头文史资料》第3辑，第62页。

③　章志诚：《旅荷侨领夏俊杰与方介堪、张大千的情缘》，政协温州市鹿城区委员会学习文史委员会编印《鹿城文史资料》第19辑，2007，第28页。战后七都许多人移民欧洲，其中夏俊杰成为荷兰著名侨领。

④　《浙东南的走私》，《前线日报》1940年4月6日，第5版。

运中心，因此外轮停航后，温州的商业其实并没有真正萎缩，1942 年永嘉城区大小商店发展至 3508 家，比战前最好的 1931 年多 1500 多家。[①]

1944 年 9 月，日军再次从金华发动攻击，占领温州。在其对外宣传中，日方表示发动战事之原因，在于美军"欲以温州沿海之港湾，作为遮断日南方运输路之基地，乃至为桥头堡之策源地，以期呼应大陆作战"，故先发制人，以粉碎美方之军事"企图"。[②] 但除了此一目的外，物资汲取对日军也非常重要。通过占领，获得物资的形式由支持走私而改为直接征取。在长达 9 个月的占领期间，日军在温州地区大量征取各种战略物资，如木材、桐油、明矾等，运往上海，或转往日本。日军在上海设立华业公司，利用帆船将各种工业品如棉纱、棉布、肥皂、染料运到温州，再将木材、明矾等运沪。[③] 乐清黄华有当地商人与日本商人合资创办华东贸易公司，据说该公司有 9 艘百余吨级的轮船日夜往返沪、温等地。[④]

地方缉私机构及利益纠葛

面对走私泛滥，国民政府一开始的态度是加强缉私力度，以保护税收，同时避免重要物产资敌。浙省当局遵循中央相关法令，加紧各口岸货物检验，在各大小口岸设立查缉处，组织缉私队，规定货物入口必须预先呈报并附呈货物样品，以备鉴定为何种货物。私货入口一经查获，

---

① 张根福、岳钦韬：《抗战时期浙江省社会变迁研究》，上海人民出版社，2009，第 93 页。

② 《浙东日军占领温州》，《中国周报》第 145 期，1944 年 9 月 17 日，第 1 页。

③ 胡春生、施菲菲编《温州老副刊》上册，黄山社，2012，第 229 页。

④ 陈安铎主编《黄华镇志》，第 161 页。

悉数没收，并规定没收之货物及罚款，充作慰劳伤兵及救济难民之用。[①]
经济部则指当时私货多由温州入口运往内地，要求各处关卡严密注意。[②]

战前，瓯海关就将部分常关分口改造为承担海关缉私任务的分口。
其中多数设在温州地区，如鳌江边的古鳌头、飞云江口的瑞安、玉环岛
的坎门、乐清县海滨的七里等，这些都是重要的民船贸易中心。走私者
因此将活动转移到距分口 10—15 英里的地方，并常在夜间活动。这些
地方的海关职员相对较少，走私者经常以武力抗拒缉私，因此很难进行
有效的打击走私行动。因此，当时有报告者认为："只要没有全副武装的
巡逻舰，任何措施对于海关缉私显然都是无效的。"[③]

但是，敌货检查有时也是地方政府增加财政收入的可能办法。1938
年冬，永嘉三泰、寅康、协顺、李协顺、德华等 17 家商号向天津源兴
永等布厂通过押汇方式购买线呢，当天津方面将 5300 多匹线呢寄到永
嘉邮局时，各商号还未及付款提货，永嘉抗日自卫会先将之查获，认为
有敌货嫌疑。但浙江省政府对其是否为敌货一直未能澄清，货物遂搁置
官方仓库。到 1940 年，温州纺织品货价上涨迅速，政府大概想从中求
利，先是将这些扣留线呢标卖，未成功后又托浙江地方银行信托部出
售，但所得价款只按照商号购价发还 10 万余元，其他增值部分 17 万余
元直接由政府没收。这些商号随即向政府提起行政诉讼，一直告到经济
部。这场行政官司打了一年多，最后经济部要浙江省政府先征收非常时
期过分利得税及其他相关费用，再将余款发还原商号。[④] 可见政府对有

---

① 《严密防止私货偷运》，《申报》1938 年 11 月 18 日，第 9 版。

② 《导报》(上海) 1939 年 6 月 1 日，第 3 版。

③ 赵肖为译编《近代温州社会经济发展概况：瓯海关贸易报告与十年报告译编》，第 328 页。

④ 《经济部诉愿决定书》(1941 年 6 月 7 日)，《经济部公报》第 4 卷第 13、14 期，第 434—436 页。

走私嫌疑货物的处理方法会招致货主不满，引发争端。

对于标卖走私货物，坊间有时会出现反对的议论。1940年11月8日，一位署名"吴光"的温州市民投稿给江西泰和抗战杂志《大路》，标题是《请求中央废除标卖仇货制》。他指当地的《浙瓯日报》与《温州日报》上经常刊载"标卖仇货"的广告。吴光质问道，如果这些商人借着标卖的名目私售私进，继续他们无耻的经营，则我们政府要用什么方法来干涉他们呢？吴强调"标卖仇货"绝对不是一个好制度，因为经济绝交就要彻底。否则不但不能取缔敌货私售，反而报纸还可以登载明显的广告，实在太令人痛心。他建议中央党政机关从速取缔这个制度，"切莫贪爱此耻辱的微利"，查到仇货就要付之一炬。[①]但对于经办敌货查处的政府或相关人员来讲，标卖所得可能不是"微利"。

除标卖外，有关机构亦会将查没的货物充公分配甚至焚毁。永嘉县对日经济绝交会曾在报上公开对一批仇货的处置，仇货中的日常用品会被分别送给驻军难民，布匹之类会送往救济院备制衣被，其余数千余件消耗品，则会予以焚毁。[②]

对于报告敌货或检查敌货者而言，奖金也是很重要的激励举措。浙江省按照《禁运资敌品物价款充赏办法》分配奖金，敌货价款的30%会作为奖金分赏给报告人及查办人，其中六成给报告人，四成给查缉及办案出力人员。[③]检查仇货经办人的素质，也有可能影响到行动的公正性。1938年1月，当局公布温州海门通航章程，其中对贩运仇货及出口货资

---

① 《请求中央废除标卖仇货制（浙瓯瓦市殿巷）》，《大路》第4卷第2期，1941年1月1日，第48页。

② 《对日经济绝交会决定九一八焚毁仇货，并将日用仇货犒赏驻军慰劳难民》，《浙瓯日报》1938年9月11日，第3版。

③ 《为查获敌货三成充赏于报告查缉办案等人员如何分配，祈核示由》，《浙江省政府公报》第3232期，1940年，第37页。

敌规定种种惩罚办法，刘绍宽即认为这些条款将来必定对商民营业造成影响，盖"苟无廉洁之人，无论所办何事，未有不骚扰者"。[1]也难怪当时在码头负责货物检查工作被认为是最有"油水"的好差使。[2]有时缉私者也感叹地方上权势人物对缉私案件影响之大，如乐清白溪有商人走私七次，人货被转送当局处罚，但绅士一张名片案子便销了。[3]

关卡众多，机构重叠，也是工作人员能够趁机敛财的另一个重要原因。据何祖培回忆，瓯海关自称是温州口岸唯一合法检查机关，可是省属瓯江出入口检查所按战时法令，也执行海关检查职务。连省属第八区税务处和永嘉县政府对敌经济封锁检查队，也各按本机关规章行使检查职权。至于各机关闲差冗员，名目繁多，因人设事，坐支薪给，形成官商勾串、孜孜逐利的腐败局面。[4]机构重叠，检查烦琐，也给来往商人带来了很大的不便。比如距离温州30里之磐石，自广州沦陷，闽浙海口相继被封锁后，货物拥挤异常，[5]由于私货遍地，因此货物检查极为严厉。有时商货进口要经过温台防守司令部、第八区保安司令部、永嘉县警察局、温州统税查验所、永嘉县抗日自卫会、财政厅第七查缉办事处、温州出入口货物查验处等众多部门的反复查验，因检查关系，到埠之轮船往往要停泊一天。为此，温州专员公署曾尝试联合各机关组织联

---

① 《刘绍宽日记》第5册，第1804页。

② 王震之：《温州城区店员的抗战工作》，《鹿城文史资料》第2辑，第109页。一篇短篇小说就描写了有人在从上海到温州的轮船上夹带"白金龙"香烟50条，防守兵"杨队长"对其每条抽2角钱，后海关巡船未到船上检查。任重：《瓯江上》，《文艺阵地》第3卷第11期，1939年，第1069—1070页。

③ 夷天：《走私缉私在乐清》，《浙江潮》（金华）第107期，1940年5月30日，第119—120页。

④ 何祖培：《战时温州所见》，《温州文史资料》第2辑，第101—102页。何祖培当时任国民党永嘉县政府建设科科长兼第八区税务处总务科长（后专任税务科长）。

⑤ 《温州盘石口岸改进检查办法：各检查机关组联合办事处，检查客货决以一次为原则》，《商业月报》第18卷第12期，1938年，第31页。

合办事处，拟"检查客货以一次为原则"。[①]

缉私管理多头化之后，勒索和贪污情形的发生也就更容易。如温州行政督察专员许宗武任内，其内弟姚桂生在永嘉东门检查所任职时便有非法敛财行为。[②] 1938 年戴笠从金华到宁波从事"策进东南"工作时，发现浙江走私贪污之风甚炽，"外海水警局与驻沿海之抗敌自卫队之官兵，及温台宁属各区区司令与驻宁镇等处之部队均腰缠累累"。[③]

"民和"轮一案可以反映温州当时各机关受贿纵容走私的实际情形。据报道，温州航商戴寿田代理之"民和"轮，在 1940 年 11 月 24 日借口日舰追逐，"冲破"玉环江防封锁线直驶至玉环岩浦泊岸，在驳卸私货后再开往温州。据称永嘉各方面机关曾向戴寿田索款 12 万余元。实际上国民兵团副团长刘骥、中队长徐顺康等均受贿 2 万元，为"民和"轮放行通过封锁线提供方便。此案发生后，第三战区派经济督察团到温州调查，徐顺康畏罪自杀，刘骥等逃逸。督察团指戴违反《沿海港口限制航运办法》规定，案情重大，又控诉戴有财有势、神通广大，案发后该轮继续航行，并高抬水脚，要求从严法办。[④] 但究其事，可能是地方行政机关及军事部门与第三战区驻军方面在利益方面协调不果，才让此案曝光。

有人指"民和"轮本来已办妥结关手续，只等军事通行证和通航证书领到后即可出港。但由于温台防守司令部向航商索款不遂，不同意放

---

① 《经济简讯：温州盘石口岸改进检查办法：各检查机关组联合办事处，检查客货决以一次为原则》，《商业月报》第 18 卷第 12 期，1938 年，第 31 页。

② 叶舞：《许宗武与温州专员公署及温台防守司令》，政协温州市鹿城区委员会文史资料工作委员会编印《鹿城文史资料》第 1 辑，1986，第 77—78 页。

③ 《戴笠电赵世瑞因浙江走私贪污严重且听闻重庆有水路稽查所脱离稽查处组织之消息速回复近来稽查工作之近况》（1938 年），台北"国史馆"藏，144-010104-0001-032。

④ 《经济督察团破获浙东一大贪污案》，《大公报》（香港）1941 年 3 月 25 日，第 5 版。

行，并以走私资敌之罪名将戴寿田逮捕，"民和"轮亦遭扣留。① "民和"轮此时悬挂的是葡萄牙国旗，名义上属葡萄牙万国航业公司所有，因此，此案后来被提交到中葡外交当局。葡萄牙驻华公使曾致电中国外交部，为"民和"轮一案缓颊，要求中国外交部督促温州主管当局将该轮速予释放。军事委员会办公厅乃电告温州守备区指挥官萧冀勉，要求其认真调查。萧后来复电称，"民和"轮不但闯入港口封锁线内，还有行贿走私嫌疑，既然外交当局背书，已奉令准予"民和"轮装货出口。② 但事实上该轮最后仍滞留港内，次年被日机炸沉。③

缉私机构权职重叠，不但阻断贸易，税收也未必能够有较大增加。1940年1月，财政部为加强对货物走私的缉查管理，在各战区分别成立货运稽查处，以弥补海关力量之不足，该处主要工作即为检查从敌区运入之走私货物。④ 为统一管理，其人事指挥权划归戴笠领导的军统机关。货运稽查处刚开始在全国分七区，温州被列入浙苏皖赣区。该区货运稽查处在温州、金华和宁波设立稽查分处。⑤ 到次年6月，由于走私严重，浙江被单独划出，与福建合并成立闽浙区。1942年1月货运稽查处被裁撤，业务由海关接办。海关缉查重点乃在于沿沦陷区封锁线一带的走私贸易。⑥ 货运稽查处裁撤后，军统不久即接管财政部缉私署，仍主管缉

① 童隆福主编《浙江航运史（古近代部分）》，第469页。
② 《军事委员会为葡籍民和轮被扣事致外交部快邮代电》（1941年8月16日），台北"国史馆"藏，020-042104-0001。
③ 童隆福主编《浙江航运史（古近代部分）》，第469页。
④ 中华人民共和国福州海关编《福州海关志（1861—1989年）》，鹭江出版社，1991，第113页。
⑤ 《本省经济消息：贸易：浙苏皖赣货运稽查处在浙设立金华、温州、宁波三稽查分处》，《浙光》第6卷第23期，1940年，第13页。
⑥ 财政部海关总税务司署编印《十年来之海关》，1943，第18—19页。

私工作，各省区均设立缉私分支机构。①缉私署最后由蒋介石委令戴笠担任署长，显示蒋对政府机关尤其是军队参与走私谋利非常不满。

其实，浙江军队参与走私在当时是公开的秘密。1941年6月，蒋介石在致顾祝同电中便提到了第三战区部队走私问题：

> 鹰潭、上饶等地部队官佐与地方官吏都经营商业、竞相逐利，终日在应酬场中，任意挥霍，而在金华与鹰潭各地公开嫖赌，无人过问。上饶则只见西装店、菜馆店林立，与人享受。尤其在此次浙东战事初起时，军官与公务员首先逃避，毫无斗志，此种情形兄其知之乎？中于此不知所措。沿铁路附近尚如此，则其他沿海各地更可知矣！如果此种奢侈贪惰之风纪不能整顿，进私业商之恶习不能杜绝，则兄在前方并非抗战，而乃是诱敌深入也。②

蒋此电用词之严厉，甚为罕见。11月，蒋介石还致电福建省主席刘建绪，要求查报第十集团军前任参谋长、前温台防守司令徐旨乾之下落，因为他接到密报，称徐"前在浙省有走私舞弊情事"。③到1944年，第三战区仍然因为辖下部队走私营商不断发生，特颁布禁令，整饬军队风纪。④瑞安县政府亦曾规定严禁军人以军车走私货物，军车只准运输军用品。⑤可见军人走私情形之泛滥。

---

① 《十年来之海关》，第19页。

② 《蒋中正电顾祝同谓鹰潭等地文武官吏生活糜烂风纪不整应革除挽救》，台北"国史馆"藏，002-010300-00044-048。

③ 《蒋中正电刘建绪查报第十集团军前任参谋长徐旨乾下落》，台北"国史馆"藏，002-070200-00012-029。

④ 《第三战区整饬军队风纪及严禁走私营商办法》，《浙卫通报》1941年第2期，第5页。

⑤ 《本省要闻：严禁货物走私，军用车只准运输军用品》，《瑞安县政府公报》1944年第36期，第2页。

不过，重庆当局打击走私的禁令，其实针对的是非官方授权或允许的货物走私。太平洋战争爆发后，由于来源受限，重庆政府控制区域内物资短缺，尤其是工业制品供不应求，重庆当局已经改变缉私政策，鼓励从沦陷区抢运货物到内地，蒋介石亦授权军统统一协调各地走私网络，运用走私力量来补充战略资源以及日常消费品之严重不足。但这种货物抢运的故事，其实是战时"走私泛滥"的另一面。因此，关于战时缉私问题，如果不弄清战时国民政府的货物抢运政策，尤其对走私网的非公开战略运用，是无法讲清楚的。

货物抢运："走私"故事的另一面

全面抗战初期的敌货禁运政策，对于缓解国民政府统治区之工业品短缺显然大为不利，因此，政策颁发不到一年即改弦易辙。事实上，随着战争的延长，大后方物资消耗迅速，无论是战略物资还是日用必需品，在武汉、广州相继沦陷后就出现严重匮乏，因此，政府将抢购物资当成经济战的重要手段便成为必然。如 1938 年初，汽油、酒精、棉花、照相运动材料等，均在政府限制输入之内。[①] 但自 1940 年 8 月起，汽油即被允许自由报运免税进口。[②] 是月初戴笠曾电询宁波、温州两地能否走私运五千至一万加仑汽油，[③] 可见当时汽油紧缺之状况。

在敌我相持的复杂战争情形下，要从敌占区抢购到更多的战略物

① 《三行奉令稳定外汇》，《浙瓯日报》1938 年 6 月 14 日，第 2 版。

② 《凡应结外汇货类均为禁运物品》，《浙瓯日报》1941 年 1 月 24 日，第 2 版；《输入汽油财部特许免税》，《大公报》(香港) 1940 年 8 月 16 日，第 5 版。

③ 《戴笠手令》，1940 年 8 月 6 日，台北"国史馆"藏，144-010102-0001-006。

资，以常规的贸易手段显然无法实现。实际上正如林美莉注意到的，早在 1939 年初，贸易委员会即在上海设立公司，秘密收购出口土产。[1] 到 1940 年初，重庆政府就开始制定运用走私网络抢购物资的计划。是年 4 月，蒋介石指令军委会运输统制局局长何应钦，要其制定政府进出口货物在各口岸有计划有系统之秘密运输办法，并指示"如能将走私人员、工具等组织起来，能为政府整个来利用更好"。[2] 8 月，交通部部长张嘉璈与戴笠商定利用走私途径增加物资抢运的方案，并专门设立联运稽核处。该处负责抢购物资运输事宜，在香港、曲江、广海、宁波、温州等五地设专员，负责运输协调事宜并颁发特种运输凭证，介绍政府购买抢运物资，但成效甚微。[3] 到 1941 年 8 月，可能是考虑到各部会的复杂关系，以及对主管人员缺乏信任，蒋介石要求以财政部缉私处为"统一指挥"之负责机构，以免权责冲突，该处负责人即戴笠。戴乃拟定《特种运输改进意见》，经孔祥熙批准执行。军统驻沿海各口岸人员遂开始调查报告"特种运输"的实际情形，以供当局参考。军统与交通部合设之联运稽核处亦中止工作，业务经军委会运输统制局转交缉私处接管。[4]

为了更加有效地抢运战略物资，重庆当局后来也在内部开始运用商人走私。1940 年 9 月，经济部、财政部与关务署商议利用走私进行抢购物资办法，与会官员认为此事若由政府垄断，势必会排斥走私商人，甚至引起其阻挠行动，因此不如利用走私商人来办理运输。会议通过的

① 林美莉：《抗战后期国民政府对沦陷区的物资抢购》，黄克武编《第三届国际汉学会议论文集：军事组织与战争》，第 277 页。

② 《统一检查办法暨办理》，台北中研院近代史研究所档案馆藏经济部档案，18-26/3（1），转引自林美莉《抗战后期国民政府对沦陷区的物资抢购》，黄克武编《第三届国际汉学会议论文集：军事组织与战争》，第 278 页。

③ 林美莉：《抗战后期国民政府对沦陷区的物资抢购》，黄克武编《第三届国际汉学会议论文集：军事组织与战争》，第 290—291 页。

④ 《戴笠报告》，1941 年 8 月 21 日，台北"国史馆"藏，144-010105-0003-023。

"办理特种运输各要点"提出，政府利用走私路线输入物资，办理"奖励运输"活动，由公路运输总局发给合作走私商人"特种运商"执照，各地驿运机关优先提供征调运输工具，但所运进货物仍需要向海关报关纳税。① 12 月，军事委员会复颁布《军事委员会运输统制局监察处检查所（站）检定及禁放仇货办法》，明文宣示"可供我抗战利用"的"仇货"可以购运入口。当时规定的货物包括粮食、食盐、麻袋、军服原料及颜料、医药及防疫药品、工业机器工具零件、金属与化学原料、油料、交通通信各项器材及配件等。②

为便于执行"特种运输"工作，戴笠负责的另一个机构——军事委员会运输统制局监察处亦开始在各地设立检查站，负责协调联系事宜。温州检查所于 1941 年 1 月宣布成立，对当地货运实施统一运输检查，以谢哲光任所长。③

为了避免落人口舌，当局一再要求参与"特种运输"工作者绝对保守秘密。1941 年 2 月 5 日，行政院颁布训令，指上年 9 月 8 日所发《利用走私办理秘密运输实施办法》及《交通部办理政府秘密运输特种运输加强组织》，因牵涉"特种运输"事业，各单位应对此严格保密。行政院要求各部门在公文往来时，避免使用"利用走私"及"走私路线"等字样，并强调不要在公文中讲到此项运输之原来作用。④ 正是在这种秘

---

① 《交通部办理政府秘密运输加强组织方案、关于缉私与特种运输之联系事项会商实施步骤一案会议记录》，（1940 年 9 月 9 日），台北中研院近代史研究所档案馆藏经济部档案，18-26/3（2），转引自林美莉《抗战后期国民政府对沦陷区的物资抢购》，黄克武编《第三届国际汉学会议论文集：军事组织与战争》，第 278—279 页。

② 转引自齐春风《没有硝烟的战争：抗战时期的中日经济战》，第 106 页。

③ 《运输统制局设立温州检查所》，《浙瓯日报》1941 年 1 月 18 日，第 2 版。

④ 台北中研院近代史研究所档案馆藏经济部档案，18-26/3（2），转引自林美莉《抗战后期国民政府对沦陷区的物资抢购》，黄克武编《第三届国际汉学会议论文集：军事组织与战争》，第 278 页。

密政策部署之下，外界发现从 1941 年开始，一些地方出现不一样的"武装走私"。如浙西"武装走私"便公开成群结队地进行，一来就是数十挑或上百挑，前后都有机枪、步枪押送。普通的小私贩则只能爬山逃卡，前后呼应，一旦遇到查缉人员，便另辟新路。[1]

太平洋战争爆发后，随着香港沦陷、东南沿海轮运停顿以及滇缅公路中断，重庆政府面临极端困难的经济形势，物资抢运更日益急迫。为推进抢运工作，重庆当局先后出台了一系列法令。1942 年 6 月，行政院先通过并颁布《战时争取物资办法大纲》，在制度上对物资抢运做出一系列规定。按照此大纲，只要物资具备完整证照文件及报单便可运进渝方封锁线，之后凭完税运照继续内运销售。政府若收购，则保证其合法利润。要求海关对报运进入非沦陷区的抢购物资实施监管。[2] 次月，财政部又颁发《战时管理进口出口物品条例》，规定商人凡将特许结汇出口货品运往沦陷区，可经财政部贸易委员会查核其出口种类、数量后运出。即便是禁止或限制类的货品，只要有财政部核发的出口特许证，亦予以放行。[3] 1942 年 12 月，财政部复颁发《特许进口出口物品领证报运办法》，规定购运人可以自即日起申请从沦陷区购运禁止或限制类货品进入非沦陷区。[4] 从其开列物品清单来看，既包括纺织品、煤油等重要物资，亦包括烟酒糖盐等食用消费品，甚至有化妆品、玩具等非生活必需物品。为协助战略物资输入，该办法要求商人若向内地运进丝、绸等物品，必须同时运入相当于三倍总货价的棉织品；若欲运进煤油，则

---

① 黄东升：《走私在浙西》，《浙江绸政》1943 年第 1 期，第 31—32 页。

② 财政部财政年鉴编纂处编印《财政年鉴第三编》下册，1948，第 78—79 页。

③ 《经济部公报》第 5 卷第 13、14 期，1942 年，第 15—26 页。

④ 《中国海关通志》编纂委员会编《中国海关通志》第 1 分册，方志出版社，2012，第 592 页。

须同时运回一定数量的汽油，为此商人需在申请时向政府缴纳相当于货价三成的保证金。

1943 年重庆当局颁布《战时管理封锁区由后方购销民生用品办法》。所谓"封锁区"，指各战区司令长官部依封锁敌区交通办法划定之封锁线百里以内区域。按此办法，商人可依照前引《战时管理进出口物品条例》，向财政部请领内销许可证，经许可后将服用类、粮食及食油类、燃料类、牲畜类等物品输入沦陷区。[①] 5 月，根据财政部的规定，财政部贸易委员会、浙江省第七区行政专员、渔业管理处、黄岩县政府及相关商会等召开会议，决定台州接近沦陷区及沿海封锁线百里以内的地带为：从乐清县大荆至温岭县大溪，黄岩县院桥及城区，临海县马头山、石村，三门县亭旁、海游，以至宁海县一线。[②]

为提高物资抢运的效率，重庆国民政府还专门为货运工作设立专责机构。1942 年 5 月，财政部设立货运筹备处，筹设专管机构以负责从沦陷区抢购物资。10 月，蒋介石又批示要求尽快设立战时货运管理局。蒋将这个管理局交给了他信任的戴笠。1943 年 4 月，货运管理局正式成立，蒋指定戴笠担任局长。按公布的《战时货运管理局组织条例》，该局主要负责战时物资之争取，并管制重庆政府统治区与沦陷区之间的货运进出，其工作包括管制、抢运与运输。管制工作包括实物结算之办理、申请抢购商之登记及特许出口证之核发。至 1945 年 3 月货运管理局裁撤为止，该局自行抢运之物资达 100 亿元，协助一般商民从沦陷区抢购物资，所称更数百亿元。按照规定，输出商向沦陷区输出准许出口物品，须领取实物结算出口证。出口物品的同时，担保须输入相等价值之

---

① 《财政年鉴第三编》下册，第 67—68 页。

② 金陈宋主编《海门港史》，第 212 页。海游于 1940 年由宁海县划归三门县。

必需物资，由管理机关给发实物结算出口证。其中浙东因为地位重要而单列一区，浙江其他地区则归属苏浙皖边区货运管理处。[1]

浙东货运管理处主要负责人是赵世瑞，总站设在丽水，同时设分站于永嘉、临海、宁海、天台四处，其中温州地区的负责人为赵世瑞的侄子赵子清。[2]浙东货运管理处之下主要业务公司则是兴隆庄，该庄所经营的生意中很大部分就是走私贸易，主要的贸易对象是日汪商业机构，目的在于从战争前线输入重庆后方所需要的日常生活物资。[3]1943年5月，货运管理局浙东区在运输路线报告中即提及，该处在温州，货运船舶主要于洞头、灵昆、七里等处装货，最大装400吨，其他装100—200吨，每次有船十余艘。戴笠非常重视浙东货运处的工作，他认为浙江温州方面为政府所需货物重要进口地，曾建议将浙东区升级为浙江区，负责温州、台州之抢购站。[4]

根据苏虹的考证，日军1941年与1942年的侵温，其主要作战意图均与物资有关。1941年4月，日军要求"对被用作输入抗战物资及输出内地物资之沿海港口，实行奇袭登陆占领，没收或销废抗战物资及破坏设施"，"四一九事变"于是发生。日军进城后，即将重庆政府国营商业机构所有栈房物资搬空运走。此次作战后，国民政府原来建立的货运抢运网络确实受到较大打击，从温州口岸向国外出口土产亦变得非常困难。1942年9月日军制定的《温州作战指导要领》也提出"攻占温州附近后，摧毁秘密运输线及美英潜艇辅助设施，没收或销毁军用物

① 《财政年鉴第三编》下册，第53—54页。
② 政协浙江省委员会文史资料研究委员会编《浙江文史资料选辑》第23辑，浙江人民出版社，1982，第115—118页。
③ 〔美〕魏斐德：《间谍王》，梁禾译，新星出版社，2013，第444—445页。
④ 《戴笠报告》，1943年4月24日，台北"国史馆"藏，144-010110-0001-049。

资"。① 显然，日军当时仍认为重庆政府以温州为重要物资补给基地。这也从另一个角度说明日军对重庆政府的"特种运输"工作非常了解。摧毁渝方之"秘密运输线"，也是逼迫其与日军建立直接经济联系的一种方式。

1943 年 8 月，为了交换物资，中日两方的特务机关决定各组商业公司，以渝方的鸦片交换日本"兴亚院"控制的棉纱、布匹、颜料等重要物资，至于交易地点，戴笠与参与其事的杜月笙等人一开始选择的可能就是温州。不过杜的门生徐采丞后来在给杜月笙的信中特别指出温州不适合作为交易地点，因为当时轮船只能通到沈家门，然后只能改用帆船驳运至温州，但"海面盗匪甚多"，又要"疏通海军"，"周折不堪，费用浩繁，货价反贵"，因此，徐建议在陇海路附近地点交易。②

正如魏斐德已经注意到的，戴笠领导的货运管理局，在一定程度上也是用来与日方进行秘密走私贸易并向军统提供经费的机构。③ 浙东货运管理处处长赵世瑞便是兴隆庄的幕后组织者，他们用浙南地区的木材、松香、猪鬃、大米、黄豆、桐油等，与日军交换香烟、纱布、五金、西药和轮胎等货物。担任运输的则是当地"忠义救国军"张惠芳率领的浦东地区行动总队及陆安石的浙东沿海部队，重庆当局从这个灰色交易过程中得到了不少战略物资，赵本人也从中获取了暴利，他后来因为贪污指控被捕。④ 浙东货运管理处在温州一带囤积物资数量甚多，1944 年 6 月，由于日军迫近温州，戴笠曾在淳安致电赵世瑞，令其迅速

---

① 苏虹：《有关"日寇三次侵温"史实的几点考证》，政协温州市鹿城区委员会文史资料工作委员会编印《鹿城文史资料》第 11 辑，1997，第 124—125 页。

② 《戴笠报告》，1943 年 8 月 26 日，台北"国史馆"藏，002-080103-00041-012。

③ 〔美〕魏斐德：《间谍王》，第 414 页。

④ 〔美〕魏斐德：《间谍王》，第 415 页。

将浙东货运处物资运往福建建阳，并联络"忠义救国军"陆安石部协助运送。①

除兴隆庄外，温州尚有兴华庄，亦是中日之间物资走私交流的平台。据兴华庄运输部副部长陈于滨回忆，该庄的成立与丽水地区的食盐供应有关。原来处属各县之食盐主要靠楚门、黄岩接济，1944 年温州被日军占领后，运盐水路被切断，食盐出现危机。永嘉盐务局乃找人在温州成立兴华庄，由精通日语的瑞安人金溟若与日本驻军洽妥。金出任该商行总经理。日本驻军认为一方面可以借兴华庄吸收物资，另一方面可以收税作为"维持会"之财政来源。同时，兴华庄之班底人员皆与国民党有关，职员多有毕业于黄埔者，金溟若是温州中学校长金嵘轩之子，有足够的社会声望，日在温驻军认为此种安排有助于其统治温州，故同意开办兴华庄。这样兴华庄实际上得到中日双方的支持，亦是战时双方经济物资交流的一种体现。②

重庆政府后来不断修正战时进出口物品管理及物资抢运相关的各种条例，对从沦陷区进口物品一步步放宽限制。到 1945 年 3 月，货运管理局被裁撤，由经济部直接负责对沦陷区物资抢购。经济部也出台《沦陷区物资内运资奖助办法》，规定沦陷区物资内运商人，不论为本业或非本业，人民亦不分在沦陷区或在后方，均准自动组织自由内运，享受各种优待与便利。该办法并要求各地政府简化手续，协力实施奖助。③

---

① 《戴笠报告》，1944 年 6 月 8 日，台北"国史馆"藏，144-010103-0001-036。

② 陈于滨：《"兴华庄"之谜》，《温州文史资料》第 2 辑，第 171—175 页。金溟若之子金恒炜曾在一篇文章中提及其父战时办过"盐铺"，不过他将其称为"复华庄"，承认金溟若借此庄"大发利市"。金恒炜：《怀想父亲和他的时代——〈严流岛后的宫本武藏〉前言》，〔日〕小山胜清：《严流岛后的宫本武藏》，台北：远流出版事业股份有限公司，1999，第 3 页。

③ 林美莉：《抗战后期国民政府对沦陷区的物资抢购》，黄克武编《第三届国际汉学会议论文集：军事组织与战争》，第 285 页。

1945 年 4 月，重庆当局取消沿海货物流动须内销特许证之规定。5 月，按照蒋介石的指令，沦陷区内运物品除毒品外一律免税。[1] 至此，沦陷区与非沦陷区之间的物资商品流通，几乎已经完全自由化，"走私"亦基本上成为一个空洞的名词。

据郑友揆的研究，太平洋战争后，中国沦陷区无法再从西方国家进口重要工业设备和工业原料，其与东南亚国家的贸易也被切断，因此，"亚洲工场"的地位不复存在。同时，日本竭力向中国沦陷区倾销工业品，如人造丝、纸张、糖、化学品等，并从中国大量进口原棉、煤、盐和生铁。[2] 1943—1944 年，重庆政府统治区的进口商品中，来自日本、德国的分别占 34.6% 和 46.5%。[3] 太平洋战争后，非沦陷区的进口商品大部分是通过沦陷区输入的，可见物资抢运对于整个大后方的重要性，而走私是抢运货物最重要的渠道。如此巨大数量货物的输入，又是在重庆政府财政税收系统的管控下进行的，因此，当局对货物征税工作亦极其重视。不过，无论是官方许可的走私贸易，还是经办货物登记及征税，均给负责经办人员提供了牟取私利的良机。1943 年后的货物登记保证金问题便是这种腐败现象的集中体现。

商货税收与保证金之乱

如前所述，温州在 1938 年之后因为商业"繁盛"，成为重庆国民政府财政税收的一个重要征收地区，其战略安全之所以重要，与此有密

---

① 《财政年鉴第三编》下册，第 528 页。

② 郑友揆:《中国的对外贸易和工业发展》，上海社会科学院出版社，1984，第 188—189 页。

③ 郑友揆:《中国的对外贸易和工业发展》，第 190—191 页。

切关系。战争爆发后，国民政府财政收入锐减，政府也想尽各种办法增加税收收入。全面抗战爆发后不久，政府即宣布从 1937 年 10 月 1 日起征收转口税。凡民船、铁路、公路运输之货物，除已征统税及烟酒税者外，凡经海关及其分卡时，均予征收转口税。[1]温州因为转口贸易剧增，也成为转口税征收重镇。

1941 年 4 月之后，温州与上海轮运停运。但其与宁波间的陆路贸易渐渐发展，出口货物仍经陆路与帆船接驳运抵上海，同时从上海等地曲折进口货物。即使到 1943 年，温州仍然是沦陷区与内地贸易的中心之一，在海关税收上亦有重要地位。根据上海总税务司署统计科所编《民国三十五年海关中外贸易统计年刊》记载，当时"抗战区"26 家海关中，温州关的进口货值统计数字从 1943 年到 1945 年都较靠前。如 1943 年为 3.084 亿元；到 1944 年，进口为 2.089 亿元；1945 年，进口为 7.128 亿元。[2]

1941 年 6 月，重庆国民政府第三次全国财政会议上决定，改办战时消费税。财政部拟定《战时消费税暂行条例》，从 1942 年 4 月 15 日起施行，同时下令裁废转口税和其他一切捐费，并饬令海关统一办理战时消费税征收事宜。"转口税"改为"战时消费税"后，扩大了增税范围，各海关增设了内陆分卡。这时的温州，仍是上海物资运入后方的重要孔道，所以瓯海关在各所辖地区交通要冲均设有分卡。原"闽浙货运稽查处"也并入瓯海关内，其所属分站全部由瓯海关接收并改为海关分卡。[3]

① 孔祥熙：《一年来之财政》，《浙瓯日报》1938 年 7 月 8 日，第 2 版。

② 上海总税务司署统计科编印《民国三十五年海关中外贸易统计年刊》(一)，1946，第 18—19 页。

③ 黄伯蕴：《解放前的瓯海关》，《温州文史资料》第 16 辑，第 380 页。

瓯海关管辖范围从沿海扩展到内陆。①

重庆政府改征战时消费税，其实就是不再细究货物的来源，只征收一次性货物通过税，这种政策显然更加务实，亦符合太平洋战争前后沿海与内地货物流动的实际情况。沿海轮运停顿后，商人或通过种种走私办法将货物输入内地，甚至化整为零雇请农民挑货，因此，货物运输变得更加复杂零散化。战时消费税的开征，遂与重庆政府的货物抢运政策互相配合。这套战时的货物通过税体系，被国民政府财政顾问杨格批评为复活旧时的厘金。他认为消费税的征收有鼓励走私的意味，同时经征人员的腐败也不容易防范。②

为配合战时消费税开征，当局要求商人在输入货物时办理登记。此一工作由财政部直接税局负责。1942 年 1 月，财政部直接税局开始在所辖各区内办理货运登记。直接税署扩大分支机构，于各重要货物走私据点及集散地设立分局与查征所，其办法主要是向行商查征直接税，包括消费税、利得税等。重庆政府特颁布"保证金条例"，饬令商人按照资本额预缴 25% 的保证金，货物运销后，持销售地点凭证到税局结算报税。若逾期三个月不来报税，则将该项保证金提拨入库或向保证人追缴。③ 由于实际上商人鲜有数月后持证来报税者，因此各地直接税局所收的保证金收入激增。5 月 29 日，浙江省直接税处曾要求行商小贩也登记或缴纳押金，但他们联合请求予以免除。财政部直接税署根据各局呈报，认为这些"肩挑负贩之流动小贩，每多系大商化整为零，企图逃

① 《中国海关通志》编纂委员会编《中国海关通志》第 4 分册，第 2627 页。

② Arthur N. Young, *China's Wartime Finance and Inflation, 1937-1945*, Harvard University Press, 1965, p.36.

③ 江苏省中华民国工商税收史编写组、中国第二历史档案馆《中华民国工商税收史料选编》第 4 辑（下），南京大学出版社，1994，第 1341 页。

税"，最后决定对货值不满三百元者免征营业税，不满五百元者免征所得税，并免办登记手续及缴纳保证金。[①]

保证金制度推行后，各地行商税收都超过住商，成为主要财政收入来源。乐清有办理直接税者曾回忆称，稽征所得税本来是采取超额累进办法，但由于绝大多数商人缴纳保证金后便很少再来结清税款，保证金成为商人实际缴纳的税款，违背了税法规定亏损可免税的精神，对起征点的规定亦未能实行。[②] 财政部直接税局督察赵懿翔 1942 年 4 月在报告中提到，当时（直接税局）各局集中人力于登记室，甚者以征收行商税为主而将本税基础之住商工作任其荒芜。各级税局热心预算，互争税收，税局将他地之住商作为行商征税之事屡见不鲜。当时国民党浙江省党部所办《东南日报》也猛烈攻击行商保证金制度，认为害商病民。[③]

保证金的规定，也在浙江、福建等地催生了一批专门以开发票为业务的空头商行（或称发票行）。前文所提温州中国国货公司所办的发票商行即是一例。[④] 此类以开发票为唯一营业的商行，不仅温州存在，其他沿海重要关口也曾出现。[⑤]

---

① 《中华民国工商税收史料选编》第 4 辑（下），第 1117 页。

② 厉群：《忆乐清直接税工作》，《乐清文史资料》，第 54 页。

③ 《中华民国工商税收史料选编》第 4 辑（下），第 1341 页。

④ 郑加琛：《抗日战争至解放前夕温州港的进出口贸易》，《鹿城文史资料》第 3 辑，第 9—10 页。

⑤ 如福州的发票行存在了约两年（1943—1945 年）。由于闽江口封锁，福州市面物资奇缺，如棉纱、布匹、纺织品以及云贵等地的特产如生漆等，无法从上海转运进口。如果这类货物能到达福州，就成为热门货，可以谋取巨利。于是就有一批人出入沦陷区，抢购物资，运来福州销售，地方人称之为"海驴"，不仅有福建人，也包括一些温州人。为了便于这些运货商人在本地销售，产生了专门为其开发票（包括通关节）的"发票行"。由于从沦陷区抢购的物资必须在货物管理处登记才能进口报关，为"海驴"代办手续的本地坐商通常都与军统等部门有联系，一次性向行商收取所售货价值百抽十的费用，再包办相关登记、缴税与报关等事项。林祥彩：《台江区的"发票行"》，政协福州市台江区委员会文史资料委员会编印《台江文史资料》第 6 辑，1990，第 51—53 页。

温州是当局收取行商保证金的重地。根据财政部直接税署报送的"1942 年度业务计划"，"浙江为东南富庶之区货物入口之一途"，故永嘉、金毕、兰溪都是重要税源据点。① 1942 年 5 月，赵懿翔在视察浙赣区直接税税务报告时又指出内地客人进货，"多数止于金（华）、兰（溪）、不亲赴前线各县"，故这两地"为大批客帮之采购地"。行商在货物登记时，会将到达地尽量伸远至内地如重庆、昆明。因此，商人将货物在金华出售时，会将证明单一并出让，价格比无证明单者要高得多。赵建议将征收保证金标准以到达现时市价为准，或采取各省"估价联防办法"。② 他又指兰溪、温州帮商人势力强盛，因此，要监督税局同事跟商人勾结舞弊非常困难。③ 从此类报告中可以看出温州商人与地方货运管理及税收机构之间错综复杂的利益关系。

据曾在福建办理战时直接税者回忆，福建直接税局最盛时，征收局多至 31 个。由于货运登记及其他业务上的需要，征收局下复设查征所，查征所下又设驻办处，福建一省办理直接税人员多达三千人。在业务方面，直接税又分所得税、非常时期过分利得税、营业税、印花税等，征税机构还要办理货运登记。因此，税务机构与商人的关系空前密切且错综复杂。他认为最腐败的就是货运登记与保证金。在外部，主要是不法商人乃至社会上的恶势力开设发票行，专门以商行名义为行商乃至住商代开发票，套取保证金，最后关门大吉，把套取的保证金全部侵吞掉。连三青团都会开办所谓"青年服务社"套收运销行商保证金，成为变相的发票行。直接税局收到保证金后，局内官员则挪用保证金做生意，货币贬值时再按原额归还，从中牟取双重利益。商人则或通过代报，或径

① 《中华民国工商税收史料选编》第 4 辑（下），第 1403—1404 页。
② 《中华民国工商税收史料选编》第 4 辑（下），第 1339—1340 页。
③ 《中华民国工商税收史料选编》第 4 辑（下），第 1340 页。

自与税务人员勾结，偷漏税款。[1]因此收取保证金时期为直接税局贪污最严重之时期。[2]福建情形如此，相邻的浙江商业更繁盛，腐败亦更严重，而作为浙江战时商业重镇的永嘉又首当其冲。

1943 年 4 月，财政部直接税署视察官员在一份报告中认为，要选定"重要据点"整顿业务，其列入名单第一位的就是"浙省永嘉"。该官员指永嘉为"前方经济重心"，"工商云集，税源丰裕"，但是"人事纷纭，各方观瞻尤称重要"。该报告一方面肯定温州在经济上对政府财政至关重要，另一方面也暗示温州的税务征收方面存在许多贪腐现象。[3]是年 10 月，浙江审计处派人核查永嘉直接税分局，发现该局对于一时营利事业所利得税保证金征收所得数额甚巨，但并不解库，利息收入也全不入账，仅以四成解直接税处及省局，其余六成奖给分局职员及划拨为进修会经费。同时，永嘉直接税分局又以银行存款利率较低，将一部分保证金贷放远东纺织厂等商行，以得高息。永嘉保证金一案由于证据确凿，舆论反响甚大，牵动高层权力斗争。1943 年 10 月，财政部直接税署要求永嘉局将其所办理保证金之收缴、存放、退还、提用、拨垫情形及数额、单位查明报核。以后所有保证金款项，未经呈准，任何理由不准挪用。至未准设登记站之地方，应即暂停收缴。[4]财政部总参事厅则认为此事应斩草除根，直接税处所订《税款保证金利息余额支配标准》及《税款保证金收付办法》、《税款保证金收付补充办法》、《一时营利事业纳税保证金拨充税款办法》等均未经呈财政部核准，与其他法令

---

① 陈毓淦：《福建的直接税》，政协福建省委员会文史资料研究委员会编印《福建文史资料》第 13 辑，1986，第 119—120 页。

② 陈毓淦：《福建的直接税》，《福建文史资料》第 13 辑，第 120 页。

③ 《中华民国工商税收史料选编》第 4 辑（下），第 748—749 页。

④ 《直接税处关于清理保证金并严禁挪用通电》（1943 年 10 月 6 日），《中华民国工商税收史料选编》第 4 辑（下），第 1134 页。

相抵触，均应废止。①

　　以永嘉直接税分局弊案为起点，财政部直接税署属下机构人员挪用贪污保证金后来延烧成巨案。到1944年，又有参政员在国民参政会提出弹劾案，指直接税局在征收保证金过程中腐败成风，要求最高当局查处；与此同时，四川省临时参议会在提案中也曾揭露直接税征收机关自行决定商人所得税额的弊端，认为损害商人正当营业，物资内运亦受阻碍。②此案延烧的结果是国民党五届十二中全会通过《加强管制物价紧急措施方案》之决议，货运保证金被要求取消，随后，财政部饬令直接税局，要求将其设立之检查站及货运登记站在电到七日内一律撤销，"不得借词请缓，并贪收保证金"。此后防止逃税应与当地商会、行业公会密切联系。③不仅货运登记撤销，税务部门的缉私武装亦被取缔。1944年7月，永嘉直接税分局奉令停办货运登记。④几乎同时，重庆政府财政当局出现重大变化，孔祥熙被免去财政部部长职务，俞鸿钧继任。虽然孔之去任原因很复杂，但税务腐败被外界广泛攻击亦是一大诱因。俞上任后，即查办直接税署署长高秉坊贪污案，高最后以贪污罪撤职查办，并被逮捕入狱。⑤

---

① 财政部参事厅等关于《一丙保证金利息支配标准》及《税款保证金收付办法》等应予废止的有关文件，见《中华民国工商税收史料选编》第4辑（下），第1135—1137页。
② 《中华民国工商税收史料选编》第4辑（下），第754页。
③ 《直接税署关于撤销货运检查站及登记站的密电》（1944年6月5日），《中华民国工商税收史料选编》第4辑（下），第1139—1140页。
④ 《商人运销货物凭税局通告》，《浙瓯日报》1944年7月1日，第3版。
⑤ 有关高秉坊案之经纬，可参见杨铎《高秉坊"贪污案"内幕》，政协全国委员会文史资料委员会编《文史资料选辑》第94辑，文史资料出版社，1984，第209—223页。

第四章

替代：战时地方性工业品生产之兴盛

与战时温州走私热潮几乎同时发生的，是当地工业生产之突然兴盛。战争对中国工业经济打击甚重，根据郑友揆的统计，1937 年后国民政府控制区域的工业生产总值仅及全面抗战前全国工业生产总值的10%。[①]大后方工业品缺乏，不但催生了走私狂潮，也使一些拥有资本、技术的地方人士开始投身工业生产，尤其日用消费品工业制造在内地日趋繁荣。[②]

　　如前章所述，温州依山傍海，人均耕地面积较少，因此，地方民众素有以手工业为生之传统。温州开埠后，手工业制品出口增长，同时近代机器工业开始萌芽。从 1920 年初到 20 世纪 30 年代中期，近代工业在温州已有一定的发展，当地出现了数家较著名的工厂，如百好炼乳厂、光明火柴厂、陶化公司、利用染织厂、毓蒙铁工厂、鹿城布厂、瓯江布厂等。[③]1937 年全面抗战爆发后，无论从工厂数量还是投资规模而言，温州工业发展都出现高峰，这也是战时温州出现的重要经济现象。

---

① 　郑友揆：《中国的对外贸易和工业发展》，第 170 页。

② 　《内地日用品多以土产替代》，《新闻报》1938 年 11 月 6 日，第 16 版；《川西北各县手工业转臻繁荣》，《四川经济月刊》第 12 卷第 1、2 期，1939 年，第 57 页；《旧式手工业在战争中繁荣起来了》，《抗战二年》，1939，第 22 页。

③ 　《永嘉区工业调查》，《国际劳工通讯》第 4 卷第 8 期，1937 年，第 52—53 页。

温州工业在战前虽然已有一定基础，但总体来看，本地工业品消费仍主要依靠上海等地输入，化肥、棉布、肥皂、卷烟等类皆如是。1939年 6 月后，随着沪温航线日渐停顿，商品来源大受影响。同时，如前所述，内地客商在温州大量采购的同时，重庆政府也把温州当作货物抢运的关键节点，因此，当地工业商品供求失衡，商品价格攀升不已。在此情形下，替代性工业品生产大为兴盛，热潮一直持续至战争结束。

温州战时工业之勃兴，从 1938 年就已有肇端，太平洋战争爆发后，更趋向高潮。根据永嘉县政府对温州城区工业企业的统计，到 1942 年底，当地企业总数达到 518 家。其中包括肥皂 13 家、酒精 4 家、火柴 1 家、电池 3 家、牙膏 1 家、棉织 33 家、织袜 31 家、丝绸 11 家、毛巾 5 家、制药4 家、制革 41 家、酿造 19 家、铁制 74 家、印刷 13 家、制伞 18 家、木制16 家、其他 231 家，资本总额约 2000 万元，年产总值约 8500 万元。[①] 上述"企业"中，铁制、木制、制伞、酿造等基本上仍属于传统手工作坊性质，但棉织、织袜、丝绸、制革、毛巾等的生产单位，既包括电力机械工厂，亦包括手工制作工厂。而像肥皂、酒精、电池、牙膏这些化工品的生产单位，便大多是电力机械工厂。以下分别就几类主要工业企业的战时发展情形介绍如下。

战时温州棉纺织业的发展

温州非棉花产地，但棉织业是温州近代工业中的主要行业。温州生产的棉布在 1937 年前以浙南闽北一带为销售市场，产品一般为中低档

---

① 《徐定水集》，第 85 页。

货，质量不及进口洋布和苏、常一带机织布，但又较农村土纺布为好，适合农村市场。[①] 八一三事变后，沿海城市大多为日军所占，上海、南京、苏州、常州等地棉纺织业一度陷于瘫痪。温州棉织业反转兴旺，温州棉布的销路扩展到湖南、安徽、江西、贵州、重庆等地，形成繁荣景象。[②]

棉织品行市炽热，带动了对温州棉纺业的投资。温州原有棉织厂主要包括鹿城、瓯江、鸿章、漱成、锦霞等9家，共拥有手拉织机约500台，工人千余人。八一三事变后，由于上海棉织品输出受阻，温州新设了10余家棉织厂，包括经新、艺华、大同、勤业、存生、震业等布厂，无论是织机数还是用工人数等，都较此前翻了二三番。[③]

棉纺投资热吸引了许多商人将资金投入，这里面既包括原来布厂的股东，也包括有背景的新加入者。温州原来规模最大的鹿城布厂的改组就是一显例。

鹿城布厂始创于1923年，由怡大棉布号经理曹桂生邀叶梦平、翁来科、陈志初、黄叔晋等人创办，曹桂生任经理，最初拥有织机120余台，雇用男女工人400人左右，规模在当时堪称最大。后来曹病故，陈志初继任经理。陈志初与温州当地权势来往密切，是瓯海实业银行的股东。七七事变后，因为陈从上海购进大批日货棉纱，冒充国货，被抗敌自卫委员会检举查封，陈逃到上海，工厂歇业。1939年3月，鹿城布厂股东将该厂转售给宝大棉布号经理王纯侯等人，背后据说有永嘉县党部委员陈卓生在起作用。王纯侯等人盘下鹿城布厂的厂房、设备及原料后，成立富华染织厂股份有限公司，王任经理，以商界闻人翁来科为董

①　俞雄、俞光：《温州工业简史》，第22页。

②　俞雄、俞光：《温州工业简史》，第42页。

③　柴青青、冯坚：《老锦霞布厂工人的罢工斗争》，《温州文史资料》第6辑，第292页。

事长。富华染织厂新增了 30 余台动力织机，工人 400 余人，规模较此前大为扩张。[①]

锦霞布厂在投资高峰期的裂变也是一个很好的例子。该厂原由周长庚等人合伙创办于 1930 年，本来属于小厂，初始资本仅 5000 元。1938 年，锦霞的股东看棉布价格飞涨，纷纷抽回资金自己办厂，由是一家厂变成四家厂：锦霞、经华、大康、斐锦。[②]

温州的另一个棉纺业中心是平阳。如平阳鳌江上游的腾蛟一地在全面抗战前就拥有七八家机制布厂，规模较大者如华成织布厂，拥有动力织机 60 余台，工人逾百。全面抗战爆发后，当地又新创了近十家织布厂，同时其他拥有数台织机的纺织家户亦有 30 余家，腾蛟及附近乡镇如水头、山门、凤卧等地的代工户更成百上千，成为重要的战时纺织基地。其产品以挑工运送至福建北部及旧处属各县，浙江省政府则在龙泉设专卖局收购各种布匹，再向内地运销。[③] 宜山是平阳另一个纺织之乡，早在宋代，平阳江南一带农村妇女所织的鸡鸣布（即江南土布，后来叫筒布）就销往各地，近代通过技术改良，发展更快。战时宜山以新式平机生产土布的手工业户遍及全镇，其他代加工户亦辐射到邻近各乡。宜山一地，战时经售药纱布之商行与店铺数量较战前增长了一倍有余，这使宜山成为浙南最大的筒布市场，浙、闽、赣各地布商均到宜山采购。仅 1939—1941 年，宜山土布之成交额就高达 3 万米以上，年销售额按

---

① 谢联璧：《温州棉织业史略》，《温州文史资料》第 6 辑，第 24—27 页；《徐定水集》，第 101 页；《温州鹿城染织股份有限公司全体股东启事》，《浙瓯日报》1939 年 3 月 23 日，第 1 版。

② 柴青青、冯坚：《老锦霞布厂工人的罢工斗争》，《温州文史资料》第 6 辑，第 292 页。

③ 林步宽：《腾蛟纺织工业的崛起与发展》，政协平阳县委员会文史资料研究委员会编印《平阳文史资料》第 14 辑，1996，第 73—76 页。

当时币值达到 3000 余万元。[①]

这种投资潮，在温州其他地方也出现。如乐清柳市镇，由于看好棉织业的商业前景，地方人士纷纷投资创办棉织厂，当时温州城区的钱庄也对棉织品生产抱乐观态度，给予金融支持。阜丰布厂创办人王献松就是在 1938 年棉纺织业的热潮中加入，当时年仅 19 岁，学徒出身，从 1 台木织机起步，用四五年时间就发展到了 8 台织机（包括两台铁轮机），雇请了 20 余名工人，可见盈利颇丰。1940 年，同样是学徒出身的包巨宽也贷款办起恒久棉织厂。其他如在战前就已经创建的振丰布厂、大华布厂也是在战时有较快发展，新建厂房，规模扩大。除这些布厂外，柳市镇拥有织机的棉织户也有三四十家，这些散户与各种规模的布厂一起，使柳市成为温州又一处棉纺织业的中心。[②]

1941 年 10 月 8 日，为打击重庆政府的物资抢运工作，在日汪当局的要求下，江海关日籍副税务司小山发出布告，宣布所有棉纱匹头及其他棉织物品，除特许者外，禁止从上海出口。[③]太平洋战争爆发后，英美各国在上海的纱厂被日军接管停业，棉纱产量更剧减，给温州的布厂

---

① 陈承中、陈永平：《宜山纺织业的发展》，政协浙江省苍南县委员会文史资料研究委员会编印《苍南文史资料》第 1 辑，1985，第 47—48 页；苍南县地方志编纂委员会编《苍南县志（1981—2005）》（下），西泠印社出版社，2014，第 1739 页。这种手工纺织在战时其他地区亦极为兴盛。由于洋布来源稀少，手工土布便取而代之，受到地方民众的欢迎。如浙江余姚、鄂北、川西，乃至于河南南阳等地，战时都出现土布纺织业的发展高峰，尤其是家户性的生产之复兴非常显著。蒋予洁：《余姚出产的土布》，《大美周报》1940 年 4 月 21 日，第 8 版；汤孙安：《战时余姚土布发展的经过》，《农本》1941 年第 48、49 期，第 24—26 页；《川西北各县手工业转臻繁荣》，《四川经济月刊》第 12 卷第 1、2 期，1939 年，第 57 页；《鄂北农工商业日渐繁荣》，《大公报》（香港）1940 年 10 月 26 日，第 3 版；梁哲生：《抗日时期的南阳土棉布》，政协南阳县委员会文史资料研究委员会编印《南阳县文史资料》第 3 辑，1989，第 116—118 页。

② 王献松等：《柳市几家布厂简史》，《乐清文史资料》第 7 辑，第 80—84 页。

③ 《海关实行禁运棉织品等出口》，《大美晚报》1941 年 10 月 9 日，第 4 版；《海关被迫禁运纱布，本市纱业又遭摧残》，《神州日报》1941 年 10 月 10 日，第 4 版。

生产带来影响。

由于棉纱紧俏，价格高昂，在温州经商的乐清籍名流张肃劭、冯志谦等人筹集 50 万元资本，于 1942 年利用梅溪书院旧址办起雁荡纺织厂，生产"雁荡山"牌 20 支棉纱。这家工厂规模庞大，非小本经营的作坊可以比较，拥有动力纺纱机 30 台、纱锭 1800 枚，日出纱可以达到 1 吨，成为乐清首屈一指的棉纺业大厂。其产品由于质量上乘，一度为温州勤业布厂所包销。[1]

1943 年 2 月，浙江省政府为掌握物资，通过征购办法，将棉纱列为重要征购物品。6 月，汪伪政权全国商业统制委员会在上海设立纱布收购处，禁止纱布运往内地。之后又公布收买棉纱棉布暂行条例，加强管制。温州由于走私路线仍在起作用，棉纱仍可运进，但数量较此前已大为减少。[2] 面对政府征购棉纱及棉纱来货日减的双重压力，永嘉县棉织业公会向当局陈情，表示棉纱若绝，棉织工厂皆要停工，影响工人生计甚巨，经再三交涉最后以布代纱交出五千余匹交差。[3]

温州当地商人也曾设法解决纺织原料困难，一个办法就是利用混纺技术发展棉纱代用品。1942 年，统办公司发起人黄苗夫，在温州与翁来科、叶蕴真等人合股创办统纬纺织股份有限公司，利用废旧苎布、毛绒及棉絮等作为原料，制造混纺呢料。其他如规模较大的大路纺织厂、万华纺织厂、大乐纺织厂等，亦曾开发畜毛与废棉的混纺产品。运用土纱纺织土布，亦是一个替代办法。如华丰、统华、亚东等棉织厂，曾采用

---

①　郑颉丰：《乐清雁荡纺织厂》，《乐清文史资料》第 7 辑，第 86—87 页。

②　《浙省政府为掌握物资给价征购货物》，《浙瓯日报》1943 年 2 月 2 日，第 2 版；《国府收购纱布后沪金融商市动态》，《无锡日报》1943 年 8 月 13 日，第 3 版。

③　谢联璧：《温州棉织业史略》，《温州文史资料》第 6 辑，第 27 页。

土纺纱。[①]1943 年，为了加强竞争力，解决原料来源问题，柳市振丰、大华、恒久、阜丰等数家布厂曾合并成立振华染织厂，统一收购棉花，委托农户加工土纱以解决原料缺乏问题，并划一售价。[②]

总体来看，从 1937 年至 1941 年，温州棉织品行市炽热，推动了棉纺业的投资。1943 年以后，由于日汪政权加强了棉制品统制，在内地商人结帮采购推动下，温州当地的棉纺业更加兴盛，到 1945 年战争结束前，温州仍有大小布厂 39 家，织布机 1725 台，其中除 90 台属于动力机，其他尚有铁机 260 台、人力机 1375 台。从业工人达到 3100 余人，合计资本总额按当时法币计算近 3.8 亿元。[③]

化工企业的创设

1937 年前温州的化工企业主要为肥皂厂。1913 年当地就有商人创办肥皂厂，后来怡茂、茂生、公新、仁昌等皂厂的产品，都曾占有浙南肥皂市场相当大的份额。[④] 八一三事变后，上海肥皂工厂受损严重，原来畅销温州的"伞"牌、"祥茂"（皆由英商中国肥皂公司生产）及"固

---

① 谢联璧：《温州棉织业史略》，《温州文史资料》第 6 辑，第 27—28 页。统办公司成立 1938 年，后来发展成为温州、上海两地影响力较大，以温州人为主的企业集团。其开始的业务是报关与运输，后来业务范围包括"向上海采办棉布，工业原料，大小机器，推销土产，调查货价"等。统办公司在 1940 年专门设立棉纱部，成为沪温两埠棉纱业批售大户。《上海统办企业有限公司二周纪念特刊》，1940，第 2 页。

② 王献松等：《柳市几家布厂简史》，《乐清文史资料》第 7 辑，第 81 页；易强、包启芳：《包福生与柳市纺织工业》，《乐清文史资料》第 7 辑，第 178—179 页。

③ 谢联璧：《温州棉织业史略》，《温州文史资料》第 6 辑，第 26 页。

④ 《温州肥皂贸易概况》，《浙江经济情报》第 2 卷第 3 期，1937 年 1 月，第 48 页。此调查称温州市面上本地皂销量年在 10 余万元。

本"皂（上海五洲皂药厂生产）输入减少。[①] 温州市场上本地肥皂销量大增，甚至大量向内地销售。作为肥皂生产原料的柏油、猪油、松香等，在战时外销受到影响，尤其 1939 年后更难出口，售价低落，这为温州肥皂业的兴盛提供了有利条件。[②]

茂生皂厂创建于 1923 年，是温州本地皂厂的龙头。1937 年全面抗战爆发后，其业务量扩增，产量一度高达 500 吨，到 1940 年，该厂因盈利可观，已超过创建时资本二三十倍。1941 年 4 月，日军占领温州，茂生皂厂因炮火波及，厂房设备毁去大半。次年，温州兴起了一批规模相对更小，但反应灵活的肥皂厂，如家庭、华利、民生、辛茂、福民、胜昌、标准、元茂、光明、华昌、广茂等。这些皂厂虽然设备简陋，但组织形式小巧，能够在战争环境下进退自如，一旦遭遇敌机轰炸，便暂停生产，或将设备疏散下乡；在原料缺乏或价格高昂时也可以缩小生产规模，以减轻损失；这些皂厂往往也自办发行，工商兼营，原料进口困难则就地取材，使用替代品。其经营方法充分反映出战时工业的特点。[③]

1942 年是温州战时肥皂业最兴盛的一年，当时市场肥皂短缺，供不应求，城区出现了大小肥皂厂共 20 余家，其中较有规模者十七八家。[④] 如家庭皂厂即是 1942 年日军退出温州后由丁志立、丁志强兄弟创建的。他们不但以纯碱为原料生产肥皂，还以浙南土产桐碱制成烧碱用来制皂，或以温州积压无法出口之猪油制作白皂，畅销一时。华利皂厂亦大

---

① 《市声》，《大美晚报晨刊》1938 年 4 月 26 日，第 4 版；《公共租界内工业概况（五）》，《文汇报》1938 年 5 月 9 日，第 6 版。

② 丁志立：《肥皂工业在温州的发展》，政协温州市鹿城区委员会文史资料工作委员会编印《鹿城文史资料》第 12 辑，1998，第 241—254 页。

③ 丁志立：《肥皂工业在温州的发展》，《鹿城文史资料》第 12 辑，第 241—254 页。

④ 《温州的肥皂工业》，《浙瓯日报》1945 年 8 月 31 日，第 4 版。

量利用桐碱与牛羊油作为原料制造肥皂。[①] 1943 年，重庆当局规定战略统制物资不准运抵沦陷区封锁线百里以内地区。因应这种实际情形，光明皂厂在温溪设厂，利用浙南出产的柏油生产兰花皂，颇受市场欢迎。[②]

温州战时创建的化工企业规模最大者为清明化工厂。该厂创建于 1942 年 4 月，资本 40 万元，主要由鳌江巨商王文川家族出资，技术方面则由蔡孔耀、朱尊民、刘昌镠等负责。蔡孔耀毕业于清华大学化学系，王文川之弟王小同毕业于北洋工学院，他们是中学同学。蔡孔耀与朱尊民原来就对硬脂酸提取技术及复写纸生产等有研发基础，而刘昌镠本来担任浙江植物油厂化验室主任，其他技术骨干亦多毕业自各大学化工专业。[③]清明化工厂主要分两个部门，一是造纸部，主要生产誊写蜡纸、复写纸、拷贝纸等纸张；一是油脂部，以桐油、菜籽油、茶油、青油等植物油为主要原料，生产植物汽油、煤油、柴油、润滑油、凡士林等，后又利用动植物油类生产硬脂酸。所生产之汽油不但可以供应给汽车运输，甚至第三战区的飞机燃料亦曾向该厂采购；柴油、润滑油则主要供应温州当地的普华电厂与南堤电厂；硬脂酸为雪花膏原料，又可作为石蜡替代品，生产蜡纸。[④]

温州战时制药厂发展亦较显著。较为有名者，主要有华康与康乐两家。华康制药厂由李宾富于 1940 年独资创办，以生产"山道年"糖片而闻名，该产品曾远销内地各省。[⑤]同年，徐定龙、李幼觉等人合股创

---

① 丁志立：《肥皂工业在温州的发展》，《鹿城文史资料》第 12 辑，第 241—254 页。不过由于桐碱成本较烧碱更高，成品质地亦不及烧碱所制作者，因此，后来大肥皂厂便雇佣帆船去上海采购烧碱。《温州的肥皂工业》，《浙瓯日报》1945 年 8 月 31 日，第 4 版。

② 丁志立：《肥皂工业在温州的发展》，《鹿城文史资料》第 12 辑，第 241—254 页。

③ 方恭敏：《抗战中创办的清明化工厂》，《温州文史资料》第 2 辑，第 112—113 页。

④ 方恭敏：《抗战中创办的清明化工厂》，《温州文史资料》第 2 辑，第 112—113 页。

⑤ 浙江省医药志编纂委员会编《浙江省医药志》，方志出版社，2003，第 132 页。

办康乐药厂，资本 50 万元。该厂生产的治疗疥疮的鹅牌"疥敌"油膏以及如意片、康乐油、快便丸、咳嗽糖浆等都驰名全国。该厂的产品，有一些是战前日货的仿制替代品，如如意片便是仿自八卦丹，而康乐油则是仿自万金油。[①] 徐定龙本为金龙大药房老板，原以代理销售上海各大制药厂产品以及进口药为主要业务，但战时上海货物批售渠道既不顺畅，药品价格亦扶摇直上，他便动念自行创办制药厂，从上海等地聘请技术人员，生产替代药品以解决货源难题。

对于印刷业必需的油墨，温州也出现了替代性生产企业。1939 年12 月，新华化学工业社在温州设立工厂，以生产油墨为主，产品包括蓝墨色誊写墨、黑色新闻墨、石印墨等。这些油墨此前主要从上海进货，但温州海口封锁以后来源断绝。油墨断货，不但温州本地印刷厂无法开工，内地来采购油墨的商人亦求货无门。[②] 新华化学工业社总厂在上海，本来以生产化妆品如胭脂、香粉、香水等为主业，牙膏、牙粉等亦有出产。[③] 战事发生后，该社在上海之外开设分厂生产其他应急商品，当属战时上海产业技术迁移的一个例子。

化工企业中，蜡纸厂也是典型的由战时上海产业转移而创办的。大明蜡纸厂 1936 年创立于上海，是国内蜡纸生产的先驱，浙南是其重要的原料来源地。但沪温断航与物产管制，对其生产造成影响。大明蜡纸厂老板王贤川便在温州邀请翁来科、吴百亨等地方商界名人，1937 年在温州投资合办大明振记纸厂，生产蜡纸原纸。1938 年扩充为温州大明实业厂，开温州生产铁笔蜡纸之先河。[④] 该厂在上海素有声名，但战争

① 《浙江省医药志》，第 132 页。

② 《新华化学工业社制造油墨》，《浙瓯日报》1939 年 12 月 26 日，第 1 版。

③ 《新华化学工业社出品参加国货竞赛大会》，《市民日报》1937 年 6 月 24 日，第 4 版。

④ 俞雄、俞光：《温州工业简史》，第 55—57 页；林伟昭：《温州造纸业史略》，政协浙江省温州市瓯海区委员会文史资料委员会编印《瓯海文史资料》第 10 辑，2004，第 155 页。

爆发后原料运输不便，市场需求又旺盛，因此厂方因应时势在温州创建分厂，不但可缩短原料供应距离，更容易将产品销往内地。该厂生产的"警钟"牌蜡纸，与另一家设立在温州的中国蜡纸厂生产的"三角"牌蜡纸成为战时内地的名牌产品。中国蜡纸厂1939年由陈仲毓、杨德樵等创办。到1942年，温州城区的蜡纸厂已增至5家，除大明、中国外，尚有建国、世界、大同等3家，另外还有制造皮纸、拷贝纸、复写纸等产品的手工作坊18家。[①]

温州海口封锁后，化肥与豆饼进口都甚为困难，浙南各县肥料奇缺。[②]地方人士便研究生产替代肥料。1942年，永嘉人姜晓霞制成一种有机质氮肥料，定名为"血粉"。浙江省农业改进所经过化验后认为可以应用，姜遂筹资设立六华肥料制造厂，专门生产此种肥料。[③]浙江省政府当时也计划在浙南地区广设骨粉制造厂，利用牛羊猪等牲畜的骨骼生产制造骨粉。[④]

卷烟工厂的勃兴

八一三事变后，在中国卷烟工业中心上海，许多烟厂都受战事波及停业，工人失业者逾万人。1938年春，由于产量减少，上海市面卷烟价

---

① 俞雄、俞光:《温州工业简史》，第56页。

② 伍廷扬:《视察温台农林水利合作报告》，《经济建设》1943年第11、12期，第1—5页。

③ 《介绍与服务：永嘉制造肥料》，《中国工业》（桂林）1942年第3期，第33页。

④ 中国国民党中央执行委员会宣传部编印《四年来的农业建设》，1941，第17页。此一工作主要由浙江省农业改进所主办，1940年在丽水建有有机肥料厂，年产骨粉6000担，浙南其他各县之工厂后来似未实现。程学远:《怎样做骨肥》，中华书局，1951，第8页。

格出现暴涨。[①]而浙江省则宣布成立卷烟公卖处,限制省外卷烟进口。4 月,当局在温州成立卷烟公卖分处,公布对卷烟照价征 50% 之公卖费,要求所有存烟进行登记,未登记之卷烟皆以私烟论处。[②]

浙江省的卷烟公卖后来遭到英美烟公司等的投诉,引发外交纠纷,被迫取消。1938 年 10 月,浙江省重新成立战时卷烟管理处,公布进口运输及贩卖办法,税率较此前稍有降低。1939 年,浙省当局又推行非常时期卷烟进口特种税,1940 年复开征战时烟酒消费特捐。税捐层层加码,当上海生产的卷烟以"奢侈品"输入浙江时,其价格已经比产地要贵数倍。[③]

正是在这种背景下,内地许多省份都出现替代机器卷烟的手工卷烟厂兴办热潮。1940 年 3 月,重庆政府专门出台《管理手工卷烟厂暂行办法》,引导其统治区域内的手工卷烟生产。当局规定卷烟制造应以购机设厂生产为主,但如果因为交通不便不能购置机器,应集资 5000 元以上,购置木机或小型铁机,招工开设手工卷烟厂。如果无法开设公司,则要按照合作社组织法,组织手工卷烟工业生产运销合作社,呈请政府批准,且在统税机关登记后方能开设手工卷烟厂。卷烟批发售价除税后每 5 万支在 100 元以下者无论机器手卷一律征税 50 元,100 元以上者按现行统税税率征收。手工卷烟厂无论是公司还是合作社之组织,每月制烟数量不得少于 25 万支。[④]对政府来讲,手工卷烟生产与机制卷烟一样

---

① 《国内劳工消息(十二月份):失业》,《国际劳工通讯》第 5 卷第 1 期,1937 年,第 60 页;《最近两周内卷烟售价忽暴腾》,《华美晨报》1938 年 2 月 8 日,第 4 版。

② 《浙江卷烟公卖处温属成立分处》,《浙瓯日报》1938 年 4 月 17 日,第 2 版;《温属卷烟公卖处奉颁卷烟登记办法》,《浙瓯日报》1938 年 4 月 23 日,第 2 版。

③ 《浙省府开征卷烟特种税》,《新闻报》1939 年 12 月 7 日,第 4 版;《浙东禁绝卷烟进口加重征收奢侈品税市价较沪昂贵数倍》,《中国商报》1940 年 9 月 15 日,第 3 版。

④ 《管理手工卷烟厂暂行办法》(二十九年三月二十三日),《浙江省政府公报》第 3230 期,1940 年,第 3—4 页。

可以成为重要税源，因此在政策上得到支持。

由于得到政策的激励，浙江本地卷烟生产蓬勃兴起，土制手工卷烟畅销，引发办厂热。在浙江，宁波韩岭的烤烟，与新昌、嵊县、平阳等地的晒烟，都有很久的手工生产传统，此时这些烤烟与晒烟成为本地机制卷烟与手工卷烟的原料。同时，通过走私等各种渠道，卷烟纸仍可以进入浙江市场。市场需求激发了商人的投资，造成独特的战时卷烟产业繁荣景象。

温州在 1940 年之后也一度出现"卷烟荒"。无论是本地烟店，还是外省客商，对卷烟的需求都很迫切。地方人士发现市场商机，遂纷纷投资兴办卷烟厂，这些烟厂一部分属机器生产，但更多的则是手工卷烟厂。据称最盛时温州范围内的卷烟厂家多达七八十家，其他小型手工作坊数量更多。官方登记的正式卷烟厂主要分布在三地：温州城区、平阳与瑞安大岙。

1937 年前温州城区主要烟厂为青年协记烟厂，该厂成立于 1935 年。八一三事变后，温州城区出现 10 余家烟厂，包括兴华、华比、龙华、中国霞飞、国华、联华、华安、黄金、鹿城、润丰、民新、标准、荣记等。这些烟厂中，只有青年协记、华比、龙华、兴华、标准 5 家拥有卷烟机、切烟机等机械生产设备。规模最大者为青年协记烟厂，股东有戴绥先、戴剑夫、徐绍卿等，以徐绍卿为总经理，[①] 其次则为 1941 年从上海迁至温州生产机制卷烟的华比烟厂。[②] 华比在上海时期即拥有全套烟丝制造机械，并曾向政府注册卷烟商标 10 余个，1935 年仍是上海卷烟业同业公会 41

---

① 陆雨之：《温州卷烟厂与温州人吸烟历史简述》，政协温州市鹿城区委员会文史资料工作委员会编印《鹿城文史资料》第 9 辑，1995，第 122 页。

② 《浙江通志》第 48 卷《烟草业志》，第 132 页。华比烟厂创立于 1923 年。《招请外埠经理》，《新闻报》1923 年 12 月 20 日，第 8 版。该厂似由中国商人与比利时商人共同投资。王垂芳主编《洋商史：上海（1843—1956）》，上海社会科学院出版社，2007，第 275 页。

家会员之一。该厂迁移至温州后，一直生产至 1944 年温州沦陷。[①]

温州卷烟生产兴盛之后，由于卷烟机供不应求，本地也出现自行仿制的卷烟机器。1943 年，永嘉县协隆、晋兴等铁厂，依照华比烟草公司和黄金烟厂提供的样机，制造出手摇 4 尺美国式卷烟机，有方刀、圆刀两种。方刀每部造价 6 万元，圆刀每部造价 5 万元。同时还生产手摇 6 尺美国式卷烟机和轧烟机。[②]这些当地制造的卷烟机和轧烟机解决了当地烟厂扩张产能的设备需求。[③]1944 年日军第三次占领温州后，华比烟草厂从温州迁至龙泉复业，雇工 30 多人，年产卷烟 500 箱。[④]

平阳腾蛟、北港等地一向有烤烟出产，因此成为卷烟生产的另一中心。较早办厂者是经机帆，他向上海进口卷烟纸，以木制卷烟机雇女工手包烟末制造卷烟，在浙南各县畅销。复有陈积礼等租屋制烟，销路也甚佳。精华皮革厂老板张咏秋等亦曾开办机器烟厂，停业后又将卷烟机售与陆雨之等接办。陆雨之遂与胡国熙等合股开黄金烟厂，质量较手工烟更优。黄金烟厂业务大进后，迁往温州头陀寺，使用机器引擎作为动力，生产效率更高。[⑤]据统计，平阳主要有大成、溪光、合利、济民、民生、利华、义民、公兴、民友、建华德记、明星、大一等手工卷烟厂社 10 余家。[⑥]

随着浙江省政府一些机关及学校等迁到龙泉、云和等地，军公教人

---

① 《上海市会员烟厂一览表》，《时事新报》1935 年 9 月 23 日，第 12 版；《指令苏浙皖区统税局：据呈华比烟厂在停歇期内迭犯私运未税烟枝烟丝机器出厂应准将该厂之商号商标登记各案撤销仰照指饬各节遵办呈复由》（1932 年 3 月 7 日），《税务公报》第 4 卷第 9 期，1936 年，第 74 页。

② 浙江省烟草志编纂委员会编《浙江省烟草志》，浙江人民出版社，1995，第 365 页。

③ 《浙江省烟草志》，第 372 页。

④ 《浙江通志》第 48 卷《烟草业志》，第 131 页。

⑤ 陆雨之：《温州卷烟厂与温州人吸烟历史简述》，《鹿城文史资料》第 9 辑，第 122 页。

⑥ 《浙江通志》第 48 卷《烟草业志》，第 132 页。

员的卷烟需求激增。临近的瑞安大峃镇成为温州、平阳之外的另一个重要的卷烟生产中心。大峃的战时卷烟生产从一两家手工卷烟作坊开始，渐渐卷烟作坊越开越多。当时市面卷烟奇缺，这些手工作坊制作的卷烟在附近县镇供不应求。最早开办作坊者都是从平阳学习技术并引进木制机器。平阳、瑞安本有烟叶出产，业者亦可以从海门等地买到走私过来的卷烟盘纸。到1942年，由于利润可观，分散的手工作坊走向较大规模的烟厂，小小的大峃镇居然出现了中民、加义、浙江、远征军、三友等5家中型烟厂。中民烟厂全盛时期有女工100余人，日夜生产，仅其一家每日便可生产12000余包香烟。另外还有不少家庭卷烟作坊也在生产手工卷烟，自产自销。大峃生产的卷烟不但满足了浙南的市场需求，还大量销往闽北如浦城、寿宁等县，成为典型的区域卷烟生产中心。到1944年，中民、加义、浙江三厂先后购置了进口卷烟机，产品质量与包装更有进步，这种生产盛景一直维持到战争结束。[①]

兴办卷烟厂之热潮，在浙南贯穿整个抗战后期。除了这三个中心，温州其他县也或多或少开办了卷烟厂。如乐清县大荆镇，地处温、台交界山区，本来就是烟叶产地，因此在抗战时期出现数十家规模不一的卷烟厂。最大的泰山烟厂有工人130余人，日产香烟200箱（每箱500支），股东分得丰厚红利，工厂一直运营至1948年才停业。[②]1944年乐清虹桥镇金姓商人另外开办了一家手工卷烟厂，生产两种品牌的卷烟——"金三"与"大光荣"，生意繁盛。连带的，当地石印局因为承印大量的卷烟盒，业务量也剧增。[③]

---

① 陈永孚、赵义方：《抗日期间大峃卷烟业》，政协文成县委员会文史资料研究委员会编印《文成文史资料》第5辑，1989，第20—24页。

② 《大荆泰山烟厂始末》，《乐清文史资料》第7辑，第90—92页。

③ 钱云林：《忆钱恒生石印局》，《乐清文史资料》第7辑，第166页。

战时沿海的卷烟生产，也随着战争的发展扩展到了内地。温州的卷烟生产商不但将自己的产品推销至浙省之外，有的烟厂进一步将机器卷烟生产扩展到了西南地区。如中国青年协记烟厂不但在温州当地成为生产大户，也成为贵州、云南等地机制卷烟业的重要开创者。中国青年协记烟厂 1935 年在温州注册登记后，次年就在汉口添设了分厂。[①] 1938 年随着汉口失陷，厂东李青年与李宾石兄弟，带着工人与机器设备，辗转内迁，搬到了贵阳。1939 年重新复业时，贵阳中国青年协记烟厂拥有卷烟机 2 台，切丝机和压梗机各 1 台，工人 30 余人。该厂聘请原上海烟厂的技师，生产"青年"牌卷烟，开启了贵州机制卷烟的历史，"青年"牌卷烟也是贵州生产的第一个机制卷烟牌号。1940 年，中国青年协记烟厂以卷烟机、切丝机等设备作为投资，与贵州企业公司合办贵州烟草股份有限公司，李青年为第一任厂长。[②] 后来由于官股增资，李氏兄弟受到官股代表之排挤，他们退股转往云南省昆明市另设卷烟厂，成为贵州烟草公司的竞争对手。[③] 中国青年协记烟厂从上海到温州，再从温州移到汉口、贵阳、昆明，成为战时机制卷烟技术移植的先锋。

战时替代与本地化工业生产

战时温州工业发展带有鲜明的特点。首先，工厂创办者的来源甚为多元，但均与战时环境紧密相关。从投资者来看，除了原有的工业企

---

① 《温州中国青年协记烟厂所请在汉口地方设立支店应准注册给照由》（1936 年 6 月 23 日），《实业公报》1936 年第 286 期，第 45—46 页。

② 李金顺编著《贵州企业史话》，贵州人民出版社，2005，第 50—51 页。

③ 李金顺编著《贵州企业史话》，第 51 页。

业，新创立者大致有三种不同类型，都与战时特殊情势有关。其一为官方兴建的工厂，如浙江地方银行、浙江战时物产调整处、浙江省建设厅创办的官营工业。这种官办工业既与统制经济有关，亦是地方财政收入的一种来源。由于战时工业品价格上涨，政府对进出口进行严格管制，因此官营工厂有非常大的优势。但相对于民营企业，官营工厂的管理未必理想，亦容易滋生腐败。其二为上海工厂转移或添设的分支工厂，如前述之大明蜡纸厂、华比烟厂等。在重庆控制地区创建新厂，其实不等于上海的老厂停业，这或者可以视作战时市场生产的一种重要的应对策略。其三则为本地批发行商创建的工厂。1941 年前后，由于工业制品来源缺乏，同时价格高昂，行商便自行招股创建生产工厂，以解决货源问题。如烟店、烟栈创建手工卷烟厂，甚至合股开设机制卷烟厂，药店老板参股开设药厂，棉布商投资创立纱厂或布厂，这在战时温州成为一种新潮流。又如此前所提鳌江的王广源商行行东转战永嘉，作为主要投资商开办清明化工厂，这也是一个战时产业转型与资本运用的重要案例。对王广源的老板而言，鳌江轮运停顿，帆船走私贸易风险又极高，也许开办工厂可以更稳定地保证利润。

　　商品替代与工业原料的本地化生产是战时温州工业发展的另一个显著特点。如蜡纸原纸的材料山棉皮系温州的特产之一，全面抗战前长期出口上海，供上海的蜡纸厂生产。战时，山棉皮的出口受到限制，遂囤积在温州本地。温州生产蜡纸便是在这种情形下发生的。上海大明蜡纸厂在温州添设分厂，并带动了其他蜡纸厂之成立，使温州成为战时乃至战后中国蜡纸生产的重要基地。[1] 其实清明化工厂最初的生产亦是以蜡

---

① 俞雄、俞光：《温州工业简史》，第 55—57 页；林伟昭：《温州造纸业史略》，《瓯海文史资料》第 10 辑，第 155 页。

纸原纸为主，再以硬脂酸代替石蜡，加工原纸为蜡纸。[1] 类似的替代，又如松胶厂。宁波商人徐维通本来在温州开办山货行，从浙南收购松胶原料，出售给日商荐田洋行，该行将原料加工成松胶出口。1937 年日商停业，原料外销亦因战事受损，徐氏便自己创设通记松胶厂，生产松胶内销，颇受市场欢迎。其他如钜隆、鼎丰两家山货行也曾建厂生产松胶。[2] 又如，福建、江西、安徽等地及浙南本地所产之油脂原料，原应通过温州港口转运各地，因瓯江口岸被封锁，大量堆聚在温州。也正是出于这个原因，温州的肥皂业在战时一度有较快发展，以消化当地过量油脂原料并制成产品销往内地。温州、福州本来都是中国蛋品出口的重要口岸，但是由于轮运不畅，蛋品囤积口岸无法售出，价格低落。吴百亨偕同王品藻、翁来科、汪惺如、叶仲文等以浙闽两省的蛋源为基础，创办了温州蛋品厂。

纸张亦是一个本地化生产以及商品替代的重要例子。前文曾提及，淞沪事变后，由于上海卫生纸来源稀少，温州纸商开始办厂生产四六分屏卫生纸，运销上海，这为温州纸类销售开辟了一个新的市场。[3] 瓯江封锁后，新闻纸曾被禁止进口。1939 年，《浙瓯日报》资方亦曾筹集资本创办温州造纸厂，研究改良土纸，希望能够生产新闻纸以自给。[4] 版纸是制造皮箱、纸盒、电池等产品的必需品，因战事发生，交通阻滞，版纸来源减少，市场上供不应求，永嘉人胡震东于 1939 年开始设厂制造。[5] 生产改良土纸以代替其他战时各类纸张的风气，亦延伸至平阳。

---

① 《王载纮传略》，林顺道主编《平阳年鉴》，第 310 页。

② 张叔霞：《山货行兴衰史》，《温州文史资料》第 6 辑，第 113—114 页。

③ 黄国定：《温处木炭运销公司始末》，《温州文史资料》第 2 辑，第 120 页。

④ 《温州造纸厂试验改良土纸》，《浙瓯日报》1939 年 11 月 8 日，第 1 版。

⑤ 《青年胡震东设厂制造纸版，又多一新兴工业》，《浙瓯日报》1939 年 2 月 25 日，第 3 版。

平阳县建设科科长苏步皋与横阳镇镇长陈志勤等便发起创办横阳改良手工造纸厂，制造草纸及松溪纸等。[①] 这家工厂的创办时间，亦正是 1939 年沪温线断航之后。战时浙江及内地卷烟厂（特别是手工卷烟厂）的遍设，更是战时商品替代及本地化生产重要显例，前文已专节讨论，其现象也不限于温州，因此不再赘述。

战时物资统制及封锁线的设置，也使温州的工厂创办热溢出城区。浙南地区在战时遍地设厂，除了永嘉县山区，包括龙泉、丽水、泰顺、瑞安、平阳、青田等地，均有不少新的工厂设立，这一方面可以规避原料统制限制，另一方面也可以缩短与内销市场的距离，减轻运销成本。作为化工原料之一的桐油因为统制无法从产地运到温州，清明化工厂便在百里之外的青田县成立"油石加工场"，运用化学技术，将桐油加入石灰制成油石，再运至温州裂解生产汽油。[②] 这也算是战时运用技术来规避原料管制的办法。据称，该厂在战时是国内唯一的脂肪酸生产厂，因此销路甚佳。[③] 也是由于原料运输困难，前节提到的光明皂厂就在邻近青田的永嘉温溪办厂，利用柏油生产肥皂。[④] 1939 年 12 月，永嘉县雄溪造纸厂亦是在原料产地设厂，采用"家庭工业社"创办人陈蝶仙之"优良造纸计划"生产卫生纸。[⑤] 值得注意的是，虽然工厂创办热溢出温州城，但温州仍是工厂所需技术与资本乃至人才的重要来源。

战时温州兴起之工厂所生产商品，大多都有替代原洋货或外埠商品（尤其上海）的性质。如清明化工厂使用"连环"商标的商品包括汽油、

① 《本县筹创手工造纸厂》，《平报》1939 年 6 月 13 日，第 2 版。

② 方恭敏：《抗战中创办的清明化工厂》，《温州文史资料》第 2 辑，第 111 页。

③ 方恭敏：《抗战中创办的清明化工厂》，《温州文史资料》第 2 辑，第 114 页。

④ 丁志立：《肥皂工业在温州的发展》，《鹿城文史资料》第 12 辑，第 241—254 页。

⑤ 《社会服务处发动筹办雄溪造纸厂》，《浙瓯日报》1939 年 12 月 23 日，第 1 版。

火油、机油、甘油、机用牛油、漂白油、硬脂酸、凡士林、复写纸、蜡纸、原纸、拷贝纸、油墨等。这些商品的主要市场对象是浙江省的军公教机关，同时亦销售至其他内地省份，都在一定程度解决了此类化工产品短缺的问题。清明化工厂另又设百代实业有限公司，生产"百代"牌日用化学品，主要产品有牙膏、牙粉、牙刷、司旦光发霜等。[1] 1944年，虞洽卿参观了百代牙膏制造厂，认为其系"战时后方工业生产之创举"，[2]此语虽然多为场面客套话，但至少反映后方日用化学品生产之不足。

战时温州的工厂生产，在原料上亦常会采用替代办法。如吴百亨创办的百好炼乳厂一度因糖、铁接济困难被迫停工。该厂之炼乳生产包装，原来需要采用从英国进口的五温糖以及进口之马口铁，但战争环境下这些原料都很难进口。百好厂后来自己使用当地出产之土白糖替代五温糖，又办瓷厂自制瓷罐以代替马口铁，使产能未受影响且大量扩张，其生产的甜炼乳、淡炼乳、黄油（时称"白脱"）等成为战时大后方的重要供应商品。炼乳生产程序中之药盐一项，本来也是从英国进口，百好厂以"粗盐"改制亦使问题得以解决。[3]

由专营到综合、建立产业链是以百好炼乳厂为核心的吴百亨企业系统另一个特点。经过战时发展，百好炼乳厂形成了鲜乳从秤量槽、脂肪分离到乳品机械装罐等 16 道工序的机械生产流水线，能够年产炼乳 2.6万箱、奶油 20 万磅，产品除销浙、苏、闽、粤外，还畅销赣、鄂、湘、川、黔、滇等内地各省。[4]与此同时，1938 年，吴百亨创办西山窑业厂，

---

① 《清明化工厂、百代实业公司发行所开幕》，《浙瓯日报》1944 年 8 月 7 日，第 1 版。

② 《虞氏昨参观百代牙膏厂》，《温州日报》1944 年 5 月 3 日，第 2 版。

③ 《温州百好炼乳厂》，四联总处秘书处编《工商调查通讯》第 334 期，1944 年 2 月 9 日，第 2—3 页。

④ 《徐定水集》，第 97—98 页。

主产耐火砖、日用陶瓷、建筑用瓷及电工用瓷，仿制日本陶瓷器的"西山"牌菜盆远销海外，作为战略物资的电工用瓷则供给浙江省建设厅。[①]西山厂后来也分别以陶土试制成釉面砖与马赛克，开启了当地生产建筑陶瓷的新篇章。1943 年，吴氏又从西山窑业厂划出一部分厂房作为生产车间，成立西山造纸厂，以机械制浆、手工抄纸的方式生产牛皮纸，产品除供应其自身系列工厂，也投放市场。[②] 这种综合经营建立自身的产业链，当然需要雄厚的资本做基础，非一般工厂所能效仿，但战时内地许多规模较大的企业都有类似的做法，避免企业经营受到外部供应链中断的影响。

炮火、疏散与税收：工业家们的烦恼

战争给工业家们带来的不仅是机遇，也有炮火与其他负担。这也是我们在考察战时工业发展时不得不留意的现象。在 1937 年之后的八年时间内，温州虽然涌现出一大批新创工厂，然而，值得关注的是，这些企业有不少在战后很快凋萎，无法应对市场统一化及外来工业品销售恢复后的局面，这当然与企业的实力大有关系。我们在评估战时温州工业发展时，便需要将战争所带来的直接与间接的破坏纳入视野。

温州经历过三次日军占领，每一次都给城区及各县带来较为严重的破坏。1941 年 4 月 19 日，日军袭占瑞安县城，次日侵占温州，5 月 2 日撤出；1942 年 7 月 11 日，日军由丽水占领温州，续占永嘉瓯江北

---

① 吴杰：《晋代陶都的恢复和发展——实业家吴百亨创办西山窑业厂的一些史料》，《温州文史资料》创刊号，第 80—89 页。

② 吴杰：《西山造纸厂及吴百亨的其他企业》，《温州文史资料》第 6 辑，第 46 页。

岸沿江地区、乐清磐石和瑞安县城，8 月 15 日撤出；1944 年 9 月 9 日，日军再度攻占温州，随后又占领乐清，次年短暂占领瑞安、平阳，6 月 18 日撤出温州地区。温州这三次日军占领，分别被称为"四一九事变"、"七一一事变"和"九九事变"。①

如前章所述，日军对温州及其所属各县城区的轰炸早在 1939 年就已经开始，设立在瑞安的温州蛋品厂开办未经数月，即遭日机轰炸停工，由于损失惨重无法恢复营业。② 1941 年"四一九事变"中，原来设在温州城区的浙江皮革厂因轰炸遭受重创，被迫迁往丽水继续生产。温州的工厂在这些军事行动中因为轰炸损失不小。1942 年"七一一事变"中，仅温州城区工商经济损失总计即有 1219 万余元，其中棉织业 112 万余元，木制业 87 万余元。③ 1944 年"九九事变"及随后长达 9 个月的日军占领，使普华、光明、清明、大明、百好、西山、长城、康乐等十多家主要工厂的直接经济损失达到 15891 万元。④ 相对来看，非工业重心之地直接损失较轻，如据乐清县"九九事变"损失调查报告书，该县工业在"九九事变"后损失 2700 万余元，主要是城区与虹桥的工厂和手工作坊停产导致的间接损失，而直接机器损失约 600 万元。⑤

另一方面，国民党政府为了避免工厂设施与货物资敌，在军事形势恶化时要求工厂紧急疏散，生产自然被迫停顿。物资、设备与人员的疏散，对于战时温州城区工商业者来讲几乎是家常便饭。1938 年秋，根据浙江省政府指令，温州设"各工厂搬迁委员会"，温州专员公署根据

① 王长明、周保罗：《温州莲花心抗战史研究》，社会科学文献出版社，2018，第 36 页。

② 《温州文史资料》第 16 辑，第 326 页。

③ 《徐定水集》，第 97—98 页。

④ 《徐定水集》，第 97—98 页。

⑤ 中共温州市委党史研究室编《温州市抗战时期人口伤亡和财产损失调研资料汇编》上册，中共党史出版社，2010，第 115—118 页。

浙江省政府建设厅指令，设立搬迁委员会，限令将全县工厂的主要设备内迁。城区棉织业所用之铁轮机，锯板业所用之锯机、动力机，还有引擎、冰床、蒸汽锅炉、柴油机等机件设备，陆续被拆运至丽水。[1] 根据《浙江省政府施政报告》，至 1939 年初，已经完成搬迁的工厂包括毓蒙等 15 家铁工厂，机件多搬至浙江铁工厂；鹿城、瓯江、斐锦、经新、锦霞、经华、锦华等 7 家染织厂，这些工厂的机件搬至浙江建设厅所属手工业指导所；锯木厂则自行组联合厂，搬迁半数，按规划准备在碧湖及龙泉重新设厂；印刷厂则部分留温，其余亦搬至手工业指导所。[2] 其他被要求搬迁的工厂包括百好炼乳厂、陶化食品厂、光明火柴厂以及普华电厂等。

毓蒙铁工厂在此次搬迁中损失甚大，其大部分机械设备，在政府的命令下，被浙江省建设厅主办的浙江省铁工厂购入。浙江省铁工厂设在丽水，毓蒙成为其主要基础，浙省当局本来宣称是以公私合营的模式来办浙江省铁工厂，毓蒙以设备、人员等加入，但并入后原有毓蒙工人多被遣散。[3] 李毓蒙作为负责技术的工程师加入该厂，与厂方关系不洽，不久就离开该厂，1940 年在丽水另与人合办浙江工具厂。[4]

除毓蒙外，如普华电厂、百好炼乳厂等工厂在搬迁中生产能力亦大受影响。如普华就被拆去 200 匹柴油机全套、电表上百只。百好则被拆走 24 匹立式引擎、冰车以及蒸汽锅炉等许多重要机械物件。温州棉织

① 《浙建秘书丘远雄贪污被押》，《申报》1939 年 1 月 3 日，第 7 版。

② 浙江省政府秘书处编《浙江省政府施政报告》，1939，第 45—46 页，转引自张根福、岳钦韬《抗战时期浙江省社会变迁研究》，第 91 页。

③ 俞雄、俞光：《温州工业简史》，第 43 页；俞雄：《林普银——李毓蒙的门生与助手》，政协温州市委员会文史资料研究委员会印《温州文史资料》第 19 辑，2005，第 107—108 页。

④ 夏海豹主编《浙南机械工业先驱·李毓蒙传》，李毓蒙先生纪念馆筹备领导小组，1999，第 65—66 页。

业的铁轮机设备逾半被拆。瓯江布厂附属的美新染色厂全部染色设备被拆迁，只能停业。[①] 就浙江省工厂搬迁的实际情形来看，其效力可能是有限的。一方面，搬迁至浙南内地的工厂在生产经营方面未必理想；另一方面，沿海的区位优势仍然存在，尤其是 1942 年之后，温州出现工厂创办的高峰。虽然战事频仍，但与工业有关的资本、技术与人员乃至原料、商品市场等相关要素，仍是以温州城区为中心。正因如此，浙江省省长黄绍竑在回忆录中直率地指出战时浙江的工厂搬迁是"失败"的。[②]

工厂搬迁之外，每当军事情形紧张，当局颁发的疏散令也对工厂运营造成很大的影响。如 1939 年 12 月，由于风声紧急，永嘉县府召开货物疏散会议，要求商会通知各报关行、轮运公司及各客商，对进口各种货物限令疏散，工厂的原料供应与产品销售都受到波及。[③] 1940 年 7 月，永嘉疏散人口物资执行委员会成立，决议从 7 月 20 日起疏散物资，如违反则没收货物充应变经费，并将货主拘案予以严重处分。[④] 1944 年 8 月，由于日军已经对浙赣发动攻势，温州亦在目标之内，政府要求工厂疏散搬迁。清明化工厂将大型机件埋入地下，小型机件、原材料、库存产品则大部分运到平阳。该厂只能在平阳水头镇设立发行所，利用附近旧厂房在一定程度上维持生产。[⑤]

这种紧急疏散令往往急若星火，对工厂而言，要迅速执行其实相当不容易。1941 年 4 月，第八区专员张宝琛通令，以"敌机狂炸本县，企

---

① 吴杰：《抗战时期的温州工商业》，《温州文史资料》第 2 辑，第 138—139 页。

② 黄绍竑：《五十回忆》，第 507—508 页。

③ 《疏散城区货物，严定营业时间》，《浙瓯日报》1939 年 12 月 10 日，第 1 版。

④ 《永疏散委会昨决议今日起疏散物资》，《浙瓯日报》1940 年 7 月 20 日，第 1 版。

⑤ 方恭敏：《抗战中创办的清明化工厂》，《温州文史资料》第 2 辑，第 114 页。

图消灭我后方人力物资，为免遭无谓牺牲起见"，要求永嘉城区民众从速疏散，所有各商号货物立即移置安全地带。[①] 但显然这种疏散令要彻底执行甚有难度。5 月，军事委员会委员长蒋介石专门为浙闽沿海物资疏散不力致电浙江、福建两省省长黄绍竑、陈仪，要求他们将两省沿海各口岸失守时损失物资种类与总数列表详细报告，并调查清楚各部队撤退时为何不将当地留存物资加以焚毁，"致反为敌所利用"，应查明分别惩处。[②] 这个电报所指物资虽然主要是口岸囤存之战略商货，但当地工厂原料及产品当然亦在其中。

除轰炸、疏散搬迁外，通货膨胀，以及战时当局对工厂业者的税收过重或物资统制政策过严等因素，都可能对工厂营运造成不良影响。由于重庆当局法币发行量过大，货币贬值迅速，许多工厂虽然账面上有盈余，实际生产利润却大大减少。同时，战时苛捐杂税纷繁，除不断增加的政府常规税收，地方政府亦经常向工厂企业摊派"应变经费""保甲经费""壮丁捐"等各种名目的杂捐，以及以"自愿捐款"为名的派捐。[③]1941 年 4 月，日军退出温州后，因战事饱受损失的商人不愿缴营业税，直接税局永嘉分局仍催征年度营业税，要求商人"共体时艰""踊跃清完"。[④] 两个月后，税款收到 16 万余元，当局又宣布对还不缴纳之商号加征滞纳金。[⑤] 永嘉县营业税征收局要求营业者每季应纳税款于本季第一个月清缴，逾限一个月内，加收滞纳金十分之一。[⑥] 永

①　《永县府通告疏散城区人口物资》，《温州日报》1941 年 4 月 18 日，第 2 版。

②　《蒋中正电黄绍竑、陈仪，浙闽二省沿海各口岸失守希望所损失物资种类与总数列表详报》（1941 年 5 月 3 日），台北"国史馆"藏，002-060100-00152-003。

③　吴杰：《抗战时期的温州工商业》，《温州文史资料》第 2 辑，第 138 页。

④　《征收本年度营业税再宽限十天》，《浙瓯日报》1941 年 6 月 12 日，第 1 版。

⑤　《本县夏季营业税商人缴纳踊跃》，《浙瓯日报》1941 年 6 月 22 日，第 2 版。

⑥　《冬季营业税限月内清缴》，《浙瓯日报》1941 年 10 月 11 日，第 2 版。

嘉县在 1944 年 3 月向商人征收营业税三成附加税，作为地方收入，逾期不缴者被征四五成之滞纳金。①

　　统制政策也有可能使一些制造业陷入困境，如火柴业便饱受专卖政策的影响。1944 年 5 月，浙南最大的火柴厂——光明火柴厂就因为统制问题宣布停工。当时对火柴实施统购统销政策，但国家收购价过低，对工厂生产商来说非常不利，火柴产销受中央火柴管制机关控制过严亦使生产商失去经营主动权。②虞洽卿曾在访问温州期间，代温州火柴业向财政部部长孔祥熙陈情，指火柴专卖公司收购价格太低，难以维持生产。他以温州火柴专卖为例，当时定价为每盒 5 元，但黑市价格超过一倍以上，而专卖公司火柴厂商每盒仅 1 元 9 角 4 分。在这种情况下，生产厂商亏本经营，国家税收其实也无着落，"徒损厂商元气"，要求政府饬令专卖公司提高收购价格。③火柴厂停业，地方火柴供应及相关商人生意大受牵累。光明火柴厂停业后，永嘉县火柴商业同业公会筹备主任沙迦耶向中央当局投诉，指光明火柴厂停工有违专卖条例及工业同业公会法，"减少国家战时税收、影响人民生活"，要求财政部即电请火柴专卖公司浙皖分公司严令光明火柴厂复工。该会甚至表示，如果光明不开工，就请政府依法征用其原料及机件，火柴同业公会愿意筹集资金，雇工恢复生产。④

　　温州在八一三事变后的替代性工业勃兴，在全国当然并非孤例。不少工业基础薄弱的地区，在战时都出现了类似的发展景象。但战争环境带来的工业繁荣，也极易受战事变化之影响。1944 年日军第三次攻占温

---

① 《营业税附加缴纳期限展至廿日截止》，《温州日报》1944 年 3 月 18 日，第 2 版。
② 《虞洽卿氏电请中央温州列入贴现区》，《温州日报》1944 年 5 月 12 日，第 2 版。
③ 《虞洽卿氏电请中央温州列入贴现区》，《温州日报》1944 年 5 月 12 日，第 2 版。
④ 《虞洽卿氏电请中央温州列入贴现区》，《温州日报》1944 年 5 月 12 日，第 2 版。

州之时，当地大部分工厂被迫停业或迁往山区，受损严重。1945 年 5 月，日军撤出温州，许多工厂即想迁回城区，但资金、原料与设备俱需要重新安排。三个月后，战事宣告结束，市场环境顿时大变，除了一些已经基础稳固并打开局面的大型工厂，建立在战时替代前提下的大部分中小型工厂在战后很难继续维持。因此，温州的工厂联合会，在胜利之初即致电经济部、财政部、四联总处等部门，希望能够获得救济，其文曰：

> 温市自抗战军兴，航运隔断，供求所需，工厂林立，为浙省工业中心。虽经数度沦陷，而各工厂仍能奋勉维持，借使东南各省产销赖以调整，其于国防军需贡献尤大。现以抗战胜利，因物价惨跌，成品滞销，继往开来，需款极巨。仰恳在核定紧急工贷五十亿元内，划拨二亿元交由主管机关依照实际情形贷放各厂，借谋救济。①

虽然该会所言不虚，但是国民政府提出的紧急工贷，其首要目标是协助上海等工业基地的复兴，因此，不大可能将大量工业救济资金投到温州这个战时新兴的区域性"工业中心"。② 尽管如此，兴办工业的潮流一旦出现，自然会在地方经济形态中留下烙印，温州在战时打下的工业基础，也给当地后来相关产业的发展带来了深远的影响。

---

① 《八区工厂呈请贷放二亿救济》，《阵中日报》1945 年 9 月 14 日，第 2 版。
② 根据四联总处上海复工贷款委员会的报告，该处 1946 年 2 月成立后共向上海工厂发放了 58 笔总额为 70 亿元的复工贷款。《沪复工贷款委会四联总处饬结束》，《和平日报》1946 年 9 月 18 日，第 5 版。

第五章

战时经济影响下的地方社会变化

战争给温州带来的繁荣、统制以及走私潮或工业投资热，无疑都会对社会产生直接或间接的影响。战时财富积累之迅速，不但给消费经济带来影响，也会对社会大众的观念、心理产生冲击。随着战争的持续，物价上涨，通货贬值，一些行业阴晴不定，甚至衰败停滞。战火笼罩，政府征取苛繁，虽然有一些人成为战时新兴暴富者，但许多民众生活出现危机。民生大受威胁之时，社会矛盾亦不断滋生。战时政府无疑在不断扩权，管制之手既伸向经济，亦伸向社会。面对战争引发的经济大变动，利薮所在，众皆趋之，地方派系力量博弈益加剧烈。在这种情形下，社会权力结构当然会产生动荡，社会重组亦有可能发生。

永嘉战时色："商业气氛特别深厚"

1940 年 8 月，《浙江潮》上刊登了一篇"地方通讯"，作者对温州在战后出现的商业繁荣及社会气氛有如下描述：

上海的轮船到时，旅馆菜馆无不利市十倍。据熟悉永嘉商情的朋友说：永嘉各商家的盈余，在去年一年里，总在二千万元以上。

赚钱的店家，约占百分之九十五，所余百分之五，虽没有盈余，却也不至赔本。抗战以前，永嘉有五六万家当的已算大殷户，而现在，二三十万家当的人家也寻常得很。

因为永嘉是特别适宜于战时营业的日子，商业的气氛特别的浓厚。记者在永嘉耽搁相当的时间，会到的朋友也不少，没有谈到生意经上去的，可说是绝无仅有。一位朋友，曾经一度是马克斯主义的信徒，后来又加入了国民党，可是他现在却重又翻开他的"资本论"来了。他对记者说："在战时，一万元的资本，做一年的生意，起马［码］可以赚五万。"还有一位朋友过去是一位历史学者，可是他现在的目光也已由"两汉三代"而转到"一本万利"上去了。在这战时，如有人愿意读商科的话，记者愿意介绍他到永嘉去。而且可以担保，他在永嘉商店里当一年学徒，生意经方面，只有比在大学里读四年商科好。①

这篇文章的署名作者是"小米"，应是温州著名学者王季思当时使用的笔名。他对家乡永嘉的人地环境都很熟悉，他在文中说明所述是其 1940 年 5 月前后在温州所见的景象。王氏用文学的笔法，将战争爆发后温州社会商业化的特征写得很生动。他在这段话中描写的现象，至少有三点非常值得关注。

首先，1939 年温州地区的商业经营者，大多数都有盈利，赚钱的幅度或大或小。文中所提数字未必确切，但突然出现的全面盈利的景

---

① 小米：《永嘉战时色》，《浙江潮》（金华）第 116 期，1940 年 8 月 30 日，第 130 页。王季思在 1937 年后以"小米"为笔名发表颇多时评文章，1942 年他还曾准备将这些文章结集，以《小米集》为名出版，在自序中介绍了这一笔名的来源。陈玉堂编著《中国近现代人物名号大辞典》，浙江古籍出版社，2005，第 41 页；《王季思全集》第 5 卷，河北教育出版社，2005，第 83—84 页。

象，无疑会刺激手中有一些资本的当地民众从商，包括读书人甚至左倾分子。因此就出现小米所说的"马克斯主义的信徒"或"历史学者"，都会一口生意经。我把这种现象称为"社会普遍商业化"，这种普遍商业化，通常会出现在经商利润之丰厚远高于平常且操作又比较容易的时候，所谓"遍地黄金"的想象，会吸引之前可能同商业毫无关系的人投入资本与精力。刘绍宽在日记中曾多次记录几位平阳喜欢"吟诗作赋"的士绅，在战时也投入金钱到永嘉去贩卖棉纱，或经营布店。① 类似的，在邻近永嘉的海门，今古斋书店的老板邵连棠也因为棉布赚钱改行卖布。② 这种社会氛围一旦开始出现，便不容易消失。人们对战时这种"社会普遍商业化"也会有历史记忆，或许这便是温州后来商业特别发达的渊源之一。

其次，由于战时许多商人获得丰厚的利润，社会上对"富人"的衡量标准发生了变化。按照文章的讲法，之前如果有人有 5 万元财产，在温州已经可以算是"大殷户"，但是到了战时，拥有 30 万元财产的人家已经被当地人视若寻常。这说明，至少按法币计算，温州城区商人的整体财富增加了。这种迅速增加的财富，当然会使人们有"浮财易得"的感觉。

最后，所谓永嘉人的"生意经"，即如何能花一年时间用 1 万元赚到 5 万元，这便涉及投资策略。战时在温州做生意的，无论是合法的，还是走私的，都要想如何赚更多钱。有人会想办法通过发明创新，或寻求商业机会来谋利；有人则会依靠囤积居奇，或仰赖官商勾结来发财。乃至于开商行经营何种商品，跑单帮走哪条线路，都需深思熟虑。当时，温州许多人肯定都在思考使用何种策略，才能获得最大的利润。这当然亦是"社会普遍商业化"的症候之一。温州的经商者，正因为有盈

① 《刘绍宽日记》第 5 册，第 2013 页。
② 王仲禄：《海门私营棉布业变迁史》，《椒江文史资料理》第 7 辑，第 139 页。

利激励，所以可能发明种种新的赚钱方法。如依靠技术将南屏纸改良为卫生纸运到上海市场卖出高价，或在出口茶叶、蛋粉中掺假，以次充好，[①] 希望赚得一次性厚利，都是其表现。

1941 年初，有人在《温州日报》上撰文描绘"一年来温州的社会相"，列举温州人"发国难财的手段和行为"，指出"从前有一二万元的财产，算的是财主，现在数十万百余万，视之如草芥，不算一回事，就是手头有十多万或百余万，一旦失败，几天内化为乌有，也不稀奇"。发财的办法，"第一是利用地位、冒险、走私，种种方法得来的"。[②] 这里所讲的"地位"，当然是指某些官员或社会权力阶层以权经商，带有经济学上所谓"寻租"色彩。据原浙江省第八区税务处总务科科长何祖培回忆，1939—1941 年，中国茶叶公司专员骆正葵就与温台防守司令黄权的太太合伙做生意，黄权是浙江省主席黄绍竑的侄子。[③]"冒险"，则指有些商人敢于火中取栗，譬如去日军控制区域贩运热销货、租用帆船闯军事封锁区等，这种带极大风险的生意，温州人当时也称之为"抢火门"。[④] 善做"抢火门"生意的人大都获利丰厚。"走私"，即前面所讲的种种规避政府管理法规的商业行为。

然而，在"社会普遍商业化"的情形下，普通民众投资去做生意，是不是真的能盈利，其实令人怀疑。暴利往往与风险伴生，战时生意如果遇到军事行动，可能血本无归。譬如鳌江最重要的商行——王广源商号在 1939 年日军轰炸中被摧毁，铺货均被焚毁一空。[⑤] 即使未遇如此

① 袁喜源：《浙江温州之假茶》，《茶声半月刊》第 1 卷第 22 期，1940 年，第 236 页；《温州假茶之补遗》，《安徽茶讯》第 1 卷第 5 期，1941 年 5 月 31 日，第 19 页。

② 《一年来温州的社会相》，《温州日报》1941 年 1 月 1 日，第 3 版。

③ 何祖培：《战时温州所见》，《温州文史资料》第 2 辑，第 102 页。

④ 胡珠生：《温州近代史》，第 435 页。

⑤ 《王载纮传略》，林顺道主编《平阳年鉴》，第 309—310 页。

重大灾难，当时政府的苛捐杂税也甚重，因此，扣除成本之后，一些人便可能所得甚微。刘绍宽就曾在日记中讲到一个例子，其卢姓友人以经商为业，1941 年从福建福安贩运糖霜到温州出售，资本 6000 余元，但一路所缴税款及各种杂捐则花掉"几近万元"，所以最后盘点，"无甚出息"，刘感慨"关津需索太巨"。[①]

　　然而，商业繁荣对于某些底层劳力阶层来讲有时确实是好消息。1939 年 8 月，鳌江挑运驳力供不应求，报酬甚至提高了 20 倍，政府不得不出面核定价目，制止高抬垄断。[②]抗日战争后期，海上交通被封锁，挑夫已经必不可少。比如外地药材多由挑夫从宁波肩挑，越过军事封锁线运来温州。永嘉药号周成记曾组织原先到宁波挑棉花的平阳人化整为零，垫给购货资本，由他们起早摸黑，将药材从宁波挑至温州。[③]由于挑力上涨，许多农夫纷纷到各码头去抢做挑夫，竞争激烈，甚至出现挑夫为赚钱而强抢乘客行李的情形。1943 年 1 月，乐清东山埠"挑夫满挤，以舢板驳往石堤，未登岸而行李尽被强行搬走，乘客竟有落水者"。这些挑夫基本都是趁农闲出来做脚力赚钱的。[④]

繁荣与腐败：不同立场的批判

　　并不是所有人都对温州的商业繁荣抱有好感。1938 年 8 月，接受中共地下指导的《文汇报》就曾指出，"一种畸形状态，在温州的社会上发

---

① 《刘绍宽日记》第 5 册，第 2138 页。

② 《外轮设法航瓯江，水脚驳力均行涨价》，《浙瓯日报》1939 年 8 月 30 日，第 2 版。

③ 金梦良：《漫话国药业》，《温州文史资料》第 6 辑，第 109 页。

④ 陶冈：《沪温行》，《国风》（重庆）1943 年第 23 期，第 12—14 页。

展"，"最使人痛恨的为两种人物，一种是绝无国家观念、唯利是图的奸商，千方百计把仇货运入；一种是冷血的公子哥儿，依然花天酒地"。[①]王思本也在其主编的抗战杂志《游击》上发表文章，对当地民气"消沉"表达不满。他指出，人们"一到温州，尤如世外桃源，市面繁荣倍于战前，民众生活状况，无异升平时节"，"一般青年依然金迷纸醉，沉缅那灯红酒绿之间，筵宴煊煌，雀牌彻夜"，指责当地不但"救亡工作未见充分表现"，一般民众"绝无同仇之志，似无爱国之心"。[②]

曾担任温州学生救国联合会总干事的陈志仁也在《浙江潮》上发表过一篇带有犀利批判风格的文章《温州，乐园？屠场？》，该文一开头就称"温州是被人们称为安乐窝的"，因为战争爆发后，它并没有遭遇直接的威胁，反而比战前更加繁荣，比平时更安乐了。每天都有一艘或几艘外轮进出，外货从上海、香港经过温州流向内地，土货从这里输出，因此"永嘉是成为一个国际小市场了"，很多人都借此发了"国难财"，过着"奢侈安乐、纸醉金迷"的生活。[③]

值得留意是这些言论的背景。《浙江潮》虽然是由浙江省政府主办，但与中共有密切关系，曾有10多位共产党员在该刊工作。而《游击》可能与第三战区政治部有关，但其主编及该刊受中共的指导与协助，这背后可能与当时活跃在东南非沦陷区的中共地下人员有关。[④]如与顾祝同熟识的徐明诚（中共情报人员）便在《游击》上发表过多篇宣传文章。不仅受中共影响的刊物会批评温州的"消沉"，1940年之后，新兴

---

① 《温州万商云集瓯埠道，繁荣声中话温州》，《文汇报》1938年8月27日，第12版。

② 王思本：《我们的话：现阶段的武汉和温州》，《游击》第9期，1938年10月1日。

③ 陈志仁：《温州，乐园？屠场？》，《浙江潮》（金华）第65期，1939年6月11日，第279—282页。

④ 有关这两家刊物的背景，参见叶再生主编《中国近代现代出版通史》第3卷，华文出版社，2002，第669—671页。

的三民主义青年团的刊物也曾表达对战时温州社会状况的不满。

1940年3月，浙江三青团的刊物《浙江青年》发表了一篇题为《永嘉在走向新生》的文章，作者黄扬，似是声称要"除旧更新"的浙江三青团总干事宣铁吾手下文宣人员。① 在黄的笔下，永嘉当时的社会状况无比腐烂：

> 在抗战以前很少被人注意到的一个海口，仅仅是一个三等的渔业港——永嘉，由于敌人摧残了我们几乎是所有的沿海城市，这海口在苟安的局面下走上了空前繁荣的红运，但这正像犯人的罪裙一样是耻辱的，耻辱的苟活和空前的繁荣下面，一切无耻腐化堕落的毒菌到处在霉烂！在这里有官僚们的舞弊，奸商们的走私，一般人们是爱烟赌爱奢侈。②

站在三青团宣传者的角度，由商业繁荣而带来的消费热，战争期间一些人财富迅速增加给温州带来的奢侈风气，在道德上都是有原罪的。抛开政治立场，其描述的这种现象，却可以帮助我们想象当时温州城的社会景观。黄在文中还提到：

> （永嘉的"消沉"）最主要的就是在永嘉这城市里充满着一批唯

---

① 王维积、黄扬：《本社第二次座谈会纪录》，《浙江青年》第2卷第11、12期，1941年1月，第49—53页；宣铁吾：《迎向伟大的前程迈进》，《浙江青年》第1卷第1期，1940年1月1日，第3页。黄扬曾在浙江青年旬刊社座谈会上担任记录员。宣铁吾当时担任浙江三民主义青年团干事长，亦是浙江保安处处长。

② 黄扬：《永嘉在走向新生》，《浙江青年》第1卷第7期，1940年3月21日，第235页。1944年日军第三次占领温州时，有一位瑞安籍的黄扬（黄静江），曾担任日人扶持的永嘉"自治会"秘书及永嘉县政府文教科科长。如果此人就是诅咒过永嘉腐败的作者，那么历史确是很反讽。当然，其也有可能是奉命打入，这需要进一步考证。陈子滨：《温州第三次沦陷时敌伪组织情况》，《温州文史资料》第2辑，第183—184页。

利是图的虫蛆，他们懂得生意经、晓得钻营使贿，在钱可通神的原则下面，奸商们的不法行为在贪官污吏们的庇护下面通行无阻，在永嘉钱是一切不法行为最好的护照，在永嘉做过几任达官的先生们莫不因此满载而归了。……

在永嘉一切卑鄙黑暗在酝酿着……

餐馆和大戏院现在更加多且繁荣了，京剧院演的是《双珠凤》《绿牡丹》《春香闹学》，越剧院演的是《慈云走国》，电影院演的是二十年前的极无意识极幼稚落伍的男〔片〕子，什么《火烧黑虬山》《黑衣大侠》《摘星之女》啊，相反的这种含有毒素的东西却能卖座，正义的舆论力量纵然及〔极〕对，而戏院老板却毫不在乎，因为他有达官撑腰。

青年们在这种局面下面到处看到的是无耻和苟活，到处是黑暗残酷的现实，结果有的是随着消沉堕落了，有的被逼上了崎途。[1]

从这些文字来看，作者几乎对温州的堕落已"义愤填膺"了。既然如此，作为自认为承载了"政治新希望"的三青团，当然要对温州的腐败动大手术。因此，三青团温州分团就召开过一次"永嘉问题座谈会"，声称要"彻底检讨彻底解决"永嘉问题，改变当地的不良风气，主持会议的就是三青团永嘉分团书记楼崇仑，[2] 参加此次会议的包括新上任的温州专员张宝琛，他也认为永嘉社会风气"颓靡不堪"，誓言要除旧布新。[3] 其做法便是从日常生活入手。

---

① 黄扬：《永嘉在走向新生》，《浙江青年》第1卷第7期，1940年3月21日，第235页。

② 黄扬：《永嘉在走向新生》，《浙江青年》第1卷第7期，1940年3月21日，第236页。

③ 《革除恶习，改良生活，张专员倡导节约》，《浙瓯日报》1940年2月25日，第2版。

消费管制：生活节约运动

如前文所述，战时温州贸易量大大增加，其服务业也发展迅速，出现前所未有的消费热潮。[①] 餐饮业兴隆发达，各色餐馆数量激增，筵席不断。[②] 因此，1940 年 2 月，温州专员张宝琛上任后，认为永嘉"整个社会充满了酒肉气"，亟须转移风气。[③] 张指责当地酒菜馆"颓靡不堪"，为改造社会风气，应提倡节约，改良生活。为此他特别印发《实行新生活必须从节约做起》之宣言两千份，到处分发，[④] 似有意将温州当成推行战时"新生活运动"的基地。

于是，突然间，"节约"成了一个重要关键词。政府不但发起"节约建国储蓄运动"，而且大规模开展"生活节约运动"。张宝琛以奢靡之风不符抗战精神，要求温州餐馆商业同业公会停止不必要之宴会。自1940 年 3 月 16 日起，"甲种店只售饭菜及小吃，乙种店只售点心，以节靡费而维营业云"。[⑤] 除了节约粮食，当局要求民众在生活的方方面面都遵循节约原则。1940 年 9 月，当局指定卷烟及奢侈品百余种限期三个月销售，期满由贸易会给价收买，届期予以没收。[⑥] 除此之外，为节约粮食，早在是年 8 月，温属烟酒稽征分局就奉令印制"新酒登记证"，以

---

① 郑加琛：《抗日战争至解放前夕温州港的进出口贸易》，《鹿城文史资料》第 3 辑，第 8—9 页。

② 杨苏流：《温州菜馆及其他》，《温州文史资料》第 6 辑，第 270 页。

③ 《张专员在纪念周讲今后施政的动向》，《温州日报》1940 年 2 月 14 日，第 2 版。

④ 《革除恶习，改良生活，张专员倡导节约》，《浙瓯日报》1940 年 2 月 25 日，第 2 版。该宣言亦刊载于浙江省第八区行政督察专员公署所办的宣传刊物《海防前哨》"修明政治、转移风气"专栏，见《海防前哨》1940 年第 6 期，第 130—134 页。

⑤ 《经营永菜馆业响应节约只售菜及点心》，《浙瓯日报》1940 年 3 月 16 日，第 2 版。

⑥ 《取缔卷烟及奢侈品限期停止销售，期满由贸易会收买》，《浙瓯日报》1940 年 9 月 15 日，第 2 版。这里所谓"贸易会"，应是指前文提到的浙江省贸易处。

严格限制酿酒。① 当局并鼓励人民举报私制糖酒、高价购粮等情事，对密告者给予六成充赏，并声称对密告人姓名"绝对保守秘密"。②

1941 年 3 月 26 日，永嘉县粮食管理委员会按照省政府的饬令颁发告示，要求民众开始实施二粥一饭。③ 9 月，永嘉县米业公会奉县粮管会通知，为节约食粮起见，要求米铺米厂等粮商不得碾制上等白米应市，只许碾制普通食米，以免浪费。④ 1941 年，乐清县粮食管理委员会也以近来粮米枯竭，对城区公务员及其家属之食米供应严加限制，实施计口授粮，厉行二粥一饭运动，以突破粮荒难关。⑤ 同时，国民政府要求各菜馆业强化生活节约，取缔奢侈行为，规定菜馆饭店只准卖"经济饭菜"，无论何人不得以丰盛酒菜请客，不得猜拳酗酒，并明确规定因公聚餐之具体标准，如"每席八人不得超过七菜一汤，价值不得超过二百六十元；不得用酒，每增一人得增一菜；每减一人应减一菜，西菜每客以三菜一汤为限，价值不得超过三十元"。⑥

除了提倡节约风气，温州政府也开始禁止各种"铺张靡费"的风俗。温州地区民间有举办花会的传统。虽为战时，但各地不时仍有人出面办花会。⑦ 温州专员张宝琛上任后对此严加禁阻。1940 年 2 月，张宝琛印发严厉布告，指"土匪、烟苗及花会"为"三大害"，称要根本铲除，"如有

① 《酿商制造新酒应贴用登记证，烟酒稽征局奉令办理》，《浙瓯日报》1940 年 12 月 28 日，第 2 版。

② 《私酿糖酒奖励人民密告给以六成充赏》，《浙瓯日报》1941 年 11 月 6 日，第 2 版。

③ 《厉行粮食节约，实施二粥一饭，强制人民一体遵行》，《温州日报》1941 年 3 月 27 日，第 2 版。

④ 《粮管会行粮价递减法，本埠谷价渐跌，米公会告粮商勿碾上白》，《浙瓯日报》1941 年 9 月 19 日，第 2 版。

⑤ 《乐清公务员实行二粥一饭》，《浙瓯日报》1941 年 4 月 7 日，第 2 版。

⑥ 《菜馆酒楼只准卖经济饭菜》，《温州日报》1943 年 4 月 12 日，第 2 版。

⑦ 1939 年 1 月，平阳县曾有报道称花会盛行，仅南港区就"设坛竟有五十余处"，桥墩至营溪沿路，竟有十八坛之多，北港腾蛟三山一带亦花会林立，"居民对此趋之若鹜云"。《本县各区花会盛行》，《平报》1939 年 1 月 27 日，第 4 版。

抗拒，杀无赦"。①1942 年新年期间，永嘉县政府亦宣布要禁止"一切陋习"，派国民兵团查禁民众迎灯赛会。②温州人一向有在早禾收割时举办尝新宴席的习俗。1943 年 7 月，张宝琛要求属下各县禁止早禾尝新，指其为"民间奢俗"，有违战时节约，命令各县一律禁止。③

当然，这种以行政强制力量来试图改变民众的消费偏好甚至民间习俗的做法未必有效。1944 年，报纸消息仍称温州"市面日形繁荣，居民纸醉金迷"。湖南商人唐某甚至从上海请来舞女多名，租借统纬染织厂内住房秘密开设舞厅营业，"靡靡之音昼夜不停，一般西装革履花花公子，莫不为之颠倒"。④虽然永嘉县政府严令警察局各镇公所取缔举行"拦街福"，⑤但温州城百里坊商民仍大办"拦街福"仪式，"各店门前挂灯结彩，并有演剧，热闹异常"。⑥

战时消费业繁荣，有时也与军政势力介入其中有关。由于南来北往客商众多，温州城区戏院业兴盛，仅京剧就有三家戏院在打擂台，其中一家是由国民党地方党政军机关主办的"永嘉公共游艺场"，另两家由当地驻军所办：八十八师办的"八八剧场"、军政部二十二补充兵训练处办的"二二剧场"。这些戏院争相以高价从上海等地请来名角班底，票价昂贵但仍然大受欢迎，地方政府对军队经商抢生意也不敢置喙。可见，政

---

① 《铲除土匪烟苗花会，张专员决除三害，亲撰布告雷厉风行》，《浙瓯日报》1940 年 2 月 17 日，第 2 版。

② 《废历新年禁止迎灯赛会》，《温州日报》1942 年 2 月 13 日，第 1 版。

③ 《禁止早禾尝新》，《温州日报》1943 年 7 月 19 日，第 2 版。

④ 《本埠统纬厂内发现跳舞厅，青年团吁请取缔》，《浙瓯日报》1944 年 3 月 31 日，第 3 版。

⑤ 《县府严令各镇取缔拦街福》，《温州日报》1944 年 3 月 16 日，第 2 版。拦街福是温州当地重要的传统迎神赛会活动，通常举办于春季，民众盛装抬神出行，街道张灯挂彩、遍搭彩楼，祈求神灵保佑地方平安、农业丰收、工商生意兴隆。参见叶大兵、乌丙安《中国风俗辞典》，上海辞书出版社，1990，第 730 页。

⑥ 《拦街福没有好处》，《浙瓯日报》1944 年 3 月 15 日，第 3 版。

府要管制消费绝非易事，高喊口号之外，如果真的要彻底实施，无论是特权阶层，还是普通百姓，都未必会买账。

统制与社会冲突

统制经济的推行，对于战时国家财政经济而言无疑有其必要性。但是，其在基层的实施，仍然要依托各层级政府机构及相关经济机关。由于利源所在，其他势力亦会或明或暗地介入其中。在这个过程中，如果缺乏合理规划及有效监管，一方面可能会滋生腐败，另一方面也有可能对原本产运销各环节的当事人利益造成损害，并引发冲突。政府、党部，或基层的区长、乡长等，在"战时合作经济"的名义下，纷纷投入物产贸易，介入地方土产收购与运销事宜，便直接影响传统贸易商号及中间商、商贩的生计，垄断也有可能对生产者造成不利。浙江省的物产调整，一大目标其实就是消灭中间商，实现所谓"产销一体化"。这个政策的实质就是从生产、运销实现垄断，不允许存在市场竞争者。原有的经销商或中介牙行商人、个体商贩不甘，便会与外部力量结合，可能在地方上形成激烈的社会冲突。

1939 年，温州木炭运销公司甫一成立，楠溪地区原来的木炭业者便起来抵抗，后来以永嘉县楠溪生产合作社的名义，与木炭运销公司争出口运销权，双方斗争激烈。一向剽悍尚武的楠溪炭农，在炭商的支持下，甚至集体携带武器到木炭公司谈判，最后木炭公司只好允许每月让给楠溪生产合作社 1500 担的出口权。但斗争并未停止，合作社方面一直要求增加配额，直到最后木炭公司解体。[①] 同年，乐清黄华蛎壳运销

---

① 黄国定：《温处木炭运销公司始末》，《温州文史资料》第 2 辑，第 121 页。

合作社成立后，其瑞安分销处便与瑞安永康、椿记二个壳行因业务发生
纠纷，缠争数月，在地方引发纷乱。①这种由统制引发的地方社会秩序
问题，最严重者或为前文已提到的"纸山暴动"。

　　浙江物产统制政策一出台，敏感的地方权势人士就行动起来，以抢
得先机。如第三章所介绍的，1938年浙江战时物产调整处在温州成立机
构后，永嘉县瞿溪乡乡长杨柱六等人即发起成立"保证责任永瑞纸类产
销合作社"，他在给县府的呈文中直接将纸商尤其是"中间商人"视为
敌人，将自己打扮成纸工生计的救济者。②但是从其成立时的职员名单，
可以发现"保证责任永瑞纸类产销合作社"理监事多出自三溪（雄溪、
瞿溪、郭溪）地方士绅家族，在永、瑞两地具有相当权势。他们欲以
合作社之名，控制地方物产运销。合作社取代了原来担任交易中介的牙
行，成为土纸生产运销新的控制者。而后面温州纸类运销处之成立，其
实质是"客籍帮商"与"三溪纸贩"合作抵制瞿溪乡乡长杨柱六及其后
台的行动，这一点杨也非常清楚。③纸类运销处筹备主任陈卓生是永嘉
政商名人，但他自己是永临区人，而不是三溪人。陈是国民党永嘉县党
部骨干成员，当时担任执行委员会常务委员。④陈氏也活跃于商界，与
翁来科、杨雨农等巨商有长期合作关系。⑤而纸类运销处经理沈永年当

① 《瑞蛎壳纠纷妥协解决壳行放弃业务，归分销处独营》，《浙瓯日报》1939年4月11日，第
　　3版。
② 《永嘉县政府、永嘉县警察局等有关杨柱六等组织土纸合作社，永瑞土纸运销合作社展期
　　开始营业，据报故意破坏合作社组织等准予出示布告等的呈、指令、训令》，温州市档案
　　馆藏，旧205-011-025。
③ 《永嘉县政府、永嘉县警察局等有关杨柱六等组织土纸合作社，永瑞土纸运销合作社展期
　　开始营业，据报故意破坏合作社组织等准予出示布告等的呈、指令、训令》，温州市档案
　　馆藏，旧205-011-025。
④ 徐顺旗主编《永嘉县志》（上），第822页。
⑤ 《商会为维持市面金融组经济设计会，推杨雨农等十三人为委员》，《浙瓯日报》1937年9
　　月12日，第2版。

时正担任国民党永嘉县党部代理书记。[1]他们与党部中的楠溪派戴福权及城区的叶蕴辉等人似有联盟关系。[2]而楠溪与西溪两派，在地方上本来就势若水火。县党部全方位介入地方经济，或与县政府支持的合作社形成对峙，这当然也是一种战时新现象。

然而，无论是合作社，还是纸类运销处，其目标均在垄断土纸产销，原有牙行经营者首先面临冲击。当他们试图组织纸贩游行反抗时，杨柱六即呈请县政府，指控纸贩"破坏合作事业"，要求严禁。[3]纸类运销处开张营业时，也因为仅委托数家牙行以控制当地土纸收购，遭到其他牙商的不满。[4]同样，虽然运销处与合作社签订合约，划分业务范围，[5]但在收购价格上，垄断的结果就是反市场逻辑。一方面，合作社指控运销处旨在"消灭社员"，"以冀其剥削未尽之欲壑"；另一方面，未入合作社的槽户亦因合作社压低纸价将社长陈达人殴伤。[6]1939 年 5月，天源乡、大雅乡、大川乡等地近 20 名乡保长及槽户代表联名向永嘉县府控告合作社及陈达人，指其"以制造户愚懦可欺，竟乘物产调整机会，意图吸取劳工膏脂"。[7]纠纷不断，加上沪温停航，1939 年 6 月，

---

[1] 陈纪芳：《解放前温州 CC 派的内部斗争》，政协温州市委员会文史资料委员会编《温州文史资料》第 4 辑，浙江人民出版社，1988，第 176—179 页。

[2] 陈纪芳：《解放前温州 CC 派的内部斗争》，《温州文史资料》第 4 辑，第 176—179 页。

[3] 《南昌行营惩治土豪劣绅条例》发布于 1933 年，其中，第二条第三、四项规定"逞强恃众阻挠政令或地方公益者，处五年以上十年以下有期徒刑"；"假借公家名义捐派费，从中敛财肥己或盘踞公共机构，侵蚀公款者，依左列处断"。《中华民国法规大全》第 4 册，第5550 页。

[4] 《永嘉县政府有关召集纸类运销处暨土纸槽户双方代表会议纪录》，温州市档案馆藏，旧205-001-634。

[5] 《浙江省第八区行政督察专员公署、保安司令部训令等》，温州市档案馆藏，旧 205-011-070；《永嘉县政府有关召集纸类运销处暨土纸槽户双方代表会议纪录》，温州市档案馆藏，旧 205-001-634。

[6] 张显昌：《瞿溪纸山惨案》，《瓯海文史资料》第 2 辑，第 123 页。

[7] 《有关永嘉县郭溪区署调解纸业纠纷一案谈话记录》，温州市档案馆藏，旧 205-001-1161。

温州纸类运销处与合作社以停止收购为要挟，大量生产出来的土纸积压待售，槽户生计遂受到严重威胁，于是数千槽户群聚纸行强制其收购。[①]1939 年 7 月 25 日，在运销处与槽户代表开会谈判时，运销处经理沈永年与仓库主任叶显尧以及前来维持秩序警察 6 人均被槽农绑走，混乱中一名槽户中弹身亡，4 人受伤，酿成血案。最后的处理结果是运销处与合作社均被取消，纸山地区的土纸交易回到了传统的贸易模式，温州纸行与三溪代理牙商、槽户的关系回到市场平衡状态。[②]

另一个统制引发地方冲突的例子是平阳矾矿。1940 年 3 月，平阳县县长张韶舞与昆南区区长张伯康设立平阳明矾输出管理处，以"避免资敌"为由改变传统明矾陆运路线，[③]令明矾改道经赤溪外运，并在赤溪设卡，由县方征抽矾捐。在这种情形下，福鼎前岐、沙埕等地民工、船民两万多人生计受到影响，承运商行生意跌落，因此，矾山与福鼎商民联名向国民党中央军事委员会和资源委员会提出控告，这个管理处被迫在创办三个月后停止。[④]

1940 年 9 月，浙江省建设厅复在平阳设立明矾管理处，管制平阳明矾采、炼、运、销所有事宜，对明矾实施统购统销政策。重庆当局并正式公布《浙江省平阳矾矿管理办法》。管理处成立后，原来经营的矾商失去外销出口权，管理处又有意压低明矾收购价。矾商为了抵制，便闭窑不烧，致使全矾山厂、矿、挑工人 4000 多人连同家属共万余人，生

---

① 《有关永嘉县郭溪区署调解纸业纠纷一案谈话记录》，温州市档案馆藏，旧 205-001-1161。

② 《永嘉县南屏纸商业同业公会章程》，《永嘉县政府有关禁运往沪物、资敌货物名称表、禁运资敌物品运沪审核办法》，温州市档案馆藏，旧 205-001-1070。

③ 传统平阳矾山之明矾外运，多经福建省福鼎县前岐矾馆，在此处装包后再由舢板船运至沙埕出口。

④ 《平阳矾矿的发展历史（1949 年前）》，政协浙江省苍南县委员会文史研究委员会编印《苍南文史资料》第 19 辑《矾矿专辑》，2004，第 8 页。

计出现严重问题。由于商办矾窑多数停业，管理当局曾尝试举办工管矾窑。1942年，规模最大的工管窑——大同窑改组为矾业生产合作社，在矾管处支持下复产。明矾收购价格则改由矾业同业组织以及商会、矾管处等机构共同商议决定，但所定牌价，矾商扣除各项开支成本仍很难获利。时局动荡，明矾的出口内销后来都成为大问题，矾管处中一些人中饱私囊，亦使事务废弛。1944年矾管处由于经营不善最后被撤销。[①]

经济统制与社会救济的矛盾，在战时一直存在。浙江省主席黄绍竑承认所谓战时经济政策在"救济"方面，并不大有力。他指出，如余姚的棉花，1939年由于出口受阻曾低至4角钱一斤，但国营收购机关仍不顾棉农生计，尽力压价，使棉区民众怨声载道。相反，1941年，日军控制余姚后，其所定的棉花收购价较高，走私就减少，地方财政亦受益。黄认为这种现象是对敌经济斗争时必须吸取的教训。[②]他又提到，像浙西的蚕丝，由于政府统制土产，收购部门不大顾及农民的劳力与成本，将价格定得很低，结果导致农民把桑树砍掉改种粮食。同样，国营收购机关在浙江收购桐油时，给桐农的价格太低，使一些桐农砍伐桐树当柴烧。茶农也因政府价格过低，不去为茶树整枝，让茶树自生自灭。这使得浙江的几种重要土特产，"都在战时被迫（走）上毁灭的途径"。[③]

物价腾升、政府对策与民众反应

1937年之后的八年，战争对社会民生最广泛的影响，可能就是通货

---

① 《平阳矾矿的发展历史（1949年前）》，《苍南文史资料》第19辑《矾矿专辑》，第10页，所谓"工管窑"，指由矾管处特许工人自己举办管理的矾窑。

② 黄绍竑：《五十回忆》，第504—507页。

③ 黄绍竑：《五十回忆》，第505—507页。

膨胀与金融危机。其影响一直延续至战后，甚至在某种程度上决定了军事政治的走向。全面抗战爆发后，温州物价便十分不稳定，据统计，从 1938 年到 1946 年，仅八年时间，瑞安物价猛涨 100 倍。[①] 战时商业投机兴盛，但物资进口减少，求购者众多，当然就会哄抬当地物价。1941 年 1 月，有人指出，"战时初起，全国的物价以宁波温州二埠为较低，现在呢？温州比有些内地的物价还要高些"。[②] 淞沪战事发生以后，客商均来温州大量采办煤油等民生商品，致其供不应求，当地煤油售价亦随之上浮。[③]

为管制物价，稳定社会秩序，1939 年 2 月，经济部公布《非常时期评定物价及取缔投机操纵办法》，要求各地规定凡境内各种商品，务须遵照评定价格销售，以期物价平准，民生稳定。[④] 永嘉县战时日用品评价委员会于 1939 年 1 月成立，[⑤] 可见其行动不算缓慢，该会后按省方要求改为物价评议委员会。物价评议委员会多次召开会议，对日常生活用品如煤油、柴油、猪肉、各种蔬菜、白米等评定价格。在评定物价后，政府将制作好的物价表发给县商会，再转发各商号贴于门首，让其遵价发售。[⑥] 温州的地方报纸亦建议当地政府强制要求各商家将货物来源、运费等送会审核评定，经允许后始可加价出售，如有私自抬价，一

①　陈芳洲：《民团初期至 35 年瑞安物价、工资、店铺情况比较》，《瑞安文史资料》第 10 辑，第 87 页。

②　《一年来温州的社会相》，《温州日报》1941 年 1 月 1 日，第 3 版。

③　《本埠煤油市况供不应求，售价日趋坚挺》，《浙瓯日报》1938 年 3 月 3 日，第 2 版。

④　《浙实施评定物价，取缔投机，严禁抬价取巧，违者从重惩办》，《浙瓯日报》1939 年 2 月 15 日，第 3 版。

⑤　《本县评价委会评定物价》，《浙瓯日报》1939 年 1 月 23 日，第 3 版。

⑥　《本县评价会评定本旬物价》，《浙瓯日报》1939 年 9 月 3 日，第 2 版；《永评价委员会评定日用物价，如不遵照发售准由人民告发》，《温州日报》1939 年 9 月 3 日，第 2 版。

经查明，由温台戒严司令部传店主处罚。①对于不按要求出售货物者，政府亦声称要严惩不贷，②永嘉县还制定《违反评价或意图操纵投机处罚办法》。③1941 年 1 月，永嘉县为防止奸商囤积居奇高抬物价，由县长布告民众，要求民众共同监视"奸商"是否囤积居奇，鼓励密告。当局并强调如查获囤积，货物没收，重要货主处以死刑。④

尽管如此，仍不断有商人违反评价。1941 年 2 月，复兴香烟公司工役赴华兴杂货号购买该号煤油，因售价违反评价，被县府派员查获。⑤又有胜华棉布号因违反评价被查获，店主被逮捕。⑥永嘉县政府一方面鼓励民众检举，并对商家予以罚款；⑦另一方面该县亦举办纠察队，加强缉查。⑧瑞安县评价委员会为平抑物价，亦每旬制发评价表，特告买卖双方切实实行，鼓励集体检举，违者严惩。⑨

与此同时，为打击囤积居奇，当局亦祭出严厉制裁措施。1941 年初蒋介石在重庆下令，不论商店、个人，不准私自积囤超过自用数量，商家囤有各种日用品者，统限 1 月 26 日以前尽量出售，供应市场，未售者向当地评价主管机关登记余货，否则以囤积居奇论罪。永嘉县政府饬

① 《再谈物价》，《温州日报》1939 年 8 月 24 日，第 2 版。

② 《商店不照评价售货，专署令饬查办》，《温州日报》1939 年 12 月 18 日，第 2 版。

③ 《奸商垄断物价，订定处罚办法》，《温州日报》1940 年 4 月 9 日，第 2 版。

④ 《张兼县长布告民众共监视奸商行动，囤积居奇一经查获，货物没收货主处死》，《浙瓯日报》1941 年 2 月 8 日，第 2 版。

⑤ 《华兴杂货号违反煤油评价，县府查明严办》，《温州日报》1941 年 2 月 16 日，第 1 版。

⑥ 《胜华棉布号违反评价，县府查获依法严办》，《浙瓯日报》1941 年 2 月 17 日，第 2 版。

⑦ 《商店违反评价，准人民检举，县府将予以处罚》，《浙瓯日报》1940 年 5 月 17 日，第 2 版。

⑧ 《永嘉切实执行评价，纠察队明日成立，由警察局长担任队长》，《浙瓯日报》1941 年 2 月 23 日，第 2 版。

⑨ 《瑞县依法严惩违反评价》，《浙瓯日报》1941 年 2 月 26 日，第 2 版。

令本县商会及各同业公会转各会员遵照办理。[①]国民政府亦于 2 月公布《非常时期取缔日用重要物品囤积居奇办法》，通令各省市政府遵照办理。[②]刘绍宽认为其条款给商人造成种种限制，骚扰甚重。比如条款中对于大量购存，谓之"囤积"。但"大量"二字，究竟限何程度，并未明确，且此规定导致资本多者不能多存货，以致无法应乏。更甚者，市价超过合法利润，为"居奇"。但合法利润由主管官署斟酌，可谓滋生腐败的源头。刘认为，这些条款并不能起到打击囤积居奇的作用。[③]确实，物价的一再上涨证明当时的所谓评价政策难以发挥应有的作用。囤积商品，正是货币贬值、物价狂飙下人们的自然应对举措，打击囤积，就成了政府与民众之间一场无希望的拉锯战。正如茅盾在其名作《"雾重庆"拾零》中写道，重庆街上的小朋友都知道钞票贬值的危险，因此，也都知道"囤积最安全"，所以在重庆，人们见什么就囤什么，个个成了"经济战士"。[④]

在所有的物品中，粮食价格最为敏感，与民生关系亦最大。战时环境下的米粮统制，尤其是政府大规模的征购，可能会加剧市场动荡，推动本地米价上涨。政府严厉管制不仅会改变原来的粮食运销商业习惯，也可能导致严重的粮食缺乏，从而引发民怨。当产粮较多地区的地方政府为完成征购任务禁止粮食输出，有可能使温州城区这样的缺粮区陷入严重的粮食危机。原来就很脆弱的地方粮食供应系统，如果遇上大规模的官粮征购，其压力是显然的。当民众捣毁碾米机器，阻止粮食外运

---

① 《商店日用品登记限今日办理完毕》，《浙瓯日报》1941 年 1 月 26 日，第 2 版。

② 《囤积日用重要物品，国府明令取缔，违令居奇货物全部没收》，《申报》1941 年 2 月 18 日，第 7 版。

③ 《刘绍宽日记》第 5 册，第 2055 页。

④ 林非主编《茅盾名作欣赏》，中国和平出版社，1996，第 344 页。

时，地方官员可能更担心他们因此无法完成粮食征购任务。尽管民间舆论一直把目标指向富户和商人在"漏海"与"囤积居奇"，但这也许是一种回避问题本质的策略。大规模闹米风潮在温州一波接一波发生，与政府的粮食统制及军粮征购等密不可分。

1940 年 10 月，正值秋收粮食征购高峰，各县为完成任务禁止粮食出口，温州城区粮源紧张。温州专员公署颁布《永嘉县粮食管制及调节实施办法》，要求对全县范围内之粮食进行彻查登记，米商购粮须提前申请。[①] 为解决城区粮食困难，当局准备在城区设粮食公店一所，负责公教人员与城市居民的米粮供应，以资金 50 万元向绅富劝募。专员张宝琛强硬表示要"以政治武器，建立公卖制度，以经济力量，平稳市面粮价"。[②]1940 年 11 月，浙江省粮食管理处副处长朱惠清曾到温州主持召开第八区各县粮食评价会议，评定永嘉谷价每百斤 13 元，瑞、平、乐等县谷价每百斤 11 元，随后城区各粮商以定价太低纷纷关门歇业。[③]可见这种粮食管制办法执行起来效果并不佳。到 11 月 17 日，温州黑市最高已到每百斤 30 元，[④] 18 日就发生大规模拖洋油箱罢市抗议，民众蜂拥至县政府要求立即解决缺米问题，遭到县长庄强华的斥责，抗议者向庄投掷物品，庄在混乱中下令开枪，请愿者伤亡十数人，县政府被捣毁，酿成巨大风潮。[⑤]

1942 年 2 月，温州市场因战事剧烈波动。米价狂涨不已，西药及各

---

① 《永嘉粮食会议决议筹设粮食公店》，《浙瓯日报》1940 年 10 月 19 日，第 2 版；《永食粮管理处订定租谷运输办法》，《浙瓯日报》1940 年 10 月 26 日，第 2 版。

② 《解决吃饭问题，筹设粮食公店》，《浙瓯日报》1940 年 10 月 26 日，第 2 版。

③ 《对本县粮食问题庄县长发表谈话》，《浙瓯日报》1940 年 11 月 18 日，第 2 版。

④ 《解决粮食问题之意见》（社论），《浙瓯日报》1940 年 11 月 18 日，第 1 版。

⑤ 张明东：《温州"庄强华米案"的回忆》，政协浙江省委员会文史资料研究委员会编印《浙江文史资料选辑》第 4 辑，1962，第 161—168 页。

种日用品售价狂升，市场混乱，为"温州近年来未有之现象也"。[①]为加强评价，永嘉县政府令警察局派遣 30 名警察，由评价纠察队直接指挥出动侦查。[②]与此同时，三民主义青年团永嘉县战时服务队为彻底执行评价，也组织评价纠察队到各菜场、市场举行彻底纠察，发现违反评价者，解送县府法办。该队为求评价，甚至于凌晨 3 时许分组派员赴各鱼行、猪行纠察。[③]这种激烈的做法是否真能抑制物价令人怀疑，但商界肯定饱受骚扰。报端经常可见商号因违反评价出售商品被处罚的消息。[④]

商人当然亦会以消极的办法来抵制政府管制。因对政府评定肉价不满，1942 年 9 月，永嘉猪肉业甚至以罢市抗争，要求政府抬高肉价。政府严厉处罚煽动罢市之商户，并规定肉价只准下降，不准高涨，如有违反评价及带动罢市，一经发现，坚决从重处分。[⑤]两个月后，温州人发现肉价虽然已涨至每斤 12 元，但市面上无肉可买。盖肉铺会把猪肉藏起来，在私市多卖价格。[⑥]正如当时的交通部部长张嘉璈后来所指出的，当时政府的物价管理，到了零售层面实际上很难发挥效力。因为政府既缺乏管理零售价格的行政力量，又无法阻止交易商利用通胀环境谋利，要降低民众的消费需求亦很困难。[⑦]

另一方面，军公机关与普通民众在日用品供应方面成为两个世界。与普通民众无法以政府定价买到日用品相比，当局对政府机关人员与军警的日用品供应一直有特殊政策。1942 年底，永嘉县成立专门供应处，

---

① 《地经济市况》，《经济汇报》第 7 卷第 9 期，1943 年 3 月，第 130 页。

② 《县府加强评价纠察队，严厉执行评价》，《浙瓯日报》1942 年 11 月 14 日，第 2 版。

③ 《平价纠察队彻底执行任务》，《温州日报》1942 年 11 月 24 日。

④ 《理发店违反限价，判处徒刑罚金》，《温州日报》1943 年 2 月 10 日。

⑤ 《县府坚决执行评价法令，严办肉业罢市》，《浙瓯日报》1942 年 9 月 25 日，第 1 版。

⑥ 凝和：《短评：买不到猪肉》，《浙瓯日报》1942 年 11 月 16 日，第 1 版。

⑦ 张嘉璈：《通胀螺旋：中国货币经济全面崩溃的十年（1939—1949）》，第 63 页。

负责解决军警机关部队所需日用品，供应处所需货物由各同业公会及各乡镇负责供给。① 这无疑将供应责任转嫁到行业组织身上。1944 年 4 月，永嘉县青年团及各机关联合组织城区各机关日用品供应委员会，要求市区已停售的肉铺开市，尽先供应机关员工。为解决柴荒，当局也命令到埠柴船先由供应委员会统一抽购 10%，供应各机关备用。② 在通货膨胀、物资短缺的战时经济环境下，针对军公人员的特殊供应办法，显然会让社会不平等加剧。

由于物价上涨，米价频升，许多行业的工人生活困难，只有不断向资方提出加薪诉求，使劳资关系亦趋于紧张。1938 年 12 月，永嘉染色业工会向染色业同业公会要求加薪，认为百物昂贵，工薪已无法维持家庭生活。最后公会方面同意每月加薪 1 元，并加卫生费 3 角。③ 永嘉县皮箱业工人也向资方要求改善待遇。经永嘉县总工会召集劳资双方调解，结果论年计值者，每月薪水在 5 元以下者再加二成五，5 元以上 8 元以下再加一成；论件计值者，依照原有工资再加一成，伙食照旧。④1939 年 9 月，永嘉县药业工人亦在县党部的调解下成功加薪。⑤ 次年，药业与纸伞业工人在县劳资调解委员会调解下复加薪一次。1940 年，永嘉县各棉织厂工人又以米价飞涨请求增加工资，最后由资方津贴米贴三至五成。⑥ 但也不是每个行业工人的加薪要求都得到满足，1939

---

① 《县府召开座谈会筹设日用品供应处，所需货物由各同业公会供给》，《浙瓯日报》1942 年 12 月 18 日，第 1 版。

② 《城区各机关日用品供应委员会正式成立》，《温州日报》1944 年 7 月 16 日，第 2 版。

③ 《永染色业工人要求加生活费》，《温州日报》1938 年 12 月 8 日，第 3 版。

④ 《皮箱业劳资纠纷圆满解决》，《温州日报》1938 年 12 月 9 日，第 3 版。

⑤ 《药业增加工资业已调解妥洽》，《浙瓯日报》1939 年 9 月 20 日，第 1 版；《药业纸伞工会劳资调解成立》，《浙瓯日报》1940 年 11 月 14 日，第 1 版。

⑥ 《本埠棉织工厂酌加工人米贴》，《浙瓯日报》1940 年 12 月 10 日，第 1 版。

年3月，温州针织业工会常务理事叶学廉因加薪诉求与资方闹僵，被永嘉县当局扣押，针织业全体工人遂以罢工相抗，并要求增加工资二成，资方则指1938年10月已经加过二成工资，拒绝再加。①

对于一些受到战争影响而无法正常生产的行业来讲，在物价腾升的环境下，工人们的状况更加悲惨。像本来以附近地区市场为主的皮革业，民用皮件市场需求缩小，尚可以转型将军用皮件作为重要业务。但是温州原来以出口为导向的手工业产品，战争时期，便要面临经营困境。温州本来盛产纸伞、漆器、石雕、木雕等，但全面抗战爆发后，无论是日本、东南亚，还是欧美市场，对这些非生活必要之消费品需求降低。同时，战争情形下，交通梗阻，货物无法运出，再加上通货膨胀，于是依靠此种手工业为生的工人陷入困境。如温州港口被封锁后，航运停顿，由于运销商停业，纸伞作坊也不再生产，大批工人失业。虽然浙江战时物产调整处成立温州纸伞运销公司，一度收购纸伞8万余把，但亦无法运出。无奈之下，小作坊只能拿着纸伞到农村换米和番薯丝。温州草席营业也一落千丈，出口冷落。②上海席行业本来主要依靠欧美诸国洋行的订单。但1939年一整年，席行业所接洋行订单仅属零星小数，其价鲜少超过10万元。③失业工友"或回家种田，或借钱改业，或投营当兵，或离家觅食"。④

即使对于一些战时新富阶层而言，通货膨胀的速度也可能比其商业投机的财富增长程度快得多。由于国民政府的货币管制政策，他们的所得很可能迅速化为泡沫。永嘉一些大商号发现，尽管战争期间名义财富

---

① 《本埠针织锦业全体工人罢工》，《温州日报》1939年3月17日，第3版。

② 《温州草席出口冷落》，《浙江经济情报》第2卷第2期，1937年，第30页。

③ 《欧战爆发后草席业一落千丈》，《中国商报》1940年2月15日，第4版。

④ 俞雄、俞光：《温州工业简史》，第44—45页。

上涨许多，盈利在一开始也是事实，但是这种财富，如果以货币的方式存储，到战争结束时，随着通胀加剧，实际财富便大大缩水。八年统算下来，"虚盈实亏"，真正赚到钱的商家可能未必太多。[1] 通胀环境下的"浮财"，当时许多人也觉得不可靠。

战时地方新兴势力

Diana Lary 曾注意到 1937—1945 年的战争给中国带来了"社会重组"的机会，在战争面前，许多有钱人跟穷人一样面临各种危险，这种"平等"，使得社会阶层被挤平了。[2] 笹川裕史也认为在所谓"总力战"动员环境下，中国基层社会开始出现"均等化"及"规律化"的现象，而传统以私人纽带为主的社会关系反成为执行"均等化"的障碍。[3] 尽管后者论点建立在对1937—1957 年几乎二十年历史的考察基础上，未必完全适合全面抗战的八年，但毫无疑问，其思考方向富有启发性。

七七事变后的八年，中国是否出现"社会重组"，或社会阶层是否"均等化"，或许需要更多的实证研究。但是，至少从本书所聚焦的温州来看，社会权力来源倒有可能的确改变了，之前的传统士绅的权力在战争时期确实受到了冲击。在战时经商过程中暴富的阶层，亦有可能成了新的权力阶层。以温州为例，在战时经济贸易中获得暴利的商人，或利用战时环境新兴的军系政商都不乏见。值得关注的是，借国共抗日统一

---

① 郑加琛：《抗日战争至解放前夕温州港的进出口贸易》，《鹿城文史资料》第 3 辑，第 13 页。

② Diana Lary, *The Chinese People at War: Human Suffering and Social Transformation, 1937-1945*, pp.194-212.

③ 〔日〕笹川裕史：《中国的总力战与基层社会——以中日战争·国共内战·朝鲜战争为中心》，《抗日战争研究》2014 年第 1 期。

战线之机遇，有中共背景的社团在温州各地亦一度公开介入地方社会经济事务，战青团则是其最重要者。而随后三青团势力的崛起，使战时地方政治斗争更加复杂化。一些三青团干部开始位列要津，成为地方上呼风唤雨的人物。在派系之中有回旋余地的战时参议会，其负责人也开始在地方有不少话事权。

从前几章的叙述，我们可以注意到，战时永嘉商业贸易的参与者中，包括了许多早就拥有权力的地方党政要人。如永嘉县党部的主要职员在温州"八大公司"的成立与运营中扮演了重要角色，纸类运销处筹备主任陈卓生便一直是永嘉政商名人。[①] 陈氏也活跃于商界，与翁来科、杨雨农等巨商有长期合作关系。[②] 富华染织厂之创立即可以看到陈卓生的身影。正所谓"赢者通吃"，依靠地方权势及背后的政治靠山，陈卓生此类角色在战时获得暴利。类似的还有戴福权，他亦党亦商，不仅拥有自己的船行，也广泛涉足其他产业。

新兴富商群体的发迹过程更凸显出战时经济的特点，其快速积累的财富多与此有关。如平阳籍的黄国定就是一个显要人物。黄国定本来是温州鼎泰棉布店老板，又开办鼎泰船务行，战前他在温州商界似乎并不是特别有名。但鼎泰行在八一三事变之后温州新兴的众多船务行中经营规模属首屈一指，到1945年战争末，鼎泰行已有5艘船。[③] 黄国定也曾是1938年成立的温处木炭运销公司的营业主任。战后，凭借战时积累的资本与人脉，黄国定与余毅夫、姚抱真等在上海创办鼎泰轮船木材股份有限公司，规模宏大。情形相似的还有永嘉籍的黄苗夫，他1937年

---

① 　徐顺旗主编《永嘉县志》（上），第822页。

② 　《商会为维持市面金融组经济设计会》，《浙瓯日报》1937年9月12日，第1版。

③ 　孔庆杭：《解放前夕平阳县城的地下斗争》，政协平阳县委员会文史资料研究委员会编印《平阳文史资料选辑》第7辑，1989，第67页。

前就在上海办有温州工艺馆，主要推销乐清特产黄杨木雕等工艺产品，生意似乎不太顺利。1938 年，黄苗夫与人在上海成立统办企业公司，该公司得到上海与温州地方商人的支持，开办后迅速成为沪温之间百货进出口的龙头公司之一。除百货部、报关部之外，统办公司并设银行部、汇兑部等，兼营金融汇兑等业务。[1] 1942 年，黄苗夫又在温州南门创办统纬纺织股份有限公司，由商界名人翁来科担任董事长，黄自任总经理。[2] 无论黄国定，还是黄苗夫，他们都是在战争环境下成为温州商界闻人。

军系人员在地方公开介入商业，在战时亦非常显著。如乐清的陈于滨便成为温州地区商界红人。陈于滨毕业于黄埔四期，与国民党许多军政要员都相识。陈在黄埔毕业后，曾担任陆军第三师师部少校参谋、军事教导大队少校中队长，当时的第三师师长就是战时第三战区司令长官顾祝同。[3] 陈于滨在战时包运第三战区驻温处部队的军谷，控制乐清黄华、岐头一带砻壳船四五十艘，每艘可载四五百担。[4] 另外，陈于滨在温州多年担任地方军事武装训练教官，战时担任永嘉县自卫队队长，因此地方自卫团大队长一级人员皆出自其门下。所以，他不但可以控制温州 10 个自卫队中队，而且与温州九镇镇长及县党部关系良好，这也可以解释陈于滨为何能在战时拥有特权组织船队。[5]

---

[1] 《中国名人年鉴上海之部》，第 25 页；《上海统办公司招请全国各市县镇经理》，《新闻报》1938 年 10 月 10 日，第 9 版。

[2] 谢联璧：《温州棉织业史略》，《温州文史资料》第 6 辑，第 27 页。

[3] 陈于滨：《关于黄埔军校第四期的回忆》，全国政协文史资料委员会编《文史资料存稿选编》第 16 册，中国文史出版社，2002，第 416—520 页。

[4] 陈于滨：《"兴华庄"之谜》，《温州文史资料》第 2 辑，第 171—175 页。

[5] 陈于滨：《翁光辉在温州的所作所为》，政协温州市委员会文史资料研究委员会编印《温州文史资料》第 7 辑，1991，第 275—277 页。

类似战时兴起有军伍背景的显赫人物，又如玉环的毛止熙。毛是玉环楚门人，其家族经营山货致富。毛年轻时肄业于上海法政大学，后来从军，1927 年担任直系军阀的扩编师团长，1929 年返乡，与海盗武装有联络。1933 年福建事变爆发，毛被任命为"讨逆军"总指挥部副官，后又在浙江省保安处调查股工作，属宣铁吾属下。正因为有这些军事履职经历，毛止熙在八一三事变后被任命为浙江省别动大队大队长，1942年被任命为护航总队副总队长（后来似乎成为总队长），成为军统走私的重要合作者及浙东海面治安的维持者，控制三个中队的武装。① 据陈于滨等人回忆，毛与温台许多官员关系都较深，如温州专员张宝琛、台州专员杜传等。因此，他成为温台沿海走私活动的重要庇护者。②

要成为战时闻人，不仅要依靠官场关系，投机策略亦相当重要。如温州城区朔门人叶汝舟，其父以开设猪油店起家，后扩展至南北货商行，行号为"顺源"。叶汝舟与温州招商局局长张一爵、温州地方银行行长俞群、温州中央合作金库主任王正伦等都来往密切。1940 年，叶在温州开办顺源钱庄，大量吸收存款，向内地大量批发贩售紧俏物资如棉纱、布匹、颜料、西药、香烟及其他日用品。其经营或以专营企业出面，或由钱庄直接办理，成为当时温州向大后方输入工业商品的大户。叶并在各地设立商业情报网络，甚至买通电报局人员暗送物价消息，因此财富积累迅速，成为温州新兴巨富。③ 由于战时获利甚丰，战后不久叶汝舟为顺源钱庄起造五层大厦，成为钱业翘楚。④

不仅这些个人在战争时期成为显要，一些团体组织在战争时期也在

---

①　陈于滨：《翁光辉在温州的所作所为》，《温州文史资料》第 7 辑，第 275—277 页。

②　陈于滨、苏宰衡：《记浙闽海匪》，《浙江文史资料选辑》第 21 辑，第 188—189 页。

③　曾慧中：《温州钱庄业见闻》，《温州文史资料》第 16 辑，第 374—375 页。

④　林文钧：《百龄工商业家叶一麟先生事略》，《鹿城文史资料》第 4 辑，第 174—175 页。

地方社会获得重要权力。如战时青年组织即一跃而为地方上最重要的团体之一。从 1937 年到 1945 年，温州青年相关的组织有中共领导的战时青年服务团，后来又有浙江省政府主办的政治工作队，1939 年后三民主义青年团开始运作。这些青年团体虽然性质及所属党派不同，但在地方士绅眼里，其实都是一种颇有权势的新兴力量。

最早在温州兴起的战时青年组织，便是中共领导的战时青年服务团，从永嘉城区到乐清、泰顺、瑞安、平阳、玉环等县，战青团组织普遍建立起来。在整个温州地区，战青团最盛时团员曾发展到 8500 人，其中包括农村地区所发展的 10 个分团 48 个支团。温属各县青年救亡团以及其他学生、妇女组织大多也在战青团领导之下。其势力亦渗入了战时政治工作队以及抗日救亡干部学校等机构。1938 年 1 月，永嘉战青团联合乐清、平阳、瑞安、玉环、黄岩、临海、天台、青田等八县青年救亡团体，在温州成立了温台处三属青年救亡联合办事处，声势极为浩大。战青团在温属各地都积极推动各种宣传活动，永嘉县战青团的活动甚至得到国民党驻军第十九师师长李觉的支持。[①]

然而，战青团的活动对温州其他党政机构的权力造成挑战，国民党对中共在温州城乡的全面渗透可能也感受到了威胁。1938 年 9 月，永嘉县党政军联席会议决议取消战时青年团。[②] 不过，战青团虽被取缔，但众多团员仍然在政治工作队以及其他抗战组织中，其力量直到三青团成立才真正遇到打击。

全面抗战时期，三民主义青年团的兴起，也是一个特别值得注意的

---

① 中共温州市委党史研究室编《中共温州党史》第 1 卷，中共党史出版社，2004，第 134—135 页。

② 《永嘉县战时青年服务团等五团体遭受解散告各界人士书》，《浙江潮》（金华）第 30 期，1938 年 10 月 2 日，第 571 页。

政治现象。1939 年 9 月，三民主义青年团永嘉分团筹备处成立，以翁光辉为临时干事会主任，随即在乐清、瑞安、玉环筹备三青团区队。筹备处成立后，大力发展团员，开展社会宣传，并参与许多地方经济政策执行过程（如检查物价及囤积投机、打击走私等）。三青团发展迅速，1940 年初，三青团永嘉分团正式成立，是年中温州城区发展团员 100多人，三年后永嘉已有三青团员 2249 人，1944 年底复发展到 3649 人，编成地方区队 69 个，其势力已深入温州地区的城镇乡村。①1943 年之前，浙江三青团的筹备主任是宣铁吾，宣同时兼浙江保安处处长，权倾一时，因此，在 1940 年永嘉米风潮中，他出面解决时便极有声势。三青团成立后，也组织了青年服务队，并将与战青团有些关联的存在了两年多的永嘉县政治工作队予以裁撤。

不过，对地方士绅来讲，三青团与之前的战青团在挑战原有社会权力方面是相似的。刘绍宽就对三青团所举办的一些文化宣传活动很不以为然，②同时对其检查走私及打击"囤积居奇"等行动又非常忌惮，当有人因为超量购买煤油被三青团人员缉获试图找刘疏通，刘坚称不要想再领回煤油，③与此前其一贯积级调解官民冲突时的风格大相径庭。刘在日记中也记录了三青团许多"蛮横"、"敲诈"乃至于"伤风败俗"的行径，④敌视情绪甚浓。

在地方权力斗争层面，三青团的势力崛起后，往往亦成为既有行政体系的批评者，甚至会成为群众运动的策动者与组织者。1940 年 11 月永嘉发生的米风潮，便与当时温州党政矛盾、官绅矛盾有密切关系，这

---

① 　徐顺旗主编《永嘉县志》（上），第 824 页。

② 　《刘绍宽日记》第 5 册，第 2004 页。

③ 　《刘绍宽日记》第 5 册，第 2072 页。

④ 　《刘绍宽日记》第 5 册，第 2124、2129 页。

些矛盾最后在战时粮食管理政策上爆发出来。三民主义青年团总干事李东藩在整个事件中起到重要作用。他先是公开指责永嘉县政府的粮食公店计划，指其用人不当，弊端百出。[①] 然后，李在地方报纸上发表文章《民以食为天》，支持贫民对高粮价采取抗争行动。李也以三民主义青年团永嘉分团部名义举行食粮问题座谈会，批评当局粮食管理政策。[②] 同时，永嘉县党部公开反对浙江省战时粮食管理办法，要求允许粮食自由流通。[③] 这些党团力量又与温州各地方法团力量结合在一起，与温州专员公署、永嘉县政府等政府机关形成对立，温州闹米风潮便在这种背景下发生。

---

① 《王纯侯紧要启事》，《浙瓯日报》1940 年 11 月 18 日，第 2 版。

② 《青年团举行座谈会讨论粮食问题》，《浙瓯日报》1940 年 11 月 18 日，第 2 版。

③ 《永县党部电请取消浙粮食管理办法》，《浙瓯日报》1940 年 11 月 19 日，第 2 版。

结语

1945 年 6 月 18 日，日军撤出温州，重庆国民政府再次拥有了这个出海口。温州地方政府机关争相迁回城区。工厂、旅社、运输行纷纷宣布复业，百代实业公司的汽水、药水大幅广告也重现报纸。① 实力雄厚的协记烟厂第一时间就从疏散地搬回城区复工，趁上海各烟厂未复业之机抢占当地市场，其生产的"大利"牌香烟在沪上风行一时。② 财政部闽浙区货物税局永嘉分局也迁回城区启动征税工作，要求各厂号、商行都开始向该局报税。③ 瓯海关通知各商行，饬令将"九九事变"后疏散之物资从速搬回城区，④ 其意似为恢复关税征收做准备。

　　7 月 15 日，永嘉各界庆祝县城克复，全市举行盛大提灯游行。当地报纸有如下报道：

　　　　本县庆祝县城克复各项活动，已自昨日开始。因系第一日之夜，各商家皆于漏夜铺饰门面，富丽堂皇，为市容平添景色。全市

---

①　《温州日报》1945 年 7 月 1 日，第 1 版；1945 年 7 月 2 日，第 1 版。

②　《浙江通志》第 48 卷《烟草业志》，第 134 页。

③　《温州日报》1945 年 7 月 3 日，第 3 版。

④　《疏散物资迁回城厢，海关予便利》，《温州日报》1945 年 7 月 6 日，第 1 版。

国旗飘扬，迎风招展，街头巷尾结彩悬灯。扮演京剧，更逗引家家户户之老弱男女，赶看热闹，熙来熙往，尤以五马街、大街、府前街、大小南门一带，游人云集。自晨迄夜，整日水泄不通，全县人民以最愉快之心情庆祝县城重光，而永嘉已经死寂之市面，亦由此少趋繁荣矣。[1]

温州之市面，是否开始有恢复繁荣之迹象，或难估计，[2]一个月后，日本天皇宣布接受《波茨坦宣言》，实行无条件投降，中日战争正式结束。战时温州繁荣之故事至此告一段落，战后温州工商业之渐渐衰败在地方志书与文史资料中均有记录。[3]至少在全国进出口贸易及财政税收等方面，温州口岸在全国的地位，后来似乎没有再能超过战时创造的纪录。战争虽然告终，战时经济对一些地区的影响却极其深远。战争重塑了浙南地区，尤其是温州，战后其社会、经济乃至政治演化，或与战时之历史有莫大之关系。温州的战时历史故事，也正可以反映出这场战争给中国经济社会带来的巨大冲击。同时，无论是政权，还是民众，都在战时尽力设法自存，并且通过各种策略调整度过漫长的战争年代。而其种种应对方案，当然也会在战后继续产生历史影响。

---

① 《各界庆祝县城克复》，《温州日报》1945 年 7 月 16 日，第 2 版。

② 至迟到 1945 年 7 月中旬，有消息称，由于"元气伤尽"，工厂能返城复工者"寥寥无几"。《浙瓯日报》1945 年 7 月 17 日，第 4 版。庆祝活动的同一天，有祥记水木石包作场为承包建筑重建工程，在《浙瓯日报》刊登广告，称"吾瓯为东南唯一口岸，商业发达，市容繁华，自经此次敌骑破坏疮痍满目"。《浙瓯日报》1945 年 7 月 15 日，第 1 版。

③ 郑加琛：《抗日战争至解放前夕温州港的进出口贸易》，《鹿城文史资料》第 3 辑，第 13—18 页；张叔霞：《山货行兴衰史》，《温州文史资料》第 6 辑，第 17 页。

温州"繁荣"与被遗忘的重庆"生命线"

历史是一个连续的过程,当我们讨论"战时繁荣"时,既要关心这种经济现象是如何形成的,更要注意这种突然爆发性的商业贸易,可能会造成什么样的连锁反应。之所以在温州出现这种商业繁荣,当然与其地理位置、交通条件、军事封锁与对峙、浙省重心迁移、战局演化以及中日两国政府的战略考量等都有关系。当这些要素动态地组合在一起后,便造成温州长达七八年的繁荣时期。1937 年抗战全面爆发后,交通封锁,以及"经济战"的部署,使得商业贸易的面貌变化剧烈。货物流通无法按照原来的惯习进行,战争造成市场的割裂及贸易线路的改变,使中国的国际贸易及内销市场都出现巨大变化。淞沪战争爆发后,随着长江航路停顿,中国土产出口中心转移至香港,处于沪港之间位置的温州与宁波均成为主要转口港,同时亦是内地物资进口的枢纽。浙省政府及文化、经济机构迁至浙西南地区后,温州对其政府物资与财税方面来讲都极为重要。太平洋战争爆发后,虽然轮运中断,但帆船贸易与"单帮生意"兴起,温州在货物来源上仍告无虞。在重庆国民政府的货物抢运方案中,浙东地位重要,温州则为其枢纽。因此,大量所谓"走私贸易"实际上是与政府授权的货物抢运工作紧密联系在一起的。即使对日军方面来讲,温州亦是他们获得战略物产供应的重地,温州之所以能成为战时"唯一口岸",在很大程度上也与日方默许有关。太平洋战争前后,温州更成为中日双方物资交流的重要枢纽之一,正是在双方利用政策的影响下,温州在"九九事变"前仍能维持其"繁荣"。

"繁荣"出现之后,其造成的各方反应在不同阶段亦有差异。商业兴盛当然会吸引投资者的资金。对于那些商行老板来说,面对富有吸引力的物价差异，尽管商路曲折，他们仍聚集资金从上海等地大量批进货物，转运内地，以快速赚取厚利，所谓"大进大出"即指此。轮运航路中断后，为了解决无货可囤的困境，商家通过帆船或雇请脚力，继续从上海、宁波、舟山、南通等地进货，成本与货物市价齐增，商人仍然可能获利，走私贸易之所以兴盛，这是一个重要原因。对于规划或执行经济统制政策的政府官员，一开始他们想到的，可能是如何将这种暴增的商业机会变成政府的财政税收，或通过垄断某些行业贸易，或通过增加新的更有效率的税收项目，当然，也不排除一些官员或经办人员会在这个过程中牟取暴利。这种统制目的与大后方的货物获取之间有时会存在矛盾。蒋介石政府之所以后来由军统出面统一缉私与货运，便有此背景。太平洋战争之后，当局以税收方式来统制走私贸易，加强货物抢运，但是腐败仍然无法避免，浙东货运站站长赵世瑞因此锒铛入狱，永嘉货物保证金弊案延烧不已，甚至对 1944 年财政部权力大更替产生了微妙的影响。

1942 年 7 月 18 日，日军在第二次占领温州后，曾在华北公开宣传，温州是重庆政府"输血线"之重要据点，亦是其唯一出海口。正凭借温州与浙赣铁路，重庆政府才能得到源源不断的物资补给，尤其能够支持长沙，如果占领温州，重庆政府将"全面崩溃"。[1] 日人将这条以温州为起点的"输血线"作为"密输路线"，[2] 是因为其承担的主要是战略物资秘密运输任务，与蒋介石政府所使用的"秘密运输""特种运输"等

---

① 何悦：《一周大事述评（自七月九日至十四日）：浙江日军占领温州》，《大东亚周刊》第 1 卷第 1 期，1942 年 7 月 18 日，第 28 页。

② 《时事讲座：月间时事述评：浙江日军占领温州》，《妇女杂志》（北平）第 3 卷第 9 期，1942 年，第 34 页。

词意义相同。① 之所以称之为"秘密",当然是与走私有关。与号称"中国之生命线"的滇缅公路相较,② 对于以温州为中心的浙东货运路线,重庆政府并不大公开在宣传中提及。

浙东货运线,对重庆国民政府之抗战意义重大,但是在以往的研究中基本上被忽略。如杨格、张嘉璈等人对战时国民政府财政经济的回忆,基本上都忽略了通过浙东等交界区域抢运货物的故事。或许张知情但不便于公开讲述,盖张氏1940年与戴笠商议成立货物稽查处时,其亦属重庆当局之重要机密。戴笠领导的军统系统,无论在负责缉私还是在货物抢运过程中,浙东均为其重要活动基地之一。赵世瑞负责的浙东货运局之所以从浙皖赣闽货运局单列出来,其实正反映出浙东在此种工作中之特殊性及重要性。但军统工作的神秘性,使外界对此不大了解。

之所以将温州视为"输血线"之据点,或"生命线"之枢纽,从1941年前瓯海关在中国重要土产输出中所扮演的角色更可说明。1938年瓯海关在茶叶与桐油等战略物资转口输出方面,其数字超过宁波的浙海关,进出口商船吨位,温州亦比宁波要多。如果把从宁波与温州输往香港、上海的茶叶和桐油等土产的数字相加,就可以知道浙东在输出内地土产方面所起的关键作用,这些货物不仅是浙江本地出产的,亦包括湖南、江西、安徽等其他内地省份的出产品。太平洋战争后,温州仍然是上海商品输往内地的重要转口地,重庆政府在抢运中所获得的货物,

---

① 台北中研院近代史研究所藏经济部档案,18-26/3(2),转引自林美莉《抗战后期国民政府对沦陷区的物资抢夺》,黄克武编《第三届国际汉学会议论文集:军事组织与战争》,第278页。

② 对滇缅公路的宣传经常可以在报刊上看见。如骆传华、岳彦《中国的新生命线:滇缅公路》,《国际间》第2卷第8期,1940年,第246—248页;周树华:《伟大的缅甸公路:中国的生命线》,《申报》1941年10月13日,第6版。

很大比例都是从浙东输入的。

在浙东方面，温州又要较宁波更为重要。瓯海关后来一直运作，成为浙江唯一海关，亦是战区五大海关之一，其存续时间远超浙海关。目前一些学者仅强调宁波口岸在太平洋战争前在进出口贸易中之重要性，如简笙簧认为宁波当时是东南唯一口岸，指温州早被封锁，[①] 可能是没弄清楚史事时间顺序。事实恰相反，1940 年 7 月宁波港被封锁后，温州反成为重庆政府唯一能控制的重要口岸。这是温州当时在各种报道中都被称为"东南唯一口岸""浙东唯一口岸"的原因。太平洋战争后，瓯海关成为浙江唯一存在关务活动的海关，并且由"海关"变"陆关"，其分卡达到 20 余个，遍布浙江的国统区范围，甚至包括福建的沙埕。[②] 这也能够说明当时货运输送据点的众多。瓯海关的收入在战争后期曾居各海关之首，[③] 可见经过其管辖之各分卡报关货物数量在全国所占比重之大。

战时温州口岸的腹地大为拓展，许多内地省份都依赖温州作为货物进出的吐纳口。如福建原来许多地方要靠沪闽线经福建的港口进口商品，由于沪闽线中断，便只能依靠温州转口输入，强化了温州与闽北的联系。江西、安徽等省的工业品输入与农产品之输出，更有赖于温州口岸与浙赣铁路，这种情况在宁波沦陷后更为突出。从温州到重庆的商货运输线路，至少在 1944 年 9 月之前，基本上是畅通无阻的，因此才成为全面抗战时期另一条重要的"生命线"。

---

① 简笙簧：《中日战争中期宁波的走私活动（1939—1941）》，《国史馆学术集刊》第 18 期，第 103 页。

② 《中国海关通志》编纂委员会编《中国海关通志》第 4 分册，第 2627 页。

③ 孙玉琴、陈晋文、蒋清宏、常旭：《中国对外贸易通史》第 2 卷，第 255—256 页。

"畸形"的背后：战时市场逻辑之运作与替代经济

战时温州出现的商业繁荣，当然不是城市内部封闭消费的后果，而是与战时市场格局变迁大有关系。战时突然变化的市场供需关系、运销路线、资本流动、税收差异、军事行动等，都有可能使物流、人流在某些地方爆发性地聚焦或流动。某地的"畸形繁荣"往往是一个很大区域市场秩序变化的结果。战争带来的"商业繁荣"，与承平时期相比，可能确实是畸形的。战争打乱了原来的市场网络，亦破坏了货币的稳定性，物资统制也扰乱了商品流通，在这种情形下，由于战争导致的市场壁垒，价格差异引发了大量商品走私现象，敌对阵营的物资抢购亦加深了商品紧张程度，尤其是工业大宗原料如棉纱、汽油、药品等，以及重要战略物产如油类、棉花、粮食与矿产品等，均成为物价上升的指标性物品。

同时，我们也要看到"畸形繁荣"的另一面。所谓"畸形繁荣"，通常是指战争扭曲了市场机制，造成供需失衡及通货膨胀，亦指某些商人或官员借机牟利的"非道德性"。尽管战时政府尽力统制经济，市场也出现诸多较往常不同的特征，但值得注意的是市场机制仍在发挥其重要效能。高利润引导资本涌入，无论是长途商货运销，还是开办工厂生产替代商品，都成为战时市场机制的表现。正如当时人所指出的，"商人以利之所在，虽经若何险阻，而竞争贸易之心，从未稍馁"，因此评论者将 1939 年上半年之商业情形称为"黄金时代"。[1]

资本的理性当然一直存在，如商业资本大量转入工业投资。富华染

---

[1] 《商声》1940 年 1 月 15 日，第 4 页。

织厂股份有限公司，就是由王纯侯与翁来科、黄叔晋、陈笃生等人联手创办。王是宝大棉布号经理。这种趋势反映了战时商业资本均大力投资工业，在货源短缺的情形下，通过自设工厂生产，解决供货问题。这与手工卷烟厂多由原来的烟店商人投资类似。

战争引发的市场商品替代随处可见，或可称之为"替代经济"的兴起。战时商路不稳定，因此，地方替代性产业出现，反映出投资者的灵活思维。各种产品替代办法及随之而起的工业创新都涌现出来。如上海的卫生纸原来主要用富阳毛纸，但由于交通不畅，富阳纸无法运沪，便由温州四六屏纸取而代之，温州屏纸原本主要是销往北方用作纸钱。[①]因上海市场薪炭来源困难，战时煤球业蓬勃发展，这亦是一种替代经济的表现。战时工业生产中，由于原料或机件来源缺乏，出现各种替代性的办法。如吴百亨的百好炼乳厂便以土糖代替英国进口糖，以陶瓷罐取代进口铁皮，这些均是原料替代的创新办法。与之相关的是技术的市场化，这亦可以从温州战时工业发展中看到。战时"知识经济"也成为一种趋势，温州在战时涌现出一批学有专长的技术专家投身工业界，如杨学德这样的技术专家便与人合办工厂，在货物短缺时研制种种商品上市。本书第四章也曾提到温州籍的大学毕业生及返乡工程技术人员在当地替代工业的蓬勃发展中扮演了极其重要的角色。

全面抗战爆发之初，有人比较中日两国的经济情形，认为中国经济组织尚未现代化，因此可以在每一区域经营自给自足的经济生活，而日本恰由于其经济组织已现代化，牵一发而动全身。[②]这种灵活性与创造性，我们可以从温州的工业替代史中发现，亦可以由区域内部市场中心

---

① 《温州箱板土纸到》，《申报》1940 年 6 月 19 日，第 2 张第 8 版。

② 《内地凋敝之因与繁荣之路》，《立报》1937 年 11 月 23 日，第 2 版。

的转换看到。一个贸易转运中心因为军事行动被迫放弃，马上就有另一个中心出现，这种区域贸易集散中心与商业线路的变化，正是温州能够在主港被封锁之后还能在一定程度上维持商业繁盛局面的重要原因。政府的灵活性也可以从其战时应对举措中看见，譬如海关变陆关，中央接管省财政与税收中央化，创办国营公司办理物产统购统销，以及果断采取田赋征实政策等均如是。各种新的政策创设，都是随着战争期间情势变化而调整。相关做法都反映出重庆当局在经济问题上有一定的灵活性与应变力，这也可以从当局对市场逻辑的理性应对上看出来。太平洋战争后，重庆政府简化中央货物税，并统一缉私与货运事务，运用民间走私网络来协助货物抢运，在封锁线之外设立贸易缓冲区等，均是在战时市场机制基础上比较务实的操作方法。这也是中国政府能够坚持抗战背后不得不重视的一些经济面的要素。

统制经济的限度与变异

战争，给了政府强烈的统制商业贸易和经济生产的合法性，政府能够在战争经济动员的名义下介入市场体系，垄断物产输出，管制商品进口，征收各种战时特别税捐，并向民众摊派公债，以及通过其他形式向社会征收物资，管理民众的消费。经济统制显然会改变原来的商业贸易关系，商业惯习也会出现变化。国家在战争时期，一方面借贸易统制政策，使财政收入有迅速增长。通过对商品进出口的严密管制，尤其是土产统购统销，政府可以通过国营商业机构获得暴利。但另一方面，经办之机构人员庞大，贪腐亦无法避免。这都会侵蚀政府统治之正当性。因此，成也萧何，败也萧何，统制经济的利弊，便与蒋介石政府之命运紧紧捆绑在一起。

我们可以看到，在战时，国民党政府已在经济领域采取所谓"国进民退"的办法，战时国营或省营商业机构纷纷成立。虽然这些机构在土产外运中发挥了至关重要的作用，但是其对原有商业制度无疑带来很大的挑战。太平洋战争后，虽然土产外运出现问题，但是国营商业公司继续存在，并一直延续至战后。工业领域亦有此种国营化或者官营化渐渐抬头之势，以浙江铁工厂取代原来的毓蒙铁工厂，便是浙江省发生的一个重要例子。但由于国民党统治时期无法克服的腐败瓶颈，国营化或官营化的最后结果，可能就是大量资产流入私人钱包，其运营效率与私营工厂可能无法相比较。

浙江省在商业领域的统制办法，大致上都是取消中间环节，产销对接，破坏传统商业惯习。这显然会引起原有经营者甚至生产者的广泛反抗。这种产销对接的模式在运行时也存在许多内部性问题。生产者容易因垄断销售而饱受剥削，收购价格脱离国际市场行情，如桐油即如此。同时，政府想把收购运销完全掌握在自己手上，摆脱原来的收购行商系统，以便最大限度剥削生产者，但是如果农民拿不到适当的价格，生产热情亦会受影响。大量收购的同时，如果运销因为其他原因受阻，亦会对政府非常不利。因此，现在来评价战时国民政府的统制经济，可以将其视为一把"双刃剑"，可谓得失各半。

浙江省在温州创建"八大公司"的故事，正可以反映统制经济的限度。虽然这些公司占据了绝大部分浙南土产外销行业，资金亦有官方金库做担保，但是，正是在实际运作时脱离既有的商业采购与运销模式，以垄断之方式来控制整个产业链，便侵害到原来的经营者的利益。抛开原来的商业系统，新的经理人也未必能够有效地在土产收购与运销等各个环节开展业务。因此，这些公司开办不到一年，便大部分沦为贩卖出口许可证的代办商行，浙江省政府建设厅原来期待的四成以上的红利不但未曾实现，因为经营中出现的种种矛盾，最后还酿成许多地方民众抗争事件。由于统制而使地方秩序不稳，显然亦不为政府所乐见，因此，最后浙省政府在办理一年不到就将这些公司概予撤销。

1940 年，有论者指战时贸易统制政策之特性，第一就是统制力量的强化，第二就是"并不是以营利为目的，甚至有时不能不牺牲经济上的利益以达到贸易的目的"。[①] 但查考战时各地执行贸易统制之史实，要政府或经办人"不以营利为目的"，几乎很少能够做到。

同时，就普通民众而言，由于货币贬值速度加快，通过囤积实物的方式减轻财产损失，也是情理中事。不仅政府会将税收改征实物，民众亦会尽量将手中的纸币换作物资。因此，我们可以看到一场围绕货币的拉锯战，政府想民众尽量储蓄，而民众则在全力想办法摆脱贬值货币的损失，尽管政府通常会对这种行为深恶痛绝，大加贬斥。其实囤积与消费都是一种抵抗通胀的方式。所谓"奢侈性消费"的膨胀，或享受性、寄生性消费行业的爆发性发展，既与人口剧增相关，亦是离乡背井的人们在战时环境下寻求精神安慰的办法。对政府来说，阻止民众物资消费，劝说民众多储蓄，或向政府捐献，便成为必然的举动。但同样的逻辑，这种消费管制的有效性亦令人怀疑。

1939 年纸类运销统制，最后在永嘉带来一场令人震惊的"纸山暴动"，类似的，政府对粮食价格的管制 1940 年在永嘉也造成血案。粮商面对政府的价格管制，以闭粜为消极抗争手段，民众在无法解决口粮之时，则将怒火烧到基层政府头上。这种激烈的抗争，当然意味着政治管制失灵下的社会结构动荡，而这种管制失灵又与经济统制紧密相连。

---

① 　高叔康编著《战时贸易政策》，独立出版社，1940。

经济统制亦使政府规模迅速扩大。我们可以看到，在战时，随着军事财政的急剧扩增、税收的增加、粮食与其他物产的统制，政府由"小政府"变成"大政府"。战时永嘉县政府的人员编制较战前增加数倍，行政开支大增的同时，地方苛捐摊派也增加。这些都对官绅关系造成损害。政府官员，甚至首长，直接荷枪实弹到地主豪绅家中检查粮食，这也是此前很少看到的景象。许多新设立的行政机构都与财政有关，有的直接就是为管理战时贸易所设立，如检查所林立，进出口查验所、交通运输检查所、粮食检查站、木材检查站等举不胜举。

权力当然会产生腐败。由于市场垄断、物产统制、缉私等工作实际上仍需要各种政府机构来完成，这就给政府机构官员带来了牟利的良机。官商结合，或权力寻租，变得异常流行，收受贿赂或以权力保护走私，甚至组织走私都极为常见。战时的军人与公务人员走私横行，贿赂成风，官员经商也公然进行。这种战时腐败，像钻出袋子的撒旦，一旦成为风气便很难管住。统制经济全面推行的同时，行政人员或其他有势力者，利用战时环境及制度漏洞大发其财，这当然会严重侵蚀政府的统治正当性。行政治理者，一演而为牟利的生意人，直接以权谋私，这一方面当然会使社会人士对一些行政职位尤其是"肥缺"趋之若鹜，另一方面，这种操作违背了中国传统儒家伦理，在政治道德上失去了正当性。无论是战时还是战后，基层党政人员的道德水准之所以为世人所鄙夷，很大程度亦与此有关。对这些人来说，战争，无疑是发财的机会。所谓"发国难财"的指控，用在这些人的身上，或名副其实。吊诡的是，从战时历史来看，一方面我们可以看到国民政府的统治合法性在基层迅速流失，另一方面，当局在资源汲取方面的政策又越来越激进，这就使其统治陷入僵局。

战时经济的遗产

　　战争当然不仅会对政府行为造成巨大的影响，也会给社会结构、民众观念等造成剧烈的影响。习惯了从"跑单帮"或"做挑夫"快速获得生活来源的民众，可能便不再心甘情愿地被束缚在一小块填不饱肚子的租来土地上面。战时暴富以及货币贬值的速度，都让人对商业与钱财的理解发生变化。当全民经商或以物易物在战时成为一种日常化的行为时，究竟这会对后面的历史造成什么影响，可能是一个有趣的新课题。

　　战时温州浓郁的商业气氛，或"社会普遍商业化"，当然会对后来的温州造成一定影响，或许这与当代温州商业特别发达有一定的关系。抗日战争结束后，获得财富的温州商人，一部分到上海扩大经营，一部分则去台湾淘金。战争对经济所造成的影响，不仅在于贸易路线、生产种植物种选择，亦可能改变人们的生计方式，如农民放弃农作而投身贩运商业。

　　舆论或研究者之所以称战时繁荣是"畸形"的，一方面是认为其不健康，于国于民未必有利；另一方面亦认为其是违背正常经济规律的短时间商业现象，无法持久。但是，如果我们仔细观察一些曾经出现"畸形繁荣"的地方，其战时发展起来的工商业，或民众生计新选择，是否在战后就迅速完全消退了呢？可能事实未必如此。譬如战时西南地区的工业创设与进步，当然为后来的发展打下了坚实的基础，甚至与20世纪60年代开始的三线建设之间存在某种连续性。温州的情形也类似。

　　战时工业在温州勃兴之后，一些特殊的工业优势就建立了起来，如造纸业、制药业、化工业等，1949年后都成为当地的优势产业。20世纪50年代，温州就成为全国蜡纸生产的大本营，市场占有率一度高达七八成。1940 年创建的康乐药厂，后来一直是浙江省制药企业中的龙头企业之一，在 1949 年后仍不断发展壮大，1964 年与其他药厂合并成为温州制药厂。90 年代后经过改制，重新命名为浙江康乐药业有限公司，今天仍是国家大型重点制药企业，年产值逾 10 亿元。

战时繁荣的商业活动，1945 年以后在一些领域仍在持续，只不过贸易路线可能发生了变化。从之前以内地为重，恢复到温州与上海、福建、广东的贸易线路，以及新开辟的温州与台湾的直接商业贸易路线上。虽然由于战后急剧恶化的金融环境，通货贬值较战时更为加速，加之回迁南京的国民政府，实际上并没有放弃战时统制经济的做法，政策环境在许多领域仍然对私营工商业经营非常不利，但是战时商业繁荣时期埋下的种子，可能会在后来的年代慢慢显露出来。

战时经济对地方所造成的深远影响，是否能成为一种新的区域人群的经济观念，并辐射到后面的时代，值得学者深入研究。普遍化的"走私"行为，对地方民众的心理上产生何种影响，亦值得探讨。中日战争全面爆发前，与宁波人相比，温州人似乎并不是特别喜欢或擅长经商，温州旅居外地的商人数量，无论在上海，还是武汉、重庆，规模均无法与甬商相比。温州本地商行或较大规模的店铺也多由宁波人、福建人或其他客商经营。但是，20 世纪 30 年代之后，尤其是全面抗战爆发后，温州人从事工商业或投机、走私者甚多，"跑单帮"亦成为一种生活常态。这种活跃的经济商业氛围，似给当地民众留下了深深的历史印记。经历了战争洗礼，温州显然跟之前已大不相同。这种可能存在于民间的历史记忆，与义乌极为相似。集体化时代，温州人利用计划经济的空隙走遍全国从事小手工业或小商业，这与战时许多温州人以经商为主的生计模式之间应该存在历史的关联性。毕竟这两个时代之间相距仅十余年而已。当时许多温州与义乌的农民，重新将奔赴内地经营小本买卖当成寻求生计突破的方法，无论是义乌农民挑着担子"鸡毛换糖"，还是永嘉农民走遍全国"弹棉花"，可能都是战时历史故事的延续。从此点来看，也许20世纪80年代突然兴起的"温州模式"，与战时历史故事之间存在一种隐秘的关联。

参考文献

一 档案

台北"国史馆"藏档案

温州市档案馆藏档案

浙江省档案馆藏档案

二 资料汇编、函稿、志书等

财政部财政年鉴编纂处编印《财政年鉴第三编》，1948。

财政部海关总税务司署编印《十年来之海关》，1943。

财政评论社编印《战时财政金融法规汇编》，1940。

苍南县地方志编纂委员会编《苍南县志（1981—2005）》，西泠印社出版社，2014。

陈安铎主编《黄华镇志》，海风出版社，2005。

高叔康编《战时贸易政策》，独立出版社，1940。

胡春生、施菲菲编《温州老副刊》上册，黄山书社，2012。

江苏省中华民国工商税收史编写组、中国第二历史档案馆编《中华民国工商税收史料选编》第4辑，南京大学出版社，1994。

经济部编印《经济法规汇编》第二集，1938。

乐清县盐务管理局编《乐清县盐业志》，海洋出版社，1992。

林顺道主编《平阳年鉴》，海洋出版社，2001。

满铁调查部编《支那经济年报昭和十五年版》，改造社，1940。

宁波金融志编纂委员会编《宁波金融志》第1卷，中华书局，1996。

平阳县商业局编印《平阳商业志》，1990。

瑞安县抗日自卫会编印《抗战建国言论初集》，1938。

上海商品检验局农作物检验组编《浙江之温州茶叶》，上海大文印刷所，1934。

上海市工商行政管理局、上海市纺织品公司棉布商业史料组编《上海市棉布商业》，中华书局，1979。

沈雁冰：《见闻杂记》，文光书店，1943。

孙焊生编《温州老新闻》，黄山书社，2012。

温州市地方志办公室编印《温州市志·地理卷·人口志》，1994。

温州市粮食志编纂委员会编《温州市粮食志》，中华书局，2000。

温州市林业志编纂委员会编《温州市林业志》，中华书局，2004。

温州市商业志编纂委员会编《温州市商业志》，南开大学出版社，1995。

温州市志编纂委员会编《温州市志》，中华书局，1998。

行政院农村复兴委员会编《浙江农村调查》，商务印书馆，1934。

徐顺旗主编《永嘉县志》（上），方志出版社，2003。

杨慕良主编《苍南杨氏通志》，西泠印社出版社，2008。

永康市地方志编纂委员会编《永康市志》，上海人民出版社，2017。

虞文喜主编《丽水地区人物志》，浙江人民出版社，1995。

远帆：《把中央指示带回来》，浙江人民出版社，1957。

〔英〕约翰·伊特韦尔等编《新帕尔格雷夫经济学大辞典》第 1 卷，陈岱孙编译，经济科学出版社，1996。

赵肖为译编《近代温州社会经济发展概况：瓯海关贸易报告与十年报告译编》，上海三联书店，2014。

浙江省粮食管理处编印《浙江省粮食管理规章汇编》，1940。

浙江省烟草志编纂委员会编《浙江省烟草志》，浙江人民出版社，1995。

浙江省医药志编纂委员会编《浙江省医药志》，方志出版社，2003。

浙江通志编纂委员会编《浙江通志》第 48 卷《烟草业志》，浙江人民出版社，2017。

郑友揆、韩启桐编《中国埠际贸易统计（1936—1940）》，中国科学院，1951。

《中华民国法规大全》第 4 册，商务印书馆，1936。

中共温州市委党史研究室编《温州市抗战时期人口伤亡和财产损失调研资料汇编》，中共党史出版社，2010。

中国第二历史档案馆编《国民政府抗战时期外交档案选辑》，重庆出版社，2016。

中国第二历史档案馆编《中华民国史档案资料汇编》第 5 辑第 2 编，

江苏古籍出版社，1997。

中国海关通志编纂委员会编《中国海关通志》第1、4分册，方志出版社，2012。

中华国货展览会编印《工商部中华国货展览会实录》，1929。

中华人民共和国福州海关编《福州海关志（1861—1989年）》，鹭江出版社，1991。

中华人民共和国杭州海关译编《近代浙江通商口岸经济社会概况：浙海关、瓯海关、杭州关贸易报告集成》，浙江人民出版社，2002。

中央档案馆、浙江省档案馆编印《浙江革命历史文件汇集（1928年）》（上），1987。

中央档案馆、浙江省档案馆编印《浙江革命历史文件汇集（地县文件）（1927—1929）》，1989。

三　文史资料、回忆录、日记等

戴求真：《罗山诗选》。

《黄绍竑回忆录》，东方出版社，2011。

黄绍竑：《五十回忆》，云风出版社，1945。

林非主编《茅盾名作欣赏》，中国和平出版社，1996。

《马寅初全集》，浙江人民出版社，1999。

马允伦编《黄光集》，上海社会科学院出版社，2005。

全国政协文史资料委员会编《文史资料存稿选编》第16、21册，中国文史出版社，2002。

温州市图书馆编，方浦仁、陈盛奖整理《刘绍宽日记》，中华书局，2018。

《徐定水集》，黄山书社，2011。

郁宗鉴、侯百朋：《温州故实杂录》，作家出版社，1998。

张棡撰，俞雄选编《张棡日记》，上海社会科学院出版社，2003。

政协洞头县委员会文史资料委员会编印《洞头文史资料》第3辑，1993。

政协福建省建瓯县委员会文史资料委员会编印《建瓯文史资料》第11辑，1987。

政协福建省委员会文史资料研究委员会编印《福建文史资料》第13辑，1986。

政协福州市台江区委员会文史资料委员会编印《台江文史资料》第6辑，1990。

政协椒江市委员会文史资料工作委员会编印《椒江文史资料》第7辑，1989。

政协乐清县委员会文史资料研究委员会编印《乐清文史资料》第7辑，1989。

政协南阳县委员会文史资料研究委员会编印《南阳县文史资料》第3辑，1989。

政协平阳县委员会文史资料研究委员会编印《平阳文史资料选辑》第7、14辑，1989、1996。

政协瑞安市委员会文史资料委员会编印《瑞安文史资料》第8、10辑，1990、1993。

政协温州市鹿城区委员会文史资料工作委员会编印《鹿城文史集粹》（上），2013。

政协温州市鹿城区委员会文史资料工作委员会编印《鹿城文史资料》第1、2、3、4、5、9、11、12辑，1986、1987、1988、1989、1990、1995、1997、1998。

政协温州市鹿城区委员会学习文史委员会编印《鹿城文史资料》第19辑，2007。

政协温州市委员会文史资料委员会编印《温州文史资料》创刊号，1985。

政协温州市委员会文史资料研究委员会编印《温州文史资料》第2、4、6、7、16、17、19辑，1985、1988、1990、1991、2002、2003、2005。

政协文成县委员会文史资料研究委员会编印《文成文史资料》第5辑，1989。

政协余姚市委员会文史资料委员会、财贸委员会编印《余姚文史资料》第15辑，1998。

政协浙江省苍南县委员会文史研究委员会编印《苍南文史资料》第19辑《矾矿专辑》，2004。

政协浙江省苍南县委员会文史资料研究委员会编印《苍南文史资料》第1辑，1985。

政协浙江省瓯海县（区）委员会文史资料工作委员编印《瓯海文史资料》第2、10辑，1988、2004。

政协浙江省委员会文史资料研究委员会编印《浙江文史资料选辑》第4、21辑，1962、1982。

政协浙江省委员会文史资料研究委员会编印《浙江文史资料选辑》第9、23辑，浙江人民出版社，1964、1982。

四　报刊

《安徽茶讯》、《北方公论》、《财政部公报》、《财政评论》、《茶声半月刊》、《大东亚周刊》、《大公报》（上海）、《大公报》（香港）、《大路》、《大美晚报晨刊》、《大美周报》、《导报》、《东方画刊》、《东方杂志》、《东南日报》、《动员》（浙江）、《独立评论》、《纺织周刊》、《复兴月刊》、《赣县县政府公报》、《国风》（重庆）、《工商半月刊》、《工商调查通讯》、《合作月刊》（战时版）、《华美晨报》、《黄埔》（重庆）、《会务旬报》、《交通公报》、《金融周报》、《金融周刊》、《京报》、《晶报》、《检验月刊》、《经济部公报》、《经济汇报》、《经济建设》、《决胜》、《力报》、《立报》、《贸易半月刊》、《贸易月刊》、《棉市周报》、《民心》、《闽政月刊》、《木业界》、《农报》、《农本》、《农村经济月刊社》、《农业周报》、《平报》、《前线日报》、《瑞安县政府公报》、《上海人》、《商声》、《商业月报》、《商业杂志》（上海）、《时报》、《实业公报》、《首都国货周报》、《社会日报》、《社会新闻》、《申报》、《申报》（汉口）、《四川经济月刊》、《税务公报》（南京，1932）、《文汇报》、《文艺阵地》、《温州日报》、《西北文化日报》、《向前》、《新青年》、《新闻报》、《行政院公报》、《益世报》、《益世报》（重庆）、《银行杂志》、《银行周报》、《游击》、《展望》、《浙茶通讯》、《浙光》、《浙江潮》、《浙江公报》、《浙江合作》、《浙江缉政》、《浙江经济情报》、《浙江经济统计》、《浙江农业》、《浙江青年》、《浙江省建设月刊》、《浙江省政府公报》、《浙江省政府公报法规专号》、《浙江政治》、《浙瓯日报》、《浙卫通报》、《阵中日报》、《政汇报》、《中国工业》（桂林）、《中国商报》、《中国银行通信录》、《中国周报》、《中行生活》、《中行月刊》、《中农月刊》、《中外经济周刊》、《中央银行月报》、《中央日报》、《中央日报》（重庆）

The North-China Daily News（1864-1951）

五 著作

〔英〕A.C.庇古：《战时经济学》，徐宗士译，商务印书馆，1935。

〔加〕卜正民:《秩序的沦陷：抗战初期的江南五城》，潘敏译，商务印书馆，2015。

戴建兵:《金钱与战争：抗战时期的货币》，广西师范大学出版社，1995。

董问樵:《国防经济论》，北京理工大学出版社，2007。

董振平:《抗战时期国民政府盐务政策研究》，齐鲁书社，2004。

〔美〕傅葆石:《灰色上海，1937—1945：中国文人的隐退、反抗与合作》，张霖译，三联书店，2012。

福州港史志编辑委员会编《福州港史》，人民交通出版社，1996。

胡珠生:《温州近代史》，辽宁人民出版社，2000。

〔美〕加里·M.沃尔顿、休·罗考夫:《美国经济史》，王珏等译，中国人民大学出版社，2018。

姜竺卿:《温州地理·人文地理分册》（上），上海三联书店，2015。

金陈宋主编《海门港史》，人民交通出版社，1995。

李金顺编著《贵州企业史话》，贵州人民出版社，2005。

李权时:《统制经济研究》，商务印书馆，1937。

李学通、金以林、吕迅:《中国抗日战争史》第6卷，社会科学文献出版社，2019。

李占才主编《中国铁路史（1876—1949）》，汕头大学出版社，1994。

林美莉:《抗战时期的货币战争》，台北：台湾师范大学历史研究所，1996。

刘文楠:《近代中国的不吸纸烟运动研究》，社会科学文献出版社，2015。

楼子芳主编《浙江抗日战争史》，杭州大学出版社，1995。

〔德〕鲁登道夫:《总体战》,魏止戈译,华中科技大学出版社,
2016。

陆其国:《畸形的繁荣:租界时期的上海》,东方出版中心,2009。

罗红希:《民国时期对外贸易政策研究》,湖南师范大学出版社,
2017。

马丁:《民国时期浙江对外贸易研究（1911—1936）》,中国社会科
学出版社,2012。

马学强、何赤峰、姜增尧主编《八百里瓯江》,商务印书馆国际有
限公司,2016。

〔美〕帕克斯·M.小科布尔:《上海资本家与国民政府（1927—
1937）》,蔡静仪译,世界图书出版公司北京公司,2015。

齐春风:《没有硝烟的战争:抗战时期的经济战》,湖南师范大学出
版社,2015。

齐春风:《中日经济战中的走私活动》,人民出版社,2002。

商务部国际贸易经济合作研究院编《中国对外贸易史》,中国商务
出版社,2016。

上海社会科学院经济研究所轻工业发展战略研究中心编《中国近代
造纸工业史》,上海社会科学院出版社,1989。

〔日〕笹川裕史、奥村哲:《抗战时期中国的后方社会——战时总动
员与农村》,林敏、刘世龙、徐跃译,社会科学文献出版社,2013。

孙玉琴、陈晋文、蒋清宏、常旭:《中国对外贸易通史》第2卷,对
外经济贸易大学出版社,2018。

童隆福主编《浙江航运史（古近代部分）》,人民交通出版社,
1993。

王长明、周保罗:《温州莲花心抗战史研究》,社会科学文献出版

社，2018。

王丽:《杨格与国民政府战时财政》，东方出版中心，2017。

温州华侨华人研究所编《温州华侨史》，今日中国出版社，1999。

〔美〕魏斐德:《上海歹土：战时恐怖活动与城市犯罪（1937—1941）》，芮传明译，上海古籍出版社，2003。

〔美〕魏斐德:《间谍王》，梁禾译，新星出版社，2013。

巫仁恕:《劫后"天堂"：抗战沦陷后的苏州城市生活》，台北：台湾大学出版中心，2017。

夏海豹主编《浙南机械工业先驱·李毓蒙传》，李毓蒙先生纪念馆筹备领导小组，1999。

徐新吾主编《江南土布史》，上海社会科学院出版社，1992。

叶再生:《中国近代现代出版通史》第3卷，华文出版社，2002。

〔美〕易劳逸:《毁灭的种子：战争与革命中的国民党中国（1937—1949）》，王建朗等译，江苏人民出版社，2009。

俞雄、俞光:《温州工业简史》，上海社会科学院出版社，1995。

张根福、岳钦韬:《抗战时期浙江省社会变迁研究》，上海人民出版社，2009。

张嘉璈:《通胀螺旋：中国货币经济全面崩溃的十年（1939—1949）》，于杰译，中信出版集团，2018。

张赛群:《上海"孤岛"贸易研究》，知识产权出版社，2006。

张忠民、朱婷:《南京国民政府时期的国有企业（1927—1949）》，上海财经大学出版社，2007。

郑会欣:《国民政府战时统制经济与贸易研究（1937—1945）》，上海社会科学院出版社，2009。

郑绍昌主编《宁波港史》，人民交通出版社，1989。

郑友揆：《中国的对外贸易和工业发展》，上海社会科学院出版社，1984。

郑友揆等：《旧中国的资源委员会（1932—1949）：史实与评价》，上海社会科学院出版社，1991。

中共温州市委党史研究室主编《中共温州党史》第 1 卷，中共党史出版社，2004。

《中国烟草工作》编辑部编著《中国烟草史话》，中国轻工业出版社，1993。

周厚才编著《温州港史》，人民交通出版社，1990。

周勇主编《重庆：一个内陆城市的崛起》，重庆出版社，1997。

髙綱博文主编『戦時上海グレーゾーン』研文出版、2009。

Lary, Diana, *Chinese People at War: Human Suffering and Social Transformation, 1937-1945*, Cambridge: Cambridge University Press, 2010.

Li, Danke, *Echoes of Chongqing: Women in Wartime China*, Illinois: University of Illinois Press, 2010.

MacKinnon, Stephen R. , *Wuhan, 1938: War, Refugees, and the Making of Modern China*, Oakland: University of California Press, 2008.

McCullough, A.B., *The Primary Textile Industry in Canada: History and Heritage*, Ottawa, Ont. : National Historic Sites, Park Service, Environment Canada, 1992.

Migdal, John S., *Strong Societies and Weak States: State-Society Relations and State Capabilities in the Third Word*, Princeton: Princeton University Press, 1988.

Mitter, Rana, *China's Good War: How World War II Is Shaping a*

New Nationalism, Cambridge: Harvard University Press, 2020.

Muscolino, Micah S., *The Ecology of War in China: Henan Province, the Yellow River, and Beyond, 1938-1950*, New York: Cambridge University Press, 2015.

Peattie, Mark, Drea, Edward, and Ven, Hans van de, eds., *The Battle for China: Essays on the Military History of the Sino-Japanese War of 1937-1945*, Stanford: Stanford University Press, 2011.

Poshiek, Fu, *Passivity, Resistance, and Collaboration: Intellectual Choices in Occupied Shanghai, 1937-1945*, Stanford: Stanford University Press, 1993.

Schoppa, R. Keith, *In a Sea of Bitterness: Refugees during the Sino-Japanese War*, Cambridge, MA: Harvard University Press, 2011.

Tanaka Yuki and Brownmiller, Susan, *Japan's Comfort Women: The Military and Involuntary Prostitution during War and Occupation*, New York: Rougledge, 2002.

Taylor, Lynne, *Between Resistance and Collaboration, Popular Protest in Northern France, 1940-1945*, London: Palgrave Macmillan UK, 2000.

Thai, Philip, *China's War on Smuggling: Law, Economic Life, and the Making of the Modern State, 1842-1965*, New York: Columbia University Press, 2018.

Ven, Hans van de, Lary, Diana, and MacKinnon, Stephen, *Negotiating China's Destiny in World War II*, Stanford: Stanford University Press, 2014.

Young, Arthur N., *China's Wartime Finance and Inflation, 1937-1945*, Cambridge: Harvard University Press, 1965.

六 论文

蔡群：《战时统制经济与政商冲突——以 20 世纪 30 年代湖南省锑业为中心》，《史林》2019 年第 6 期。

成梦溪：《寻觅记忆：抗战时期的奉化孤儿院（1941—1945）》，硕士学位论文，华东师范大学，2013。

黄岭峻：《30—40 年代中国思想界的"计划经济"思潮》，《近代史研究》2000 年第 2 期。

金科：《沦陷时期杭州普通民众的日常生活研究（1937—1945）》，硕士学位论文，浙江师范大学，2020。

金志焕：《抗战时期国民政府的棉业统制政策》，《社会科学研究》2014 年第 3 期。

简笙簧：《抗战中期的走私问题》，《中国历史学会史学集刊》1979 年第 11 期。

简笙簧：《中日战争中期宁波的走私活动（1939—1941）》，《国史馆学术集刊》第 18 期，2008 年。

蒋杰：《战时上海的财产犯罪：失业、通货膨胀与饥饿（1937—1942）》，《安徽史学》2017 年第 5 期。

〔日〕久保亨：《从战时到战后——东亚总体战体制的形成与演变》，《抗日战争研究》2019 年第 4 期。

李君山：《抗战时期西南运输的发展与困境——以滇缅公路为中心的探讨（1938—1942）》，《国史馆馆刊》第 33 期，2012 年。

林美莉：《抗战后期国民政府对沦陷区的物资抢购》，黄克武编《第三届国际汉学会议论文集：军事组织与战争》，台北：中央研究院近代史研究所，2002。

林美莉：《抗战时期的走私活动与走私市镇》，《纪念七七抗战六十周年学术研讨会论文集》，台北："国史馆"，1998。

林美莉：《抗战时期国民政府对走私贸易的应对措施》，《史原》1991年第18期。

林桶法：《淞沪会战期间的决策与指挥权之问题》，《政大历史学报》第45期，2016年。

林心雨：《抗战时期浙江省铁工厂研究》，硕士学位论文，浙江大学，2018。

马敏、洪振强：《民国时期国货展览会研究（1910—1930）》，《华中师范大学学报》（人文社会科学版）2009年第4期。

米仁求：《抗日战争前后浙江桐油贸易研究（1927—1946）》，硕士学位论文，华中师范大学，2011。

魏文享：《商人团体与抗战时期国统区的经济统制》，《中国经济史研究》2006年第1期。

肖自力：《国民政府钨砂统制的尝试与确立》，《历史研究》2008年第1期。

虞宝棠：《国民政府战时统制经济政策论析》，《史林》1995年第2期。

袁燮铭：《上海孤岛与大后方的贸易》，《抗日战争研究》1994年第3期。

赵爽：《抗日战争时期中日杭州空战研究》，硕士学位论文，杭州师范大学，2018。

郑会欣：《战前"统制经济"学说的讨论及其实践》，《南京大学学报》（哲学·人文科学·社会科学）2006年第1期。

郑会欣：《统制经济与国营贸易——太平洋战争爆发后复兴商业公司

的经营》,《近代史研究》2006年第2期。

朱荫贵:《抗战前钱庄业的衰落与南京国民政府》,《中国经济史研究》2003年第1期。

Christian Henriot, "Rice, Power and People: The Politics of Food Supply in WartimeShanghai (1937–1945)," *Twentieth-Century China*, Vol. 26, No. 1, 2000.

Christian Henriot, "Shanghai and the Experience of War: The Fate of Refugees," *Journal of East Asian Studies*, Vol. 5, No. 2, 2006.

Christian Henriot, "A Neighbourhood under Storm Zhabei and Shanghai Wars," *Journal of East Asian Studies*, Vol. 9, No. 2, 2010.

Christian Henriot, "Regeneration and Mobility: The Spatial Dynamics of Industries inWartime Shanghai," *Journal of Historical Geography*, Vol. 38, No. 2, 2012.

Christian Henriot, "Beyond Glory: Civilians, Combatants, and Society During the Battle of Shanghai," *War & Society*, Vol. 31, No. 2, 2012.

Christian Henriot and Isabelle Durand, "The Impact of War on Shanghai's Industrial Structure: A GIS-Based Analysis of the Shanghai Industrial Surveys (1935–1940)," *Annals of GIS*, Vol.18, No.1, 2012.

Elizabeth W. Son, "Korean Trojan Women: Performing Wartime Sexual Violence," *Asian Theatre Journal*, Vol. 33, No. 2, 2016.

Felix Boecking, "Unmaking the Chinese Nationalist State: Administrative Reform among Fiscal Collapse, 1937–1945," *Modern Asian Studies*, Vol. 45, No. 2, China in World War II, 1937–1945: Experience, Memory, and Legacy (March 2011).

L. McIsaac, "Righteous Fraternities' and Honorable Men: Sworn Brotherhoods in Wartime Chongqing," *The American Historical Review*, Vol.105, Issue 5, 2000.

R. Higgs, "Wartime Prosperity? A Reassessment of the US Economy in the 1940s," *Journal of Economic History*, Vol. 52, No.1, 1992.

后 记

最近十多年，笔者一直在努力了解浙南的历史。新冠疫情暴发前，几乎每个暑假，我们都在那里跑田野，搜集史料。实地调研，不但让我们对文字史料有更深理解，也让我们学到许多地方知识。在这个漫长的学习过程中，我们听到许多闻所未闻的历史故事。1937—1945年温州所经历的"战时繁荣"便是其中之一。

七七事变之后，中国人所经历的牺牲与苦难无法计数，战争也给交通网络、市场格局乃至货币体系造成极大破坏。在战争进行过程中，无论是中国政府，还是普通商人及民众，都在尽力想办法应对各种经济不利局面。交通干线中断，货物便迅速流向残存或新辟的线路；主要港埠被封锁，船只也很快驶往仍可通航的口岸。战争，不仅是军事上的对抗，也包括经济上及其他层面的对抗。战时许多地方出现的所谓工商业

"繁荣"，其实在某种程度上便是这种对抗的表现之一。正是借助于温州这一类商货吐纳中心，国民政府得以继续对外输出土产，并输入急需工业品及其他战略物资。许多区域性工业替代生产中心的兴起，以及政府支持下的走私与货物抢运，都大大缓解了非沦陷区的战时商品匮乏困境。我们只有对这些经济现象有更多了解，才能更好地从整体上认识战争给国家与民众所带来的全面冲击。

　　笔者之所以特别留意浙南，也与自己对区域商业历史的研究兴趣有关。今天大家都知道温州人擅长经商，有较强的抱团投资意识。改革开放之初，温州当地富有特色的乡镇企业群与民间市场发展形态，引起许多经济学者的热烈讨论，被外界称作"温州模式"。2000年以后，许多媒体也都密集报道过温州"炒房团"，其规模之大令国人印象深刻。但是，究竟温州人从什么时候开始这么有商业头脑，当地浓郁的社会商业氛围又是从何时开始形成的呢？最近二三十年来，论者通常会将"温州模式"或温州人的经商热潮，与南宋"永嘉学派"联系在一起，有时也强调温州本地自然生计环境的影响。但是，要穿越七八百年解释一地之民风殊非易事；而山海相连，耕地缺乏，也是中国东南沿海各地共相。就笔者对史料的有限掌握来看，至少晚清民初，温州人经商之风，与浙江其他地区相比，似乎并未更加强盛。那么转折在何时呢？笔者认为可能就在本书所关注的这个时间段。因此，研究温州的"战时繁荣"，也是试图将前后的历史打通来思考，并从一个可以大致弄清楚史实的时间段出发，对这个问题提出一点尝试性的新解释。

　　历史故事，终究是要以人的活动为主要内容。因此，本书也希望更多地从"人"的角度，来考察战争史。无论是为抗战大计运筹帷幄的最高执政当局，还是必须关心每天衣食来源的升斗小民，战争都为他们带来前所未有的挑战。在这个过程中，国家、家庭甚至个体生命如何能够继续生存下去，便成为大家共同面对的问题。所谓"战时繁荣"故事的背后，虽然不排除有人确实在徇私舞弊，"大发国难财"，但就大多数人而言，我们所能见到的，主要还是不同阶层的人们在尽力设法度过这个艰难时刻。

笔者也希望这个小故事能让读者更好地理解战争的复杂性，并思考战争所带来的一连串的新问题：战争扭曲了承平时期的市场与交通，又为投资者带来什么样的机遇？人们在艰难求生的同时又如何利用战时环境谋利？政府如何利用这个机会加强经济统制，扩大对民间经济资源的征取？政府规模在战时膨胀的同时，社会又发生了什么样的变化？……

这本小书的写作，从动念到搁笔，要感谢的人实在太多。从2011年开始，我与李世众教授同时加入"温州通史研究群"，先后与我们的学生在浙南做了近十年的田野调查。在这个过程中，我们得以与吴松弟、鲁西奇、刘光临、张侃、罗士杰等教授一起讨论多年，并共同参与田野考察及研讨会，从中本人受教良多。我们带着学生下去调查的时候，世众兄一直身先士卒，任劳任怨，不但是学生们的良师，也是我的学习榜样。我们曾经指导的学生基本上都参与过浙南田野调研，其中对本书写作资料搜集有较多贡献者，包括闻文、王磊、洪珊珊、马丹、黄名楷、郭子健、唐明胜、朱焘、朱丽祯等人。陈明华、王才友也参与了民地中心的浙南研究工作，对我们这个小小研究群贡献甚大。

在大学及科研机构从事中国历史研究的学者，许多人都知道温州有一群令人敬佩的地方文史研究专家。为学界广泛利用的《温州文献丛书》《温州文献丛刊》等便是他们的标志性成果。参与其事的潘猛补与卢礼阳两位先生，不分寒暑，十年如一日，在温州图书馆小小的办公室内，与其许多同事编出一册册质量上乘的地方文献。党史研究室的周保罗先生则长年驻扎在档案馆，其所编史料文献对研究者来说也是价值非凡，他还与王长明先生一起共同研究温州抗战历史，采访老人无数。其他如方韶毅先生一手复活《瓯风》杂志，至今编辑出版该刊已有十多年。沈迦兄则沉醉于温州基督教历史研究及海外温州史料文献的发掘。其他如永嘉的徐逸龙、乐清的张志杰等先生均属于这个研究群体的骨干。我们一到温州就受惠于他们的帮助，在此一并致谢。我们在温州调研期间，有赖于温州图书馆、档案馆等机构工作人员的大力协助，尤其是毛薇洁、王妍等女士的辛苦工作，对"温州通史研究群"来讲有着无比重要的意义，特别感谢。

在此亦对去年刚过世的萧邦齐教授表示敬意！萧教授是研究近代浙江历史的先驱，去年曾想，请他授权翻译早年一篇大作，但收到其任职大学同事的电邮，才知道他刚不幸辞世。想起 20 世纪 90 年代末与萧教授一起在浙江调研的旧事，不胜唏嘘。

这本小书的写作，也是为了完成笔者承担的一项国家社科基金项目，按规定必须到期结题，谢谢项目结题评审专家的意见。就笔者心愿来讲，如果有更多时间，或可以对温州地区 1937 年后的经济贸易历史做更深入的考察，但期限届满之际只得匆匆完稿。多谢社会科学文献出版社愿意出版小书，感谢邵璐璐编辑为书稿编辑校对费心费力。虽然在编辑过程中笔者对原稿做了较大修改，但错讹之处一定仍存在，希望识者不吝赐告。

最后，仍要感谢家人对我研究工作的一直支持！在本书初稿完成之际，家父不幸病逝，哀痛莫名。因严密疫情防控，父亲弥留之际未能侍奉在侧，不孝之罪无法饶恕。谨以这本小书献给敬爱的父亲！

2023 年 7 月

图书在版编目（CIP）数据

"战时繁荣"：1937—1945年温州的经济贸易及其
统制 / 冯筱才著. -- 北京：社会科学文献出版社，
2023.8
　（鸣沙）
　ISBN 978-7-5228-1597-8

Ⅰ.①战… Ⅱ.①冯… Ⅲ.①对外贸易－贸易史－研
究－温州－1937-1945 Ⅳ.①F752.96

中国国家版本馆CIP数据核字（2023）第109214号

·鸣沙·

"战时繁荣"：1937—1945年温州的经济贸易及其统制

著　　者 / 冯筱才

出 版 人 / 王利民
责任编辑 / 邵璐璐
责任印制 / 王京美

出　　版 / 社会科学文献出版社·历史学分社（010）59367256
　　　　　　地址：北京市北三环中路甲29号院华龙大厦　邮编：100029
　　　　　　网址：www.ssap.com.cn
发　　行 / 社会科学文献出版社（010）59367028
印　　装 / 南京爱德印刷有限公司

规　　格 / 开　本：787mm×1092mm 1/16
　　　　　　印　张：15.75　字　数：196千字
版　　次 / 2023年8月第1版　2023年8月第1次印刷
书　　号 / ISBN 978-7-5228-1597-8
定　　价 / 89.00元

读者服务电话：4008918866